GOLDMANN
RATGEBER

W0048826

Buch

Wirkliche Befriedigung in der Erotik bleibt dem einzelnen
versagt, solange er versucht, mit dem seelischen Schutt seiner
Vergangenheit sexuelle Erfüllung zu erlangen – belastet mit
den unterschiedlichsten Verdrängungen, Hemmungen, Kom-
plexen, Süchten, Schuldgefühlen, Aggressionen, Ängsten.
»Die neue Sinnlichkeit« befaßt sich mit diesem psychischen
Bereich und zeigt dem Leser Möglichkeiten auf, sich von
der alten Sexualmoral zu befreien. Auf diese Weise wird er
mehr Glück in der Liebe, Sexualität und Partnerschaft erleben können.
Dieser psychologische Ratgeber präsentiert die neue Erotik
im Zeitalter der Gleichberechtigung und löst die alte Sexualmoral durch eine neue Ethik ab, in deren Mittelpunkt die
Natur des Menschen und sein Bedürfnis nach Partnerschaft
sowie intimer Nähe stehen.

Autor

Hermann Meyer, Astrologe, Psychologe und Partnerschafts-
forscher ist Leiter des Instituts für psychologische Astrologie
in München.
Außer seinen beiden Kailash-Dauersellern »Astrologie und
Psychologie – eine neue Synthese« und »Partnerschaft, Gesundheit und Glück« ist er Verfasser des Buches »Befreiung
vom Schicksalszwang – Astropsychotherapie«.

Hermann Meyer

Die neue Sinnlichkeit

Das intime Glück
der Nähe

GOLDMANN VERLAG

Der Goldmann Verlag
ist ein Unternehmen der Verlagsgruppe Bertelsmann

Made in Germany · 5/90 · 3. Auflage
© 1987 by Wilhelm Goldmann Verlag, München
Der vorliegende Titel ist schon 1984
im Causa Verlag erschienen.
Umschlaggestaltung: Design Team München
Umschlagbild: VLOO-ZEFA, Düsseldorf
Druck: Elsnerdruck, Berlin
Verlagsnummer: 10375
JJ · Herstellung: Heidrun Nawrot/Voi
ISBN 3-442-10375-4

Inhaltsverzeichnis

Vorwort 8

Erster Teil: Denkvoraussetzungen 9

Das Gesetz von Inhalt und Form 10
Das Gesetz des Ausgleichs 20
Der Gehemmte bzw. Kindrollenspieler 25
Der Kompensator bzw. Elternrollenspieler 28
Komplementäre Verflochtenheit zwischen Eltern- und
Kindrollenspieler 31
Partneranziehung 33
Wie Ängste die Partneranziehung beeinflussen 44
Wie Schuldgefühle die Partneranziehung beeinflussen . 49
Das patriarchale System 51

Zweiter Teil: Die alte Sexualmoral 55

Die alte Sexualmoral 56
Treue – ein psychisches Antibiotikum 63
Vorurteil: Wer in eine fremde Beziehung eindringt,
macht sich schuldig 70
Vorurteil: Geschieden zu sein ist suspekt 75
Vorurteil: Freie Erotik ist etwas Frevelhaftes 77
Erotik – ein Stiefkind auch der Alternativbewegung . . 79

Dritter Teil: Die Auswirkungen der alten Sexualmoral . 83

Sublimierung 84
Aufsplittung des realen Frauseins in Madonna und
Hure 87
Aufsplittung des realen Mannseins in treuer
Ehemann und Don Juan 94
Sexualphantasien und Pornographie 98
Krieg 108
Vergewaltigung 110
Libidinöse Besetzung von Haustieren und materiellen
Gegenständen 111

Die sexuelle Not der Männer 113
Die seelische Not der Frauen 119
Machtsteigerung bei schönen Frauen 122
Krankheiten 125
Über die psychischen Ursachen von gynäkologischen
Erkrankungen 125
a) Soorpilz 126
b) Entzündungen der weiblichen Geschlechtsorgane . 134
c) Gebärmuttermyom 135
d) Störungen der Regelblutung (Dysmenorrhoe) . . . 136
e) Amenorrhoe 137
f) Ausfluß (fluor albus) 138
Psychische Einflüsse in der Partnerschaft (Der Partner
als Krankheitsauslöser) 147
Aids 156

Vierter Teil: Schritte zur neuen Sinnlichkeit 161

Die kleinen Leute von Swabeedoo (ein Märchen) . . . 162
Geliebt werden – um seiner selbst willen 166
Schritte zur neuen Sinnlichkeit 172
1. Schritt: Seelische Analyse und Reinigung bzw.
   Auflösung der alten Sexualmoral im Inneren
   der Seele 172
2. Schritt: Die Überwindung von Schuldgefühlen durch
   Umpolung 176
3. Schritt: Eigene Identitätsfindung 179
4. Schritt: Die Ausbildung von Anlagen 181
5. Schritt: Die Ausbildung der erotischen Anlagen . . 186
a) Informationsphase 188
b) Auswahlphase 189
c) Phase der Entwicklung von eigenen Ideen und
   Vorstellungen 189
   1. Optisch reizen 189
   2. Akustisch reizen 190
   3. Durch Geruch reizen 190
   4. Durch Berührung reizen 191
6. Schritt: Einüben der erotischen Anlage in der Praxis
   des Lebens 192
7. Schritt: Zulassen von Weg- und Ergänzungspartnern 196
a) Der Wegpartner 196

b) Der Ergänzungspartner 199
c) Eine notwendige Entwicklungsphase:
   Mehrere Partner gleichzeitig 207
   Geborgenheit in einer Beziehung 214
Positive Auswirkungen bei der Ausbildung der erotischen Anlage 217
Neue Sinnlichkeit 220

Literaturhinweise 223

Vorwort

»Die neue Sinnlichkeit« wurde geschrieben, um aufzuzeigen, daß es außer der patriarchalen Erotik und deren Gegenreaktion, der feministischen Ideologie, noch eine andere Möglichkeit zu leben und zu lieben gibt.

Die patriarchale und die feministische Ideologie, die sich gegenseitig bedingen und verstärken, stellen nur jeweils einen Pol der Wirklichkeit dar. Sie betrachten das Leben von diesem ihrem Pol aus und argumentieren dementsprechend. Ihre Argumente sind solange stichhaltig und richtig, solange man den anderen Pol ausblendet, unter dem Gesichtspunkt der Ganzheit und der Wirklichkeit des Lebens aber wirken sie einseitig und dogmatisch.

Mit »der neuen Sinnlichkeit« habe ich versucht, die beiden Pole zu transzendieren und damit die Perspektive zu erweitern bzw. neu zu stellen. Von dieser Position aus erscheinen viele Probleme und Konflikte in Sexualität und Partnerschaft in einem neuen Licht – und es ergeben sich plötzlich Lösungsmöglichkeiten auf einer völlig anderen Ebene.

Da das Wissensgebiet der Erotik umfangreich und komplex ist, konnte ich in diesem Werk freilich nicht alle Gesichtspunkte berücksichtigen. Ich hoffe jedoch, die Auswahl so getroffen zu haben, daß der Leser sich ein Bild machen kann, welche Chancen sich durch die neue Sinnlichkeit für ihn eröffnen.

Abschließend möchte ich mich an dieser Stelle bei denjenigen herzlich bedanken, die zur Entstehung dieses Buches beigetragen haben: Bei Werner Morawetz für die sprachliche Überarbeitung des Manuskripts, bei Maria Samal für die zuverlässige Ausführung der Schreibarbeiten und bei all meinen Kursteilnehmern für die vielen wertvollen Anregungen.

Erster Teil:
Denkvoraussetzungen

Das Gesetz von Inhalt und Form

Das Gesetz von Inhalt und Form besagt, daß einem bestimmten Inhalt auch immer die ihm gemäße Form entsprechen muß. Sind beide, Inhalt und Form, einander nicht adäquat, kommt es zwangsläufig zu einer Störung der Harmonie bzw. des Gleichgewichts, was wiederum ganz bestimmte Folgeerscheinungen nach sich zieht. Einige Beispiele aus der Praxis sollen dies erläutern.

Manfred L. ist ein junger Mann von 28 Jahren. Sein sehnlichster Wunsch bestand darin, einmal aus der Tretmühle des Berufslebens auszusteigen und irgendwo auf dem Land ein neues – ein völlig anderes Leben – zu beginnen. Eines Tages erzählten ihm drei Freunde von einem Bauernhof, der zum Verkauf angeboten sei, und sie fragten ihn, ob er nicht Lust habe, in dieses Projekt miteinzusteigen. Manfred L. sagte spontan zu, da er auf eine solche Chance zeitlebens gewartet hatte.

Auftauchende Zweifel, ob er dem Landleben, das mit harter Arbeit verbunden ist, auch gewachsen sei, verdrängte Manfred L. – ebenso seine innere Stimme, die Bedenken anmeldete, ob er denn seinem Hang zum Wohlleben und Vergnügen, zu den Annehmlichkeiten des Lebens wohl so ohne weiteres entsagen könne. Die Vorstellung von einem naturverbundenen Leben ohne die Zwänge der Gesellschaft war wohl zu verlockend, um da widerstehen zu können.

Manfred bezog auf dem Bauernhof ein eigenes Zimmer und war im übrigen angeschlossen an die Gemeinschaftsräume wie Küche und Wohnzimmer. Daß die Fenster sehr klein waren, die Raumhöhe zu niedrig, die Wände auf einer Seite feucht und ein leichter Modergeruch in dem gesamten Anwesen lag, das alles störte Manfred zunächst nicht.

Aber als die übrigen Mitglieder der Wohngemeinschaft ihn ständig zur Arbeit anhielten, wenn er sich sonnen oder ein Buch lesen wollte, kam es zu den ersten Dissonanzen. Zusätzlich wurde sein Gefühl für Ästhetik und Sauberkeit aufs äußerste belastet – kaum jemand wusch sich die Hände nach der Benutzung der Toilette; Hund und Katze leckten vom Teller eines weiblichen WG-Mitgliedes; Mäuse knabberten nachts am Brot und am Käse und hinterließen überall kleine schwarze Kotkügelchen …

Ferner bemerkte Manfred L., daß der Verkehr mit Gleichgesinnten, die den Bauernhof besuchten, in ihm keine seelische Resonanz hervorrief. Insbesondere die Frauen unter ihnen, von denen sich manche für ihn interessierten, erschienen ihm als eigenartig und fremd. Sie stellten einen völlig anderen Typus von Frau dar, als den, welchen er bisher gewohnt war. Da Manfred ein gutaussehender Mann von freundlichem Wesen war, drängten sich ihm manche dieser potentiellen Partnerinnen regelrecht auf. Doch er wollte mit ihnen nichts zu tun haben, denn er sehnte sich nach einer Frau, die seinem Wesen ähnlicher war.

Lothar K. mußte aufgrund beruflicher Umstände in eine andere Stadt umziehen, wo ihm eine möblierte Zweizimmerwohnung angeboten wurde. Obwohl ihm die Inneneinrichtung nicht zusagte, unterzeichnete er – da er vor der weiteren mühseligen Wohnungssuche zurückschreckte – den Mietvertrag. Während der Woche störte ihn seine Umgebung kaum, da er oft erst spät abends nach Hause kam und dann bald zu Bett ging; aber an den Wochenenden fühlte sich Lothar K. mehr als ungeborgen. ›Diese depressive Atmosphäre in der Wohnung macht mich ganz krank‹, pflegte er öfter zu sagen.

Außerdem wollte es auch in der Partnerschaft nicht so recht klappen. Die Frauen, die Lothar kennenlernte, entsprachen nicht seinen Vorstellungen.

Brigitte N. entstammte einem sehr konservativen Elternhaus. Als oberstes Prinzip ihrer Eltern galten Sitte und Anstand sowie die ›klassische Bildung‹. Strenge Sexualmoral und -erziehung verhinderten ein normales Sexualverhalten, so daß Brigitte sehr lange ihre Jungfernschaft bewahrte. Um diese durch die Erziehung aufgebauten Tabus zu kompensieren, pflegte Brigitte sich erotisch aufreizend zu kleiden. Ihre knappen Miniröcke und ihre engen Pullis betonten ihre gute Figur und ließen viele Männerherzen höherschlagen. Brigitte N.: ›Viele Männer machen mir den Hof, aber es paßt von all denen keiner zu mir. Ich wünsche mir einen Partner, der über dieselbe klassische Bildung verfügt wie ich und meine geistigen Interessen teilt‹.

In den genannten Beispielen wird jeweils eine Diskrepanz zwischen Inhalt und Form sichtbar. Eine Folge dieser Diskrepanz ist unter anderem, daß dadurch Partner angesprochen und angezogen werden, die dem eigenen inneren Wesen nicht entsprechen. Da dieses innere Wesen nicht zum äußeren Ausdruck kommen konnte, vermochten die wirklich passenden Partner den Betreffenden nicht zu erkennen.

Diese innere Natur des Menschen muß zum Beispiel auch in Nahrung, Kleidung und Umwelt ausgedrückt werden. Es gilt, Innenwelt und Außenwelt in Einklang zu bringen, die eigene Identität auch nach außen hin manifest werden zu lassen.

Es ist daher zunächst einmal wichtig, selbst diese eigene Identität zu entdecken, in Erfahrung zu bringen, wer und wie man ist, und was man daraus noch entwickeln kann.

Nach Walter J. Schraml besteht Identität darin, sich wohlzufühlen auf dem Wege, welchen man eingeschlagen hat. Dieses Identitätsgefühl verleiht dem Menschen vor allem Zufriedenheit und Geborgenheit. In sich geborgen ist also derjenige, der seine wirkliche Identität (Natur) gefunden und verwirklicht hat.

Nur wenn ein Mensch weiß, wer er ist, kann er sich auch in der Umwelt und im Mitmenschen wiederentdecken – vorausgesetzt, dieser ist ebensfalls imstande, seine wirkliche Natur auszudrükken – nur dann vermag er zu erkennen, wer oder was ihm ähnlich ist bzw. ihm entspricht.

Sowohl Manfred L., als auch Lothar K. und Brigitte N. führten ein nicht der eigenen Natur gemäßes Leben, bzw. drückten ihr Wesen nicht in der entsprechenden Form in der Außenwelt aus. Manfred L. war gänzlich ungeeignet für ein Leben auf einem Bauernhof, denn er hatte mit der Alternativszene wenig gemeinsam, er tendierte im Gegenteil mehr zu einem »Playboylife«, er wollte ein angenehmes Leben führen und schöne Frauen um sich haben. Manfred hatte sich für ein Milieu entschieden, das ihm nicht entsprach und ihm ein Partnerangebot bescherte, mit dem er nicht zurechtkommen konnte, denn die Frauen, die für ihn Interesse hegten, schätzten ihn aufgrund der äußeren Umstände völlig falsch ein. Er war nicht der, für den sie ihn hielten. Sein Wesen war anders.

Ähnlich stellt sich die Situation auch bei Lothar K. und Brigitte N. dar: Die Diskrepanz zwischen Inhalt und Form löste bei anderen unangemessene Reaktionen und Projektionen aus und mußte daher auch in der Partnerschaft ihren negativen Niederschlag finden.

Um zu einem Einklang zwischen Innenwelt und Außenwelt zu gelangen, müßte z. B. Brigitte N. entweder ihre inneren Tabus sprengen und schließlich auflösen – dann ändert sich allerdings ihre Vorstellung vom Partner – oder sie müßte ihre klassische

Bildung auch in ihrem Gebaren, z. B. in ihrer Kleidung auszudrücken versuchen. Nur dann darf sie darauf hoffen, einen Partner kennenzulernen, der ihrem »konservativen« Wesen mehr entspricht.

Halten wir also fest: Solange die Form für einen vorgegebenen Inhalt nicht gefunden und realisiert ist, werden nur Partner angezogen, welche der Unterdrückung der Form entsprechen, bzw. die Entwicklung der Anlagen verhindern; denn ein Partner kann nur auf die sich ihm darstellende Form reagieren, welche im Status quo bei dem Betreffenden vorhanden ist. Insofern beeinflußt jede Diskrepanz, jede Inkonsequenz und auch die kleinste (Lebens-)Lüge die Partneranziehung. Wenn z. B. eine Vegetarierin einen Pelzmantel trägt oder sich einen Hund hält (der sicher mehr Fleisch frißt als sie selbst bei einer Gemischtkost verbrauchen würde!), oder wenn sich z. B. jemand nicht scheiden läßt, obwohl die Beziehung mit dem Partner längst am Ende ist, liegt ein Verstoß gegen das *Gesetz von Inhalt und Form* vor und die Partneranziehung ist dieser inneren Diskrepanz gemäß. Es gilt also, die Form für den Inhalt zu finden, die Form zu schaffen, die der eigenen Vorstellung entspricht, um den Partner anzuziehen, der sich von dieser Form *und damit der dazu gehörenden Vorstellung (geistiger Inhalt)* angesprochen fühlt. Da die Vorstellung selbst ja realisiert wurde, verschwindet sie aus der Phantasie, und der Partner ist der eigenen Vorstellung gemäß.

Dieser Zusammenhang soll am Fall von Gerd H. verdeutlicht werden:

Gerd H. ist in einem Milieu großgeworden, in dem Arbeit, Mühe und Sorgen vorherrschten; Lebensfreude und Lebensgenuß waren verpönt.

Als Gerd 5 Jahre alt war, lernte er Alexander, den Sohn eines Barons kennen. Da Gerd H. ein ruhiges und liebenswürdiges Kind war, wurde er öfters von Alexanders Familie eingeladen. Der Baron und seine Familie lebten in feudalen Verhältnissen. Der Luxusbungalow mit Swimmingpool, die exklusive Wohnungseinrichtung, die elegante Kleidung und exquisite, kulinarische Speisen bildeten einen Rahmen, der in Gerd H. einen ungeheuren Eindruck hinterließ. Insbesondere galt dies für Alexanders Mutter, deren Ausstrahlung ihn erotisch geradezu betörte. Mit ihren lackierten Finger- und Zehennägeln (nie vorher hatte Gerd etwas Derartiges gesehen) mit ihrem Parfümduft und mit ihrer vornehmen gepflegten Sprache erschien sie Gerd als eine

Märchenfee. Dieser Milieuwechsel, der sich immer dann vollzog, wenn Gerd Alexanders Familie besuchte, verursachte aber auch eine tiefe Unzufriedenheit mit den Verhältnissen, in denen er zu Hause lebte.

Als Gerds Vater sich beruflich veränderte, zog Gerd mit seinen Eltern in eine weit entfernte Großstadt um, so daß sich die Freundschaft mit Alexander auflöste. Da Gerd in der Schule sehr erfolgreich war, durfte er das Gymnasium besuchen. Eines Tages freundete er sich mit Jens, dem Sohn eines Ministerialdirigenten, an.

Als er das erstemal Jens' Familie besuchte, wurde Gerd sehr freundlich aufgenommen. Man erkundigte sich nach seinem Wohlbefinden und las ihm jeden Wunsch von den Augen ab. Gerd fühlte sich wie im Paradies! Insbesondere aber faszinierte ihn wiederum Jens' Mutter, die am Nachmittag im knappen Bikini auf der Terrasse der Villa erschien und sich mit ihm unterhielt.

Noch am Abend des ersten Tages onanierte Gerd, wobei er immer wieder das Bild dieser attraktiven Frau in seine Vorstellung einblendete. Jedesmal wenn er Jens' Mutter begegnete, schoß ihm das Blut in den Kopf. Sie stellte für ihn die Traumfrau schlechthin dar.

Mit der mittleren Reife verließ Gerd das Gymnasium, wodurch auch die Verbindung zu Jens abriß.

Die Baronin und Jens' Mutter hatten jedoch in seinem Seelenleben und in seiner Vorstellungswelt einen derart prägenden Eindruck hinterlassen, daß er ständig nach einer Traumfrau suchte, die diesem Bild glich. Immer wieder sah er vor seinem geistigen Auge das Bild einer eleganten, gepflegten, sich gewählt ausdrückenden jungen Dame mit vornehmem Verhalten.

Bei der Analyse zeigte sich nun, daß Gerds Traumfrau eben die Eigenschaften verkörpern sollte, die ihm selber fehlten. Anstatt diese in sich und aus sich selbst zu entwickeln, suchte er sie außerhalb seines Selbst – in einer Partnerin. Da Gerd nur Frauen aus *seinem* Milieu kennenlernte, bemühte er sich, sie nach dem Bild seiner Traumfrau – Jens' Mutter – zu formen, was zwangsläufig immer wieder mißlingen mußte.

Gerd projizierte also Wunschvorstellungen von sich selbst auf seine Partnerin, um sich der Mühe zu entheben, diese Anlagen selbst auszubilden. Würde er dies tun, indem er z. B. einen Rhetorikkurs besucht, würde er die gewünschte Partnerin eher anziehen. Seine eigene Identität und die seiner Partnerin würden besser übereinstimmen. Er betrachtet sie dann nicht mehr als Ideal, zu dem er aufblicken muß, sondern sie gehört ganz selbstverständlich zu ihm.

Jeder Persönlichkeitsanteil – jede Fähigkeit und jedes Bedürfnis – in uns besteht demnach aus individuellem Inhalt und entsprechender Form.

Eine Vielzahl von individuellen Bedürfnissen muß befriedigt werden, um die Gesundheit unseres körperlichen, seelischen und geistigen Organismus aufrechtzuerhalten:

Das Bedürfnis nach Durchsetzung und Selbstbehauptung,
nach Abgrenzung und Genuß,
nach Freiraum, nach wirtschaftlicher Absicherung,
nach Sicherheit *(Depottrieb)*, nach Gemeinschaft,

- nach Kommunikation, Bedürfnis etwas zu lernen *(Lerntrieb)*, Bedürfnis frei zu atmen,
- nach Nahrung, Kleidung, Wohnung, nach Geborgenheit *(Nesttrieb)*, nach seelischer Liebe und Zärtlichkeit, Bedürfnis angenommen und akzeptiert zu werden, Bedürfnis nach Nähe, nach Schlaf,
- nach Selbständigkeit, Selbstverwirklichung, nach eigenen Unternehmungen, nach Befriedigung der Sexualität, Spiel, nach schöpferischer Betätigung,
- nach Ausdruck der eigenen Identität, seine Gefühle zu zeigen, nach Wahrnehmung und Beobachtung, nach Reinigung, nach einer Arbeit, die dem eigenen Wesen gemäß ist,
- nach Schönheit und Ästhetik, nach Harmonie, nach Ausdruck des eigenen Geschmacks, nach Erotik und Liebe, nach Begegnung, eigene Ideen zu entwickeln,
- nach Struktur, nach eigener Zeitstrukturierung,
Pläne zu schmieden,
eine eigene Meinung und Vorstellung zu entwickeln,
nach einer festen Partnerbeziehung,

- nach Expansion, einen Sinn im Leben zu haben,
  nach Verbesserung der äußeren Umstände,
  nach einer eigenen Weltanschauung,
- nach eigenen Zielen zu leben,
  nach Gerechtigkeit, nach Ordnung, nach Orientierung,
- nach Freiheit und Unabhängigkeit,
  nach Distanz und Abwechslung,
- Hintergründe aufzudecken,
  das Bewußtsein zu erweitern,
  Verantwortung zu zeigen,
  Alternativen zu entwickeln.

Die Befriedigung dieser Bedürfnisse kann nur erfolgen, wenn die diesen Bedürfnissen entsprechenden Fähigkeiten entwickelt werden, z. B. das Bedürfnis nach Kommunikation kann nur gestillt werden, wenn die Fähigkeit zur Kommunikation erworben wurde, d. h. wenn man lernt, sich verbal und non verbal effizient darzustellen. Das Bedürfnis etwa nach einer festen Beziehung wird auch nur dann qualitativ befriedigt, wenn die entsprechende Beziehungsfähigkeit ausgebildet wurde.

Jeder Persönlichkeitsanteil bedarf in der Außenwelt eines entsprechenden Bezugs, jede Energie will gelebt, will eingesetzt werden, will sich austauschen, braucht außen ein Feld, auf dem sie sich entfalten kann. Nur wenn dieses Gleichgewicht zwischen Innenwelt und Außenwelt gewährleistet ist, kann die körperliche, seelische und geistige Gesundheit aufrechterhalten werden. Um das eigene Persönlichkeitssystem herauszufinden, sollte man sich fragen:

Kenne ich meine eigenen Bedürfnisse?

Lebe ich meine Energien und Fähigkeiten optimal aus?

Wie gehe ich damit um? Was kann ich tun, um meine Bedürfnisse besser befriedigen zu können?

Akzeptiere ich auch die Bedürfnisse der anderen, insbesondere die des eigenen Partners, lasse ich deren Entfaltung zu?

Die Befriedigung der individuellen Bedürfnisse ist erschwert oder steht gänzlich unter Tabu, wenn gesellschaftliche Maßstäbe, Normen und Ideale dagegenstehen. Dann kommt es zu den sogenannten *Abwehr- oder Anpassungsmechanismen,* d. h. die Energie tritt dann nicht mehr in ihrer ursprünglichen Erscheinungsform auf, sondern wird an die gesellschaftlichen Verhältnisse, an die Umwelt und an die Norm angepaßt.

Die Psyche entwickelt eine Vielzahl von Anpassungsmechanismen:

die *Sublimierung,* z. B. wenn der Sexualtrieb in schöpferische Leistung umgewandelt wird; die *Regression,* Rückfall in eine frühere psychische Entwicklungsphase; die *Verdrängung,* z. B. weil ein Wunsch mit dem inneren Maßstab, mit Sitte und Moral nicht zu vereinbaren ist, wird er verdrängt; die *Konversion,* Umwandlung von verdrängten, mit Energien besetzten psychischen Inhalten in körperliche Symptome; die *Verschiebung,* z. B. wenn eine seelische Energie von einem Ziel auf ein anderes verlagert wird; die *Imitation,* wenn z. B. ein Kind die Eltern imitiert und Eigenheiten der Mimik, der Gestik oder der Haltung übernimmt, die dann zu den bekannten Feststellungen führen, das Kind bewege sich ganz wie der Papa oder die Mama; die *Identifikation* mit einer sozialen Rolle, Geschlechtsrolle oder Berufsrolle – z. B. lernt eine Tochter von ihrer Mutter über den Lernmechanismus der Identifikation, wie man als Frau zu sein hat; die *Projektion,* das Nach-außen-Verlagern von unbewußten Wünschen und Konflikten und die *Reaktionsbildung,* die Verwandlung von Bedürfnissen in ihr Gegenteil.

Individuelle →	Maßstäbe →	**Anpassung und**
Bedürfnisse	Gebote	**Abwehr-**
bzw. Anlagen und	Verbote	**mechanismen**
Fähigkeiten	Ideale	Sublimierung
	Normen	Verschiebung
	alte Über-	symbolisches Aus-
	zeugungen u.	agieren
	Glaubens-	Somatisierung
	haltungen	Imitation
		Identifikation
		Projektion
		Regression
		Reaktionsbildung
		Verdrängung

Diese Anpassungs- und Abwehrmechanismen bilden zusammen die zweite Natur des Menschen, welche die erste, die primäre Natur überlagert. Die Anpassungsmechanismen verhindern die Entfaltung der individuellen Anlagen – sie können sich nicht in ursprünglicher Form, d. h. so wie sie von Natur aus angelegt sind, entwickeln – sie können nicht mehr real wachsen und wirksam werden, wenn sie sublimiert, regressiv, als körperliche Krankheit, verschoben oder in der Projektion erlebt werden.

Ebenso verhält es sich bei der Imitation, Identifikation und Reaktionsbildung. Besonders negativ wirkt sich jedoch die Verdrängung einer Energie ins Unbewußte aus; denn das Verdrängte ist nicht tot, sondern kehrt in einer anderen Gestalt wieder – doch darauf kommen wir später noch zu sprechen.

Festzuhalten ist in diesem Zusammenhang, daß individuelle Anlagen und Bedürfnisse sich an äußeren Normen oder Idealen stoßen können und sich dadurch einer Form anpassen müssen, die Schmerz verursacht. Die Individualität und Natur der Anlage wird eingeengt, die Natur, das Leben leidet. Es bereitet Schmerz, seine lebendigen Energien, seine lebendige Individualität nicht entfalten zu dürfen; abgeblockt, gehemmt zu werden durch Maßstäbe und Normen, die pauschal alle Menschen reglementieren. Das persönliche Schicksal ist daher nichts anderes als der Ausgleichsversuch der körperlichen, seelischen und geistigen Natur auf die schmerzhafte Beschneidung der Lebendigkeit. Ein negatives Schicksal ist so betrachtet eine äußere Krankheit, zugleich aber auch wie jede andere Krankheit ein Gesundungsprozeß (weil Ausgleichsversuch).

Das persönliche Schicksal ist also wie eine Krankheit die Reaktion auf einen krankmachenden Reiz, und diese krankmachenden Reize bestehen eben in den Maßstäben, die gegen das Leben gerichtet sind – die Natur schlägt zurück – genauso krankhaft wie die Einwirkung war! Doch nicht nur gesellschaftliche Maßstäbe und Normen können die Befriedigung von Bedürfnissen unterbinden, sondern auch der bisherige Schicksalsrahmen, den man selbst, wenn auch unverschuldet, abgesteckt hat.

Muß z. B. eine Familie in einer viel zu kleinen Wohnung leben, dann reagiert der körperliche, seelische und geistige Organismus jedes Familienmitglieds immer wieder aufs neue auf diese äußere Beengung.

Eine ganz entscheidende Frage in bezug auf das Gesetz von Inhalt und Form wurde bisher noch nicht beantwortet: Welchem Inhalt bzw. welcher inneren Natur sollen wir nach außen Form verleihen. Es besteht ein Unterschied, ob wir die *zweite* Natur oder die *erste* Natur in der Außenwelt verwirklichen, oder anders ausgedrückt, ob wir unsere Empfindungen und Glaubenshaltungen nach Normen und eingeübten Reaktionsmustern materialisieren, oder ob wir unser wirkliches Wesen, unsere wirklichen Anlagen verwirklichen und zum Ausdruck bringen.

Diese Problematik soll noch einmal an dem Beispiel von Brigitte N. beleuchtet werden, die sich nicht ihrer innerseelischen konservativen Haltung entsprechend kleidete und somit ein »falsches« Partnerangebot herausforderte. Dabei taucht zunächst aber die Frage auf, ob ihre konservative Weltanschauung tatsächlich ihre wahre Natur darstellt, oder ob nicht gerade ihr inneres Wesen von dem klassischen Bildungsideal überlagert ist?

Wenn man sich die oben genannten Anpassungsmechanismen noch einmal vor Augen führt, wird klar, daß Brigitte diese Weltanschauung nur unreflektiert übernommen hat (über den Lernmechanismus der Identifikation), um die Eltern nicht zu enttäuschen, um sich einen Platz im Familienverband zu erkämpfen, ja vielleicht sogar um ihre Existenz zu sichern. So kann es sein, daß sie vielleicht Kant, Nietzsche, Goethe, Schopenhauer und andere zu zitieren versteht, dennoch aber keine *eigene* Meinung und Weltanschauung ausgebildet hat. Genauso muß z. B. ein luxuriöses Haus nicht unbedingt eine Entsprechung der innerseelischen Geborgenheit des Besitzers sein. Vielmehr kann es auch seinen gehemmten Eigenwert ausdrücken, den er durch den Bau des Hauses zu kompensieren trachtete. So steht in solchen Fällen das pompöse Projekt in keinem Verhältnis zum effektiven Bedarf. Es hat sich also auch hier nicht die *erste* Natur, sondern die *zweite* Natur des Betreffenden verwirklicht.

Diese Beispiele machen deutlich, daß Frustration und Leid vermieden und manchmal sogar sehr viel Geld eingespart werden kann, wenn das wirkliche Wesen entdeckt und ausgedrückt wird.

Lebt jemand nur seine *zweite* Natur, kann er seine ihm entsprechenden Partner und Freunde nie finden, er wird immer wieder enttäuscht werden; denn wie soll er seinen wahren Partner finden, wenn er nur bestimmte Reaktionsmuster auf seine Vergangenheit an den Tag legt? Wie soll er ihn finden, wenn sie oder er immer nur cholerisch, depressiv, hysterisch, trotzig oder mit Tränen reagiert? – oder ständig nach Karriere, Macht, Ruhm und Anerkennung strebt? Auf diese Art und Weise kann jeder immer nur den Partner anziehen, der zu seinem alten Reaktionsmuster paßt, einen der komplementär mit ihm im Unbewußten verflochten ist. Diese komplementäre Verflochtenheit wollen wir im nächsten Kapitel näher beleuchten.

Das Gesetz des Ausgleichs

Das Schicksal belohnt weder, noch straft es, es stellt lediglich das verlorengegangene Gleichgewicht wieder her. Es muß also *ersatzweise* einschreiten, wenn der Mensch selbst nicht das Gleichgewicht im körperlichen, seelischen und geistigen Organismus sowie in der äußeren Natur herstellen kann.

Jede Störung dieses Gleichgewichts ruft bestimmte Reaktionen in der Natur des Menschen wie in der Allnatur hervor – körperliche, seelische und geistige Erkrankungen auf der einen sowie Naturkatastrophen auf der anderen Seite. So betrachtet, sind Krankheiten und Naturkatastrophen im Grunde nichts anderes als Auflehnungs- und Gesundungsprozesse, Versuche der menschlichen Natur und der Allnatur, das Gleichgewicht bzw. die Harmonie wiederherzustellen. Je stärker die Harmonie gestört ist, um so heftiger wird die Reaktion sein, vergleichbar der Bewegung eines Pendels, die eine gleichförmige, aber entgegengesetzte Wirkung hervorruft.

Dieses Gesetz, das stets darauf bedacht ist, Ausgleich zu schaffen, zeigt sich jedoch nicht nur in Form von Krankheiten und Naturkatastrophen, sondern auch im täglichen Leben – in der Begegnung, Partnerschaft, im Beruf …

Jede Störung des Gleichgewichts in der eigenen Natur ruft bestimmte Reaktionen in der Umwelt hervor, da jedes Lebewesen in steter Wechselwirkung zu anderen steht. Das Gesetz des Ausgleichs bewirkt immer eine Anziehung des Gegenpols, der dazu angetan ist, die Harmonie wieder herzustellen. So stabilisiert sich der Helfer am Hilflosen, der Mächtige am Machtlosen, der Unterdrücker am Unterdrückten, der Sadist am Masochisten, der Heilige am Sünder, der Reiche am Armen, der Altruist am Egoisten, der Prahler am Bescheidenen … und jeweils umgekehrt. Es mag zunächst befremdend wie ein Widerspruch klingen, wenn hier zum Ausdruck gebracht wird, daß z. B. die Frau, die unter der Trunksucht ihres Partners leidet, sich unbewußt diesen Mann gesucht hat, um selbst zur »Harmonie« zu gelangen, daß die Krankheit des anderen auch eine Reaktion auf ihre Einstellung und ihr Verhalten ist, daß sie komplementär mit diesem Manne im Unbewußten verflochten ist und somit als »Co-Alkoholiker« bezeichnet werden kann. Auch wird derjenige, der zeitlebens unter den Zwängen seines Unterdrückers große seelische Qualen erleiden mußte, tief betroffen sein, wenn ihm gesagt wird, daß er sich nur über letzteren ausgleichen konnte, daß nur der Machthaber und Sklaventreiber ihn zur »Harmonie« brachte.

Solange in all diesen Fällen der einzelne die Schuld für sein hartes Karma dem anderen aufbürdet, hat er keine Möglichkeit, die »Schicksalsmaschinerie« abzustellen. Solange er in dem Glauben verharrt, es würde dann alles besser werden, wenn der Unterdrücker aufhören würde zu unterdrücken, wenn der Reiche ihm etwas von seinem Überfluß schenken würde, wenn die anderen ihm mehr behilflich wären ... ist er abhängig von den anderen und kann daher nicht in sein eigenes Schicksal eingreifen.

Erst wenn er einsieht, daß die Ursachen für die Krankheit und das Leid in ihm selbst liegen, hat er auch die Möglichkeit, diese Ursachen zu beseitigen und dadurch ein neues, unbeschwerteres und freieres Leben zu führen. So kann sich beispielsweise eine Frau fragen, weshalb sie ständig angegriffen wird – und findet schließlich als Ursache ihre eigene Durchsetzungsschwäche; oder ein Mann, der ständig von seiner Frau gemaßregelt wird, beginnt nachzudenken und erkennt, daß seine innere Rechtsordnung noch nicht gefestigt ist. Dieser Erkenntnisprozeß ist die Voraussetzung für den nächsten Schritt: Die Ausbildung der defizitären Anlage, unter der der einzelne leidet. Lernt die obengenannte Frau sich durchzusetzen, so manövriert sie sich aus dem Defizit heraus und muß daher nicht mehr durch den diesem Defizit entsprechenden Gegenpol ausgeglichen werden. Die Aggressoren in der Außenwelt verschwinden. Relevant ist also immer, welches Defizit vorliegt, um Rückschlüsse auf die Anziehung des Gegenpols folgern zu können. Entscheidend sind hierbei wiederum die Anlagen und Fähigkeiten, die bereits bei der Besprechung des Gesetzes von Inhalt und Form aufgeführt wurden. Hierzu noch ein Beispiel:

Hat jemand keine eigene Meinung entwickelt und befindet er sich deshalb in bezug auf diese Fähigkeit in einem Defizit, so muß er zwangsläufig durch den diesem Defizit entsprechenden Gegenpol ausgeglichen werden, d. h. es werden ihm Meinungen von außen aufgedrängt. Geht er etwa durch die Fußgängerzone einer Großstadt, so bringt er die Disposition dazu mit, daß er von einem fanatischen Anhänger einer Sekte angesprochen und zu einer Unterschrift bewogen wird. In den nächsten Wochen und Monaten wird er dann systematisch von dieser »Heilslehre« indoktriniert. Schließlich überschreibt er vielleicht sein gesamtes Vermögen der Sekte, um beizutragen, daß die »frohe Botschaft« verstärkt in der Welt verbreitet werden kann.

Dieser Mann ist also Opfer einer Ideologie geworden, weil er selbst keine eigene Meinung ausgebildet und keinen eigenen Weg abgesteckt hat. Ein anderer, dessen geistiger Organismus durch die Ausbildung seiner Anlagen intakt ist, identifiziert – ähnlich den Leukozyten im körperlichen Organismus – die »geistigen Krankheitserreger« und kann sie abwehren. Er ist dagegen resistent. Er ist nicht leichtgläubig und unterliegt daher der Überzeugungskraft des Sektenanhängers nicht mehr.

Wechselwirkung von Defizit und Gegenpol

Defizitäre Anlage oder Fähigkeit	Gegenpol
Mangelnde Durchsetzungsfähigkeit und Selbstbehauptung	Aggressor
Mangelnde Ichstärke (Altruist)	Egoist
Defizit an Genußfähigkeit (Asket)	Schlemmer
Defizit an Abgrenzung und Sicherung	Dieb
Defizit an wirtschaftlicher Fähigkeit	Reiche
Defizit an Kommunikationsfähigkeit	Entertainer
Defizit an seelischer Wärme	gluckenhafte Mutter
Defizit an Selbstausdruck (der Bescheidene)	Prahler
Defizit an Sauberkeit	Sauberkeitsfanatiker

Defizit an erotischen Fähigkeiten	Pornoleser
Defizit an Selbstbestimmung	Machthaber
Defizit an eigener Meinung	Manipulator
Defizit an eigener Glücks-fähigkeit	Mäzen
Defizit an eigenen Rechten	Maßregler, Kontrolleur
Defizit an eigener Freiheit und Unabhängigkeit	Rebell, Aufrührer
Defizit im Zeigen der eigenen Verantwortung	Süchtiger

In diesem Zusammenhang müssen wir noch einen Schritt weiter gehen und auf die komplementäre Verflochtenheit zwischen Gehemmten und Kompensator bzw. zwischen Kindrollen- und Elternrollenspieler eingehen. Erinnern wir uns an die durchset-zungsschwache Frau, die ständig mit Aggressoren in der Außen-welt konfrontiert wurde. Die Folgen eines Defizits in der Durch-setzungsfähigkeit können noch differenzierter am Beispiel vom »braven« und vom »bösen« Jungen verdeutlicht werden: Der »brave« Junge ist in seiner Durchsetzung gehemmt, artig und eingeschüchtert sitzt er in der Schulbank. Er hat Angst vor der Pause, denn in dieser Zeit wird er ständig von einem »bösen« Jungen in der Klasse attackiert.

Der »böse« Junge ist ebenfalls gehemmt, kompensiert aber dieses Defizit dadurch, daß er besonders aggressiv auftritt. Er kann aber nur in ein schwaches Ich eindringen, weil ein starkes Ich einen solchen Akt nicht zulassen würde. Deshalb sind die »braven« Jungen willkommene Objekte für die »bösen«, die im anderen unbewußt ständig versuchen, ihr verlorenes Ich-Land wiederzuerobern, natürlich ohne es jemals dabei wirklich zu-rückzuerhalten. Im Gegenteil! Meist werden sie für ihre de-struktiven Aktivitäten bestraft, so daß ihre Aggression ständig eskaliert.

Eine Möglichkeit, diesem verhängnisvollen Kreislauf Einhalt zu gebieten, besteht darin, das Ich des »braven« und des »bösen« Jungen zu stärken, indem man das jeweils vorhandene Defizit aufzufüllen versucht. Erst dann gibt der »Brave« kein Objekt mehr für den »Bösen« ab, weil er gelernt hat, sich durchzusetzen, und der »Böse« hat es nicht mehr nötig, andere anzugreifen, weil er in sich selbst gefestigt ist.

Diese Verhaltensweisen des »braven« und des »bösen« Jungen setzen sich entsprechend auch im Erwachsenenalter fort, wenngleich sie nicht mehr so offen wie in der Kindheit zum Ausdruck kommen. Hier leitet der »brave« Erwachsene seine Aggressionen meist somatisch ab – in Form von akuten und chronischen Entzündungen, in Form von Fieber, Kopfschmerzen oder Gallenkoliken und anderes, während der »böse« Erwachsene es vorzieht, seine Aggressionen auszuagieren.

Nun verhält es sich aber so, daß derjenige, der die Aggressionen des anderen erdulden muß, seiner eigenen Energie in pervertierter Form begegnet. Da er in der Durchsetzung gehemmt ist, verdrängt er einen Teil der Energie, der ihm nicht nur zusteht, sondern den er auch brauchen würde, um seine Persönlichkeit adäquat zu verwirklichen.

Dieser verdrängte Teil seiner Energie begegnet ihm nun in dem anderen, der zwar ebenso gehemmt ist, aber diese Hemmung kompensiert, indem er die verdrängte Energie als Aggression ausagiert.

Beide, der Gehemmte und der Kompensator haben also dasselbe Defizit und unterscheiden sich nur dadurch, daß der eine den verdrängten Teil aktiv auslebt, während der andere ihn in der passiven Form erleidet. Beide ziehen sich magisch an, d. h. der Aggressor kann und wird sich nur dort entladen, wo sich ihm eine Hemmung darbietet.

Der Gehemmte und der Kompensator könnten ihre Energien jedoch konstruktiver erleben. Das ständige Erleiden von Aggressionen wie das ständige Angreifen erschöpfen die Kraft des Individuums und verkürzen sein Leben. Die Energie wird unnütz vergeudet: Sie bringt nichts ein, sie baut nicht auf, sondern ab – sie ist in dieser pervertierten Form eine ständige Gefahr für die eigene und die fremde Gesundheit.

Dieses Beispiel macht deutlich, daß es ganz entscheidend ist herauszufinden, auf welchem Pol wir uns befinden – mehr in der Rolle des Gehemmten bzw. Kindrollenspielers oder mehr im Gegenpol – in der Rolle des Kompensators oder Elternrollenspielers.

Der Gehemmte bzw. Kindrollenspieler

Der Kindrollenspieler läßt sich unangemessen von den Normen, Idealen, Geboten und Verboten der Umwelt einschränken. Seine Lebenshaltung ist primär darauf ausgerichtet, nur zu reagieren und nicht zu agieren. So reagiert er etwa auf bestimmte Blockaden und Hemmungen mit Ärger, mit Auflehnung, mit Nervosität, mit Trauer, mit Depressionen, mit Ohnmachtsgefühlen, mit Krankheit ... Auf diese Art und Weise verschleudert er seine Energien und hat kaum die Möglichkeit, in sein Schicksal verändernd einzugreifen, geschweige denn, es aktiv mitzugestalten.

Er ist davon abhängig, daß die anderen ihm mit Wohlwollen begegnen, ihn fördern, gut zu ihm sind, ihn freundlich behandeln, ihn akzeptieren und anerkennen. Der Gehemmte verharrt in dem Verhaltensmuster, das er als Reaktion auf die Einflüsse von Eltern und Umwelt ausgebildet hat. Er erlebt immer dasselbe Schicksal, erlebt dieselbe Grundstimmung von früher, nur mit anderen Personen besetzt und auf einer anderen Ebene. War der Gehemmte früher abhängig von seinen Eltern, so setzt sich diese Abhängigkeit auch später im Erwachsenenalter fort. Er nimmt also auch im Beruf und in der Partnerschaft untergeordnete, abhängige Positionen ein.

Der Gehemmte bleibt Kind, oder genauer ausgedrückt: Er behält die Rolle des Kindes entsprechend den damaligen Anforderungen bei und spielt sie bei all denen, die in das psychische Bild der Eltern passen.

In der Psychoanalyse spricht man hier von Übertragung. So kann z. B. ein Vorgesetzter einer Firma oder einer Institution die Rolle innehaben, die früher beim Gehemmten der Vater gespielt hat. Oder eine Freundin kann die Rolle der Schwester übernehmen, gegenüber der sich eine Gehemmte stets zurückgesetzt gefühlt hat.

So wird der Gehemmte auch im Erwachsenenalter stets gehemmt sein – wie damals als Kind. Er erlebt alles in der Wiederholung. Er bleibt in der passiven, rezeptiven Rolle und ordnet sich den Elternrollenspielern unter. Er funktioniert im Sinne von anderen und hat Schuldgefühle, wenn er nicht im Sinne der Eltern, Lehrer, Professoren, Chefs etc. denkt, spricht und handelt.

Dieses permanente Schuldgefühl ist ein Kriterium für den

Kindrollenspieler. Schuldgefühle zu haben bedeutet, an einem Defizit an Recht zu leiden. Dieses Defizit an Recht schreit nach einem Richter oder nach einem Maßregler. Geradezu magisch werden Personen angezogen, die bereitwillig diese Funktionen übernehmen. Sie sind wie die Eltern damals immer im Recht, und der Gehemmte manövriert sich immer wieder in die Rolle des Schuldigen und des Sünders, der um Verzeihung zu bitten hat. Er reproduziert stets nur immer wieder die schon einmal erlebten Gefühle der Vergangenheit.

Der Kindrollenspieler muß sein Denken, Reden, Tun und seine Reaktionen stets in Frage stellen, muß ständig »Besserung« versprechen, während der Elternrollenspieler auf einem Podest sitzt und meist die Rolle des Vollkommenen und Unfehlbaren spielt.

Der Gehemmte strebt nach Anerkennung bei seinen Eltern, gibt sich aber dabei einer Illusion hin, weil er nie den seinem Wesen unangemessenen Maßstäben der Eltern entsprechen kann. Er wird nie so sein wie sie. Er ist anders. So versklavt dieser fremde Maßstab bzw. die Rollennorm, die von ihm verlangt wird, seine Anlagen und läßt sie verkümmern.

Zudem ist der Maßstab meist veraltet, lebensfern oder gar lebensfeindlich. Er ist nicht individuell und somit nicht dem Entwicklungsstand, den Bedürfnissen und Anlagen der betroffenen Person angepaßt, nicht der Zeit gemäß, nicht wirklichkeitsadäquat.

Der Gehemmte ist nur deshalb gehemmt und entwickelt nur deshalb Schuldgefühle, weil er sich mit dem Maßstab, der früher an ihn gelegt wurde und welcher Richtlinie und Halt für seine Eltern war, noch heute identifiziert, weil er noch heute glaubt, der Maßstab seiner Eltern (der nur für diese richtig und adäquat war) sei gültig, oder er glaubt, der Moralkodex, den die Zeit und das Milieu entwarfen, in dem er aufwuchs, sei für ihn auch jetzt noch verbindlich.

Aufgrund der starken Prägung durch den elterlichen Maßstab bleiben die Ausbildung und die Entwicklung der natürlichen Anlagen stecken, bzw. die Anlagen werden ständig niedergehalten oder verdrängt, weil ihr natürliches Ausleben mit dem übernommenen Maßstab nicht zu vereinen ist. Viele der Gehemmten machen die anderen für die selbst erlebte Einschränkung verantwortlich. Sie sind überzeugt, nur die anderen würden sie hemmen und an ihrer Entfaltung hindern. Tatsächlich aber verkörpert der andere nur die eigene innere Hemmung – den eigenen Maßstab – in der äußeren Welt. Solange die Hemmung, bzw. daraus entstehende Schuldgefühle in ihm wirksam sind, wird er immer Menschen begegnen, die ihn maßregeln.

Der Kindrollenspieler sucht ständig nach einer Orientierung, nach einem Halt. Er ist unsicher, traut sich nicht, eigene Entscheidungen zu treffen, wartet auf die Anordnung, auf den Befehl, erwartet ein vorgegebenes Muster, dem er dann folgen kann.

Da er unselbständig ist und keine eigene Meinung oder Vorstellungen einbringt, ist er häufig eine Belastung für die Umwelt. Der Kindrollenspieler kann nur sagen, was ihm nicht behagt, aber nie a priori zum Ausdruck bringen, wie er etwas haben möchte. So geschieht es immer wieder, daß sich ein Kindrollenspieler bei seinem Partner, der die Elternrolle übernahm, beispielsweise über den Verlauf des vergangenen Wochenendes beklagt, aber nicht imstande ist, selbst Vorschläge für eine angenehme Gestaltung der Freizeit vorzubringen oder gar Eigeninitiative zu ergreifen.

Der Kindrollenspieler hat die Einstellung: Die anderen sollen alles regeln, initiieren, inszenieren, managen ... Er wird lieber nicht aktiv, denn er könnte etwas falsch machen, könnte Fehler begehen, die ihm dann angelastet werden würden. Er hat Angst, Verantwortung zu übernehmen, Angst davor, sich stellen zu müssen, Angst, angegriffen zu werden: Deshalb zieht er es vor, in der Masse unterzutauchen und passiv auf bessere Zeiten zu warten. Andererseits möchte er zwar gerne mitbestimmen, an Entscheidungsprozessen teilhaben, ist aber oft nicht bereit, die Voraussetzungen hierfür bei sich zu schaffen, zum Beispiel:
1. die Anlagen und Fähigkeiten – rhetorische oder strategische – auszubilden, die für die Mitbestimmung notwendig sind.
2. die Hierarchie in Frage zu stellen und die Autoritätsgläubigkeit abzulegen.
3. die eigenen Rechte und die eigene Verantwortung bewußt werden zu lassen.
4. notwendige Informationen selbständig einzuholen.
5. Angebote und Vorschläge zu unterbreiten und Alternativen aufzuzeigen.

Der Kompensator bzw. Elternrollenspieler

Der Kompensator ist ebenso gehemmt wie der Kindrollenspieler, kompensiert aber diese Hemmung, indem er die Rolle der Eltern übernimmt, in sie hineinschlüpft.

Wenn früher ihm die Eltern ihre Vorstellung aufoktroyiert haben, so zwingt er nun seinerseits seine Vorstellungen oder Meinungen der Umwelt oder dem Partner auf und umgeht dadurch die für ihn frustrierende Situation, selbst zu etwas gezwungen zu werden. Der Kompensator sieht den anderen unbewußt als Kind (Gegenübertragung). Er sucht nach einem Projektionsobjekt, um seine frühere Hemmung zu kompensieren, nach jemandem, der so gehemmt ist, wie er es war. Er projiziert seine Vorstellungen und Maßstäbe, die er unter Umständen genausowenig wie der Gehemmte erfüllen kann, in den anderen.

Auch er identifiziert sich mit dem alten Maßstab, verhält sich aber im Gegensatz zum Gehemmten so, als ob er den Anforderungen jederzeit entsprechen könnte, ja, er ist meist sogar überzeugt, ihnen wirklich zu entsprechen.

Der Elternrollenspieler ist unbewußt der Ansicht, daß sein subjektiver Maßstab für alle gültig sei. Er macht seinen persönlichen Maßstab überpersönlich, er verallgemeinert und verkennt die Individualität des anderen.

Da er seine persönlichen Normen als allgemeingültig ansieht, maßregelt er jeden, der gegen diese Richtlinien und Normen verstößt und glaubt dabei noch, dem anderen etwas Gutes anzutun, da er ihn ja wieder auf den »rechten Weg« lenkt und leitet. Wenn er maßregelt, meint er jedoch eigentlich gar nicht den anderen, sondern maßregelt unbewußt sich selbst, sein eigenes früheres kindliches Verhalten.

Insofern ist seine objektive Wahrnehmungsfähigkeit weitgehend eingeschränkt, denn er vermag die Situationen, mit denen er konfrontiert ist, nicht so zu sehen, wie sie tatsächlich sind, sondern beurteilt sie nach den alten Maßstäben, Normen und Idealen, die tief in seinem Inneren etabliert sind. Es ist ihm unmöglich, wertfrei und bewertungsfrei in eine Begegnung zu gehen. Er ist nicht offen und daher nicht wirklich begegnungs- und partnerfähig. Ständig muß er Vergleiche mit seinen inneren Maßstäben und Idealen anstellen, muß überprüfen, muß urteilen, ob etwas richtig oder falsch, gut oder schlecht, anständig oder unanständig ... ist; er muß verurteilen, wenn seine Norm oder sein Ideal nicht erfüllt wird. Wenn er Fragen stellt, dann nicht, um sich mehr Informationen zu holen oder aus Interesse am Mitmenschen, sondern um zu überprüfen, ob der andere ihm ähnlich ist, bzw. gleichfalls richtig und so gut denkt und handelt wie er selbst. Ist der andere ihm ähnlich, d. h. vertritt er z. B. in einem bestimmten Punkt dieselbe Auffassung, so handelt es sich seiner Ansicht nach um einen Menschen, der schon etwas verstanden hat oder der anständig ist oder – wie man heute in bestimmten Kreisen argumentiert – der schon weit entwickelt ist, allerdings natürlich nie ganz so weit wie er selbst. Aufgrund dieser Einstellung und dieses Verhaltens wird der andere in jeder Begegnungssituation von vornherein in eine defizitäre Position gedrängt. Er muß rudern und strampeln, um seine Gunst zu erlangen. Der andere muß sich also zunächst gegenüber dem Elternrollenspieler beweisen, oder er muß sich diesem anpassen, dessen Einstellung oder Meinung annehmen, um schließlich von ihm akzeptiert zu werden.

Der Elternrollenspieler leidet also an einem »Gotteskomplex«. Er tut so als ob er alle Entwicklungsziele wie etwa Kommunikationsfähigkeit, Partnerfähigkeit, Bindungsfähigkeit, Fähigkeit zu Harmonie und Frieden, zu Freiheit und Unabhängigkeit etc. schon erreicht hätte. Er gibt vor, bereits ein vollkommenes Wesen zu sein und wehrt damit jede Entwicklung und weitere Reifung ab. Seiner Ansicht nach muß sich nur der andere noch entwickeln, und zwar in seine Richtung, um als wertvoller Mensch gelten zu können, oder um eine »gesunde Ausgangsbasis« zu haben. Ist der Partner anderer Meinung, dann klopft der Elternrollenspieler dem Betreffenden vielleicht wohlwollend auf die Schulter und erklärt ihm, er solle das alles nicht so eng sehen. Tatsächlich aber projiziert der Elternrollenspieler seine eigene Abwehr von neuen Eindrücken, also seine eigene geistige Enge, auf den anderen! Der Elternrollenspieler lehnt sich »überlegen« zurück bei Diskussionen um »wilde Ehe«, Homosexualität, Atheismus, Feminismus, Randgruppen und anderes. Er glaubt, er habe es nicht nötig, sich damit auseinanderzusetzen, ja mehr noch, er empfindet solche Erscheinungen als krank und therapiebedürftig.

Da er der festen Überzeugung ist, er hätte damit nichts zu tun, kommt es ihm auch nicht in den Sinn, daß er sein Denkgebäude oder gar sich selbst in Frage stellt. Daher bleibt es ihm auch verborgen, daß es sich bei all diesen Phänomenen nur um Wirkun-

gen und Reaktionen auf die unverrückbaren und dem Leben zu-
widerlaufenden Maßstäbe und Ideale handelt, mit denen er sich
identifiziert, und über deren Einhaltung er so streng wacht.
Häufig werden dann die Wirkungen, die aufgrund der eigenen
Ursachen, die man gesetzt hat, in Erscheinung treten, noch erbit-
tert bekämpft. Und im Bekämpfen der Wirkungen werden neue
Ursachen gesetzt, die schließlich wieder neue Wirkungen zeitigen, die um so heftiger verfolgt werden müssen ... Feindbilder
werden aufgebaut – die »bösen« Viren und Bakterien, das »böse« Ungeziefer, das »böse« Unkraut, die »bösen« Gammler, die
»bösen« Nackten, die »bösen« Kommunisten (oder umgekehrt
im Osten: die »bösen« Kapitalisten) ...

Elternrollenspieler bringen also nichts in Beziehung zu ihrem
Denken und Tun, sondern setzen voraus, daß sie den richtigen
Standpunkt innehaben und richtig handeln, und wenn negative
Erscheinungsbilder auftauchen, so liegt dies in der Natur der an-
deren, die eben nicht so edel wie die ihre ist!

Ein typisches Elternrollengebaren ist z. B. darin zu erkennen,
daß sie ein Kind bestrafen, wenn es lügt. Daß es sich bei dieser
Lüge um eine Reaktion auf ihr eigenes autoritäres Verhalten
oder auf ihre falschen Signale handeln könnte, wird dabei nie in
Erwägung gezogen. Der Elternrollenspieler reflektiert nicht
darüber, wie er sich ändern könnte, um andere Wirkungen und
Feedbacks zu erzielen, sondern nur darüber, wie er andere verändern oder andere dazu bringen kann, daß sie so funktionieren,
wie er es sich vorstellt. Aus diesem Grunde bleibt er fortwährend im Schicksalskarussell gefangen. Solange er sich nicht ein
Ursache-Wirkung-Denken aneignet, seinen Vollkommenheitsanspruch aufgibt und dadurch seine Wahrnehmungstrübung abbaut, hat er keine Möglichkeit, Korrekturen an seinem Schicksal
vorzunehmen. Wie in Trance arbeitet er weiter an der Symptombekämpfung und reagiert verärgert darüber, wenn es Partner
oder Kinder gibt, welche die Mitarbeit an diesen Zielen verweigern. Halten wir also fest: Der Elternrollenspieler identifiziert
sich mit den überkommenen Maßstäben, Normen, Geboten und
Verboten und versucht diese Ideale zu verkörpern. Für ihn ist
oberstes anzustrebendes Ziel, immer im Recht zu sein, unfehl-
bar, oben, überlegen zu sein, anerkannt zu werden. Die Chance
anerkannt zu werden, ist für ihn sehr groß, da er ja meist als
Sprachrohr von Konvention und Moral auftritt, mit der kollektiven Bewußtseinshaltung übereinstimmt, und deshalb von allen
Seiten Bestätigung erfährt.

Als positives Moment bleibt zu erwähnen, daß der Kompensator im Gegensatz zum Gehemmten immerhin die Energie aufbringt, seine zugrunde liegende Hemmung zu kompensieren. Er findet sich nicht damit ab, z. B. in seinem Eigenwert gehemmt zu sein, weil er kein Abitur vorweisen kann, sondern versucht das Abitur in Abendkursen nachzuholen. Er füllt also die Norm mit Inhalt. Er bemüht sich, den Anforderungen der Gesellschaft zu entsprechen, gute Leistungen werden zu einer »Krücke« für den gehemmten Eigenwert. Diese Hilfsmittel können zur weiteren Entwicklung der Persönlichkeit sehr wichtig sein. Nur derjenige, der in seinem Eigenwert nicht gehemmt ist, braucht den Weg über die Kompensation nicht zu gehen, er kann auf die Phase der Kompensation verzichten.

Komplementäre Verflochtenheit zwischen Eltern- und Kindrollenspieler

Eltern- und Kindrollenspieler ergänzen sich und ziehen sich magisch an. Jemand, der früher gehemmt war und dies dadurch kompensiert, indem er allein den ganzen Abend redet, wird sich so nur bei Redegehemmten verhalten können. Er verstärkt dadurch wiederum deren Hemmung im Akt seiner Kompensation. Andere, die nicht gehemmt sind, würden sich selbst einbringen, und der Kompensator (er triumphiert mit jedem Wort: Da schaut her, ich kann reden, ich kann reden … Ich habe meine Hemmung nicht mehr!) müßte seinen Redeschwall reduzieren. Der Elternrollenspieler gibt dem Kindrollenspieler Halt und Sicherheit. Der Gehemmte findet im Kompensator eine Richtlinie, eine Orientierung; er weiß nun, wo es lang geht, bekommt vom Partner eine Struktur und ein Ziel. Erst wenn der Kindrollenspieler im Laufe von Jahren und Jahrzehnten und aufgrund eigener Weiterentwicklung erkennt, daß die Sicherheit des Elternrollenspielers nur die Kompensation seiner eigenen Unsicherheit ist, daß also die Sicherheit keine Basis und keinen Inhalt hat, daß sie nichts Gewachsenes ist, sondern eine bloße Übertünchung der Angst, kommt es zur Krise. So kann es zum Beispiel passieren, daß eine Sekretärin im Laufe der Jahre erkennt, daß hinter der allwissenden Fassade ihres Chefs tiefe Unwissenheit steckt und dadurch das komplementäre Verhältnis zerbricht. Die Sekretärin, einst glühende Bewunderin und Verehrerin ihres Chefs, kann ihre bisherige Rolle nicht mehr auf-rechterhalten. Meist kommt es in solchen Situationen zu Kündi-gungen und Entlassungen.

Der Elternrollenspieler ist auf die Kindrolle des anderen an-gewiesen und umgekehrt. Basis ihrer Partnerschaft ist nicht die Gleichberechtigung, sondern das Machtgefälle sowie die Wie-derholung der Eltern-Kind-Situation auf einer neuen Ebene. Auf diese Weise werden in einer Partnerschaft frühere Verhält-nisse reproduziert, indem zum Beispiel einer den Lehrer spielt und der andere den Schüler, einer den Helfer, der andere den Hilflosen, einer den Arzt oder die Krankenschwester, der ande-re den Patienten, einer den Prüfer, der andere den Prüfling ...

Besonders entscheidend ist zu erkennen, auf welchem Lebensgebiet bzw. mit welcher Anlage man in der Hemmung oder in der Kompensation steckt. Primär Elternrollenspieler ist jemand, der seine Anlagen überwiegend in der Kompensation zur Verfügung hat, und primär Kindrollenspieler ist derjenige, der seine Fähigkeiten und Lebensenergien mehr in der gehemm-ten Form erlebt. Die Reinform, d. h. auf allen Lebensgebieten ausschließlich Kind- oder Elternrollenspieler zu sein, ist selten. Die Übergänge sind meistens fließend. Auch kann jede Anlage von der Hemmung in die Kompensation umschlagen und umge-kehrt; zum Beispiel, wenn eine Frau, die von ihrem früheren Partner unterdrückt wurde, in einer neuen Partnerschaft nun ih-rerseits Unterdrücker wird. Wichtig ist noch zu erwähnen, daß dem unbewußten Zusammenspiel zwischen Gehemmtem und Kompensator ein Entwicklungsmoment innewohnt, daß also die vielen Schwierigkeiten und oft quälenden Konflikte, die auf die-sem Zusammenspiel basieren, den Motor einer Entwicklung darstellen. Sie bewirken eine Reifung und Bewußtwerdung und sind deshalb notwendig und keinesfalls nur negativ zu bewerten. Allerdings ist der Lernprozeß, der auf dem Weg der Kompensa-tion vollzogen werden muß, ein anderer als der Weg der Hem-mung.

Das Schicksal des Kindrollenspielers hat also eine andere Qualität und eine andere Verlaufsform als das des Elternrollen-spielers. Während der Kindrollenspieler oft jahrelang unter Macht, Zwang und Kontrolle seelische Schmerzen erträgt, kennt der Elternrollenspieler zunächst keine Erleidensform. Alle tanzen nach seiner Pfeife, es geschieht alles nach seinem Willen, er bestimmt und ordnet an. Der Elternrollenspieler spielt Schicksal für *andere* – er teilt Lob und Tadel aus, er fördert oder bestraft, er schenkt Liebe und Zuneigung, oder er entzieht sich ...

Er gerät erst dann in die Erleidensform, wenn der Kindrollenspieler nicht mehr mitspielen will, wenn der Elternrollenspieler kein Objekt mehr vorfindet, wenn er sich nicht mehr am anderen stabilisieren kann. Meist befreit sich jedoch der Kindrollenspieler erst dann von seiner Rolle, wenn das Spiel an seine Substanz geht, und er dem Zusammenbruch nahe ist. Da der Elternrollenspieler in seiner Wahrnehmung beschränkt ist, geschieht es häufig, daß er erst zu erkennen beginnt, wenn ein Zettel seines Partner, des Kindrollenspielers, auf dem Tisch liegt: »Ich habe Dich für immer verlassen«. Deshalb kann man feststellen: Der Elternrollenspieler leidet nur unter dem Ergebnis und den Wirkungen seiner Ursachen, der Kindrollenspieler dagegen unter den Ursachen, die der Elternrollenspieler permanent setzt. Insofern ist der Leidensweg des Kindrollenspielers länger. Der *Erwachsene* hingegen, eine Entwicklungsstufe, die wir später noch erläutern werden, läßt weder sein Schicksal von anderen gestalten, noch spielt er Schicksal für andere, sondern er bestimmt über sein Leben selbst.

Partneranziehung

Folgende Punkte sind also für die Partneranziehung relevant:
1. Das Gesetz von Inhalt und Form.
2. Das Gesetz des Ausgleichs bzw. die Anziehung des Gegenpols.
3. Die komplementäre Verflochtenheit zwischen Elternrollen- und Kindrollenspieler, wobei entscheidend ist, welches Verhältnis der einzelne früher zu seinem Vater oder zu seiner Mutter hatte und welche Reaktionen sich darauf aufgebaut haben.

Dabei ist deutlich geworden, welch gravierende Bedeutung Defizite in unseren Anlagen, Fähigkeiten und Bedürfnisse für unser Schicksal haben. Nun wollen wir vom Allgemeinen zum Speziellen übergehen und insbesondere untersuchen, welche Auswirkungen Defizite in der Partnerwahl zeitigen.

Hierzu ist es zunächst erforderlich, den Begriff des *Komplementärbildes* einzuführen, für den Frederik Perls[1] ein anschauliches Beispiel bringt: Herr Braun macht an einem sehr heißen

Tag einen Spaziergang. Er schwitzt und verliert eine bestimmte Menge Wasser. Wenn wir die im ausgeglichenen Organismus erforderliche Flüssigkeitsmenge als W bezeichnen und den verlorenen Teil als X, dann bleibt ihm die Menge W minus X; diesen Zustand erlebt er als Durst, als einen Wunsch, das organismische Flüssigkeitsgleichgewicht wiederherzustellen, als einen Drang, seinem System die Menge X wieder zuzuführen. Dieses X erscheint in seinem Geist (der, gegen das X protestierend, an das Gegenteil denkt) als Vision von einem strudelnden Bach, einem Krug Wasser oder einem Wirtshaus. Das −X im Leib-Seele-System erscheint in seinem Geist als X. Mit anderen Worten: W minus X existiert im »Leib« als ein Mangel (Austrocknung), in der »Seele« als Empfindung (Durst) und im »Geist« als das Komplementärbild. Wenn dem Organismus die Menge X realen Wassers zugeführt wird, wird der Durst aufgehoben, gestillt und das Gleichgewicht W wiederhergestellt; das Bild von X im Geist verschwindet zugleich mit dem Vorhandensein des realen X im Leib-Seele-System.

Analog diesem Beispiel erfolgt auch je nach Defizit die Partnerwahl nach einem Komplementärbild: Ist z. B. eine junge Frau sehr unselbständig und in ihrer Handlungsfähigkeit eingeschränkt, so ist es möglich, daß entsprechend diesem Defizit vor ihrem geistigen Auge das Komplementärbild eines Mannes auftaucht, der unternehmerische Fähigkeiten aufweist und im Handeln überaus geschickt vorzugehen vermag. Nach diesem Komplementärbild wählt sie nun in der Begegnung aus, d. h. es fallen alle die Anwärter durch ihr »geistiges Sieb«, die über diese Qualitäten nicht verfügen. Schließlich macht derjenige das Rennen, von dem sie glaubt, daß er die Potenz in sich trägt, ihre Hemmung in bezug auf Selbständigkeit zu kompensieren, oder anders ausgedrückt: Derjenige ist Favorit, der als Projektionsfläche für ihre aus ihrer Schwäche resultierenden Wünsche und Vorstellungen fungieren kann. Indem sie spezifisch diese Anlage bei dem Partner braucht, um zu einem Ausgleich zu kommen, um existenzfähig zu sein, um zu einer »Ganzheit« zu gelangen, muß sie jedoch zwangsläufig andere Eigenschaften dieses Mannes, die nicht zu ihr passen, zumindest übersehen bzw. Dissonanzen verdrängen. Sie liebt den Partner, weil er sie ausgleicht, weil er sie zur Harmonie bringt, und sie sieht daher auch alles andere durch die rosarote Brille der Liebe. Erst später kommen die Verdrängungen von damals ans Licht, was meist mit großen seelischen Schmerzen verbunden ist. Insbesondere nimmt ihre Liebe proportional dazu ab, je mehr sie im Laufe der Zeit selbst ihr Defizit auffüllt, je selbständiger und unabhängiger sie wird. Zugleich verschwindet mehr und mehr das Komplementärbild, das für diese Partnerwahl einmal ausschlaggebend war. Sie kann nun freier und unabhängiger auswählen, weil sie nicht mehr auf diese eine Fähigkeit des anderen fixiert ist.

Es gibt jedoch noch weitere Kriterien, welche die Partnerwahl maßgebend beeinflussen, wobei jene nicht streng voneinander zu trennen sind, sondern oft ineinanderlaufen.

Unbewußte Motivationen für eine Schwangerschaft

Fragt man die Eltern nach ihren Motiven, warum sie sich Kinder wünschen, so bekommt man meistens zur Antwort:
– weil wir kinderlieb sind
– weil wir die Entwicklung eines Kindes miterleben wollen
– weil ein Kind für uns die Erfüllung bedeutet
– weil wir einem Wesen aus der Transzendenz eine Chance geben wollen, zu inkarnieren.
Hinter diesen »edlen« Motiven stehen aber immer auch andere Motivationen für eine Schwangerschaft, die teils bewußt, teils aber auch unbewußt vorliegen können.

Motivationen für eine Schwangerschaft

– um aus dem Beruf auszusteigen
– um Steuervergünstigungen zu erhalten
– um den Partner an sich zu binden
– um aus dem Elternhaus ausbrechen zu können
– um sich als Frau zu bestätigen
– um gesellschaftlich anerkannt zu sein
– um im Alter versorgt zu sein
– um einen Stammhalter zu haben
– um einen Geschäftsnachfolger zu haben
– um die eigenen verhinderten Ziele zu erreichen bzw. um den eigenen Ehrgeiz zu befriedigen (Eisprinzessin)
– um die eigene Kindheit nachzuholen
– um das Ideal der Familie zu erreichen
– um im Mittelpunkt zu stehen
– um die Erwartungen der Eltern und Großeltern zu erfüllen
– um einen Spielgefährten zu haben
– um alte Gefühle reproduzieren zu können

- um seinem Leben einen Sinn zu geben
- um eine Erbschaft zu erhalten (z. B. die Großeltern setzen dann den süßen Kleinen als Universalerben ein)
- um die Ehe zu kitten
- um eine Nebenbuhlerin auszuschalten
- um den Mann von sexueller Betätigung abzuhalten
- um eigene Aggressionen und Wut ausdrücken zu können
- um den Partner unter Druck zu setzen
- um den eigenen Drang nach Autorität ausleben zu können
- um mit anderen Menschen ins Gespräch zu kommen und Kontakte schließen zu können
- um sich mit dem Partner nicht auseinandersetzen zu müssen
- um einen Bundesgenossen zu haben (z. B. im ›Kampf‹ gegen den Partner)
- um einen seelischen Schuttabladeplatz bzw. Sündenbock zu haben
- um eine Ehe zu erzwingen
- um eine Zeitstrukturierung zu bekommen
- um eine Aufgabe zu haben, um dienen zu können
- um jemanden besitzen zu können
- um überschüssige Zärtlichkeit ableiten zu können
- um Narrenfreiheit zu erhalten
- um die eigene Schutzbedürftigkeit ausleben zu können, z. B. über die Mutterschaft die Macht des Chefs reduzieren
- um Pflichten abwehren zu können
- um eigene Anlagen nicht entwickeln zu müssen
- um sich nicht emanzipieren zu müssen
- um nicht selbständig werden zu müssen
- um Verzicht leisten zu müssen
- um sich aufopfern zu können
- um Kontrolle ausüben zu können
- um Hilfsbereitschaft ausleben zu können
- um Überlegenheit ausspielen zu können
- um einen Partnerersatz zu haben
- um sich reproduzieren zu können
- um im Alter nicht allein zu sein
- um einer Prüfung entfliehen zu können, oder um das Studium abbrechen zu können
- um Erwartungshaltungen der Umwelt (Partner) nicht erfüllen zu müssen (z. B. um im Geschäft des Mannes nicht mitarbeiten zu müssen)
- um die Geschwister ausstechen zu können

– um ein Alibi zu haben, sich nicht mehr weiterbilden zu müssen
– um die gleichgeschlechtliche Konkurrenzsituation von früher auf neuer Ebene wiedererleben zu können
– um ein Geschwister für das bereits vorhandene Kind zu haben.

Diese und andere Motivationen für eine Schwangerschaft sind für das Schicksal des Kindes und damit auch für die Partnerwahl von entscheidender Bedeutung, denn die Motivation der Eltern ein Kind zu zeugen, ist Bestandteil der sogenannten *pränatalen Seelenprägung.*

Diese vorgeburtliche Seelenprägung erfolgt über die Einflüsse, die während der Schwangerschaft über die Mutter auf das Kind einwirken, d. h. es werden Gefühle, Affekte, Stimmungen und Einstellungen der Eltern auf das werdende Kind übertragen. So bedeutet auch das Erleben der Mutter – Freude, Ärger oder Schmerz – eine entscheidende Prägung für das Kind. Hatte die Mutter z. B. während der Schwangerschaft Erbschaftsstreitigkeiten, so überträgt sich diese Unsicherheit in Rechtsangelegenheiten auch auf ihr werdendes Kind. Selbst wenn eine Mutter sich bemüht, während der Schwangerschaft immer froh und ausgeglichen zu sein, auch dann, wenn negative Ereignisse auf sie einstürmen, nutzt das wenig, denn das Unbewußte der Mutter und die damit in Beziehung stehende Seele des Embryos lassen sich nicht täuschen.[2]

Wenn die Eltern eines Kindes nur wegen der Normen von Sitte und Moral zusammenbleiben und ihre an sich notwendige Trennung verdrängt haben, so wird das Kind unter Umständen diese Verdrängung wieder ans Licht bringen, indem dieses sich später scheiden läßt. Oder: Fand während der Schwangerschaft ein Abtreibungsversuch statt, so kann sich dies später im Leben des Kindes – wenn die Problematik nicht psychisch via Schicksal oder via Psychotherapie gelöst wurde – als Suizidversuch (Selbsttötung) auf einer neuen Ebene zeigen. *Ein anderes Beispiel:* Eine Frau wünscht sich ein Kind, ist aber dabei von der unbewußten Motivation bestimmt, sich dadurch endlich aus dem Berufsleben zurückziehen zu können. Kommt das Kind in der innerseelischen Entwicklung und Reifung an diese Konstellation heran, wird es vielleicht den Beruf aufgeben und Hippie werden. In all diesen Fällen bereiten die Kinder den Eltern »Sorgen«, doch diese sind die verdrängten Inhalte der Eltern, die aufgrund ihres eigenen innerseelischen Maßstabs dieses Problem selbst nicht lösen konnten, und es nun als »Bild« an ihren Kindern erleben. Jede Verdrängung, jede Lüge, jeder Schein kommt eines Tages ans Licht, auch wenn sich der Entlarvungsprozeß über Generationen erstreckt.

Daß die Eltern dann auch letztendlich über den Weg der unbewußten Prägung ihr Kind zu einem ganz bestimmten Partner treiben, liegt auf der Hand. So manche Aufregung über den neuen Freund der Tochter oder über die zukünftige Schwiegertochter ist demnach nur die Aufregung über die Entsprechungen der eigenen unbewußten Prägung. Spielte z. B. die werdende Mutter während der Schwangerschaft mit dem Gedanken auszuwandern, und verdrängte sie diesen Wunsch, kann es sein, daß die Tochter in dem Zeitraum, in dem der betreffende innerseelische Strukturanteil bewußt werden will, einen US-Staatsbürger kennenlernt und emigriert. *Oder ein anderer Fall:* Margarete K. ging seit kurzer Zeit mit Helmut L. Da sie Helmut sehr gern hatte, wollte sie ihn unbedingt an sich binden. Helmut L. jedoch war sich seiner Gefühle nicht ganz sicher, zumal er sich auch noch mit einer anderen Frau sehr gut verstand. Margarete K. wußte von der Existenz ihrer Nebenbuhlerin, und ihr Unbewußtes schaltete blitzschnell: es inszenierte die seelische Bereitschaft für eine Schwangerschaft (die zu der körperlichen Bereitschaft hinzukommen muß, sonst kann eine Frau nicht schwanger werden!) mit dem Ziel, dadurch die Nebenbuhlerin auszuschalten. Die Inszenierung war erfolgreich. Der Vater des Kindes heiratete sie, und sie gebar ein süße kleine Tochter, Raphaela. Als Raphaela 23 Jahre alt war, lernte sie Otto kennen. Eines Tages eröffnete ihr Otto, daß eine andere Frau von ihm ein Kind erwarte und daß er jene heiraten werde. Raphaela weinte sich daraufhin bei ihrer Mutter aus – eine Umkehrung des Ablaufs in der Beziehung ihrer Eltern.

Geschwisterposition die beide Partner in ihrer ehemaligen Elternfamilie eingenommen haben.[3]

Toman[4] hat den Einfluß der Geschwisterposition auf den einzelnen Menschen und sein soziales Verhalten in Freundschaften, Ehebeziehungen und Familien eingehend untersucht.

Nach seinen Ergebnissen sind Liebes- und Partnerbeziehungen um so stabiler, je ähnlicher sie früheren sozialen Beziehungen der betreffenden Partner innerhalb der Elternfamilie sind. Diese Ähnlichkeit der Beziehungen bewirkt, daß beide Partner ihre in der Kindheit eingeübten Verhaltensmuster und Reaktionstendenzen beibehalten, und daher letzten Endes besser miteinander auskommen können, als wenn sie sich in ihrem Verhalten völlig neu orientieren und aufeinander einstellen müßten. Am stabilsten pflegen Beziehungen der Art zu sein, in denen Ehepartner ihre ursprünglichen Geschwisterrollen reproduzieren. Beispiel: Wenn der ältere Bruder von zwei Schwestern selbst wieder eine Frau findet, die die jüngere Schwester eines älteren Bruders ist. In diesem Falle würden sich beide Partner hinsichtlich ihrer »Altersrangerfahrung« und ihrer »Geschlechtserfahrung«, wie Toman es nennt, ergänzen. Weniger stabil sind dagegen Beziehungen von geschwisterlosen Ehepartnern, da diese im Rahmen ihrer früheren Familie weder Erfahrungen mit gleichaltrigen Partnern des anderen Geschlechts sammeln konnten noch die Möglichkeit hatten, im Zusammenleben mit Geschwistern bestimmte Beziehungsmuster auszubilden und sich daran zu gewöhnen.

Einzelkinder tendieren daher häufig dazu, sich später in der Ehe zu sehr voneinander abzugrenzen, im Partner unbewußt einen Elternteil zu sehen und dem anderen Geschlecht nach wie vor mit Unsicherheit, wenn nicht gar mit gewissen Vorbehalten zu begegnen.

Ähnlichkeit Neben dem Sprichwort ›Gegensätze ziehen sich an‹, kennt der Volksmund die gegenteilige Version: ›Gleich und Gleich gesellt sich gern‹. Jede Partnergemeinschaft weist niemals nur Gegensätze, sondern auch zahlreiche Gemeinsamkeiten und Ähnlichkeiten auf. Diese Gemeinsamkeiten und Ähnlichkeiten sind dann auch die Basis für eine länger andauernde Beziehung, insbesondere auch deshalb, weil sich die Partner dadurch gegenseitig bestätigen und festigen. Auf diese Art und Weise wird die Partnerschaft stabilisiert, man fühlt sich als Paar und hat das wohlige, angenehme, Geborgenheit vermittelnde Gefühl der Zugehörigkeit und Vertrautheit.

Ähnlich wie der andere zu empfinden bedeutet, sich mit ihm zu identifizieren, bedeutet, ihn zu verstehen, bedeutet auch sich selbst im anderen zu lieben.

Frequenz Jede Fähigkeit bzw. jeder Persönlichkeitsanteil in uns äußert sich über eine ganz bestimmte Frequenz oder Schwingungsebene. Demnach zieht die durchsetzungsschwache Frau – die wir an anderer Stelle als Beispiel gewählt haben – nicht zufällig jeden Aggressor an, sondern nur spezifisch diejenigen, die sich auf derselben Frequenz befinden.

Ihr *Durchsetzungs-Minus-Potential* muß dem *Durchsetzungs-Plus-Potential* des anderen entsprechen. Nur dann befinden sie sich auf derselben Wellenlänge oder Ebene und ziehen sich an.

Wiederholungszwang Charakteristisch für die »neurotische« Partnerwahl ist der Wiederholungszwang, dem die betreffenden Personen ausgeliefert sind. So kann es sein, daß eine Partnerbeziehung immer wieder auf dieselbe Art und Weise endet, daß eine Frau immer wieder an einen Choleriker gerät, daß ein Mann sich nur mit dominanten Frauen liiert, oder daß ein Mann immer wieder nach einem hilflosen schwachen Mädchen sucht, um sie systematisch aufbauen zu können. Ist sie dann tatsächlich eine selbstbewußte und eigenständige Frau geworden, muß er sie aus einem inneren Zwang heraus verlassen, um sich schließlich wieder mit einer kleinen hilflosen Frau zu verbinden, bei der er dasselbe Verhalten wie bei der Vorgängerin an den Tag legen kann.

Wiederholungszwang liegt auch vor, wenn eine Frau einen Studenten unter ihre Fittiche nimmt, sich für ihn aufopfert, ihn finanziell unterstützt, um letztendlich, wenn dieser sein Staatsexamen abgelegt oder promoviert hat, von ihm verlassen zu werden. Danach sucht sie sich unbewußt wieder einen Studenten oder einen Mann, der sich noch in der Ausbildung befindet (oder einen Künstler, der erfolglos ist), und dasselbe Spiel beginnt aufs neu.

In all diesen Fällen gilt es jedoch zu beachten, daß der Wiederholungszwang in der Partnerwahl bereits eine äußere Folgeerscheinung bzw. Reaktion auf einen Wiederholungszwang darstellt, der in der eigenen Psyche manifest ist. Ja mehr noch, der Wiederholungszwang des anderen steht komplementär zum eigenen. Der Wiederholungszwang ist die Folge von nicht ausgebildeten oder von in der Entwicklung steckengebliebenen Anlagen. Wer zum Beispiel nicht gelernt hat, Probleme und Konflikte zu bewältigen, muß aufgrund dieses Mankos immer wieder – wenn es problematisch oder kritisch wird – mit Flucht reagieren. Eine andere Reaktionsweise steht ihm nicht zur Verfügung. In diesem Zusammenhang ist auch das jeweilige »Verdrängungspotential« entscheidend, d. h. wieviel verdrängte Wut, wieviel verdrängter Neid und Haß, wieviel verdrängte Angst und Trauer etc. der einzelne mit sich herumträgt.

Diese Gefühle, die ständig im Unbewußten schwelen, warten

auf äußere Auslöser, um sich endlich entladen zu können. Kann sich jemand zum Beispiel nicht deutlich abgrenzen, dann zieht er Personen an, die ständig seine Abgrenzung verletzen, die seine Zeit beanspruchen, die um Mitternacht noch anrufen, die ihn zu unpassender Gelegenheit besuchen ... Dies geschieht so lange, bis bei dem Betreffenden schließlich das »Faß überläuft« – er reagiert bei der nächstbesten Gelegenheit inadäquat aggressiv. In bestimmten Intervallen versucht er also seine aufgestauten Aggressionen loszuwerden. So stellt sich immer die Frage, mit welchem Gefühlspotential jemand in eine Begegnung geht. Und oft sucht man unbewußt einen Partner, um die unbewältigten Gefühle, die aus der Vergangenheit oder aus der Kindheit stammen, abbauen oder verarbeiten zu können. Man braucht den Partner, um sich wieder wie früher ängstigen zu können, um die Gefühle der Aggression, der Wut und des Hasses auszuagieren; man braucht ihn, um die alten Gefühle der Zurücksetzung und der Konkurrenz wieder in einer gewissermaßen neuen Auflage erleben zu können. Auf diese Art und Weise laufen immer wieder dieselben Programme ab, und meistens wird dann der Partner für die eigenen Gefühle verantwortlich gemacht. Eine Veränderung des Programms kann dadurch erfolgreich abgewehrt werden. Erschwerend kommt hinzu, daß derjenige, der in einem solchen Schicksalszwang gefangen ist, in dem Glauben lebt, er würde frei und unabhängig fühlen und denken.

Hierzu schreibt Eric Berne, der die *Transaktionsanalyse* entwickelt hat: Das im Leben vorprogrammierte Schicksal wird nicht als Zwang durchschaut. Es ist, als ob jemand an einem elektrischen Klavier sitzen und spielen würde, ohne zu bemerken, daß er immer nur diejenigen Tasten drückt, die ohnehin nach dem vorgestanzten Programm angeschlagen werden.

Gegenbild Die Partnerschaft mit dem Gegenbild zur eigenen Mutter oder zum eigenen Vater ist ebenfalls an der Vergangenheit orientiert[5]). Ein Gegenbild entsteht zum Beispiel als Kompensation oder als Komplementärbild zu einer hemmenden Mutter oder zu einem lieblosen Vater. Diese geistige Protestreaktion, mit der man auf Partnersuche geht, ist jedoch als Ausgangspunkt für eine erfüllende Partnerschaft nicht geeignet.

Der Partner wird nicht in seiner eigenen Individualität erlebt und angenommen, sondern er wird nur dazu benutzt, eine frustrierende Situation in der eigenen Kindheit auszugleichen. Er wird zu einem Objekt degradiert, das die eigenen Bedürfnisse zu stillen hat. Ja mehr noch – er wird in das Gegenbild gezwungen, und es wird erwartet, daß er die Rolle spielt, die das Gegenbild verlangt. Er ist mit diesem Gegenbild *fremdbesetzt.* Entspricht er einmal nicht dieser Vorstellung, werden beim Gegenbildprojektor die Gefühle der Vergangenheit, wie Frustration, Haß, Wut, Aggression, Ärger, Enttäuschung etc. wiedererlebt, und der Partner wird dann mit Vorwürfen belastet und für die eigenen negativen Gefühle verantwortlich gemacht.

So stellt eine Partnerschaft mit dem Gegenbild zwar dennoch einen Befreiungsversuch dar, führt aber letztendlich durch die Abhängigkeit von dem Gegenbildideal nicht zu einer freien Selbstentfaltung. Indem viele versuchen, ihren Partner zur Idealmutter oder zum Idealvater zu machen, haben sie auf Dauer keinen Erfolg, da der Partner eine eigenständige lebendige Persönlichkeit ist, nicht nur die bloße Materialisation des Gegenbildes; er kann daher niemals über Jahre hinweg die Rolle im eigenen Lebensschicksal, die man ihm zugedacht hat, spielen. In der Folge treten in einer solchen Partnerschaft negative Gefühle sowie häufig auch Krankheit und Leid auf, denn die erzwungene Selbstverleugnung des als Rollenspielers »benutzten« Partners fordert seinen Tribut, und der Projizierende wird, wenn seiner Vorstellung nicht entsprochen wird, wieder in die alte defizitäre Situation zurückfallen.

Milieu und Schulbildung   Es liegen Untersuchungsergebnisse vor (vgl. Burgess & Wallin), nach denen es weitaus wichtiger sein kann, daß Partner demselben sozio-kulturellen Milieu entstammen, als daß sie beispielsweise in ihrem Temperament übereinstimmen. Kommen Partner aus sehr unterschiedlichen Gesellschaftsschichten, können die Erfahrungsmuster des Empfindens und Erlebens, die im Feld der sozialen Schicht und der geistigen Atmosphäre des Lebenskreises des Elternhauses gebildet werden, unter Umständen so erheblich voneinander abweichen, daß ständiges unbewußtes Vergleichen, Abwägen, Auswählen und immer wieder notwendiges denkendes Bearbeiten der unzähligen kleinen eingefahrenen Gewohnheitsmuster des Umwelterlebens[6)] die Bindung zwischen den Partnern schließlich zerstört. Ähnlich gelagert ist die Situation bei der Schulbildung, die auch auslösendes Moment für Gefühle der Über- oder Unterlegenheit bei den Partnern sein kann.

Phasenspezifität   Rolf L. (28) war Sänger einer Musikgruppe, die an Wochenenden in verschiedenen Tanzlokalen spielte. Außerhalb dieses Engagements verrichtete Rolf keinerlei Arbeit mehr, was seine Eltern und Schwiegereltern fast in Rage brachte. Marianne, seine Frau, hielt zwar trotzdem zu ihm, konnte aber auch manchmal ihre Vorwürfe nicht mehr zurückhalten, zumal oft nicht einmal Geld für Lebensnotwendigkeiten vorhanden war.

Eines Tages lernte Rolf beim Tennisspielen den Plattenproduzenten Jochen S. kennen, der schließlich am Abend zum Auftritt der Musikgruppe erschien. Kurze Zeit später nahm er mit Rolf die erste Platte auf. Sie wurde ein voller Erfolg und rangierte monatelang in den Hitlisten auf den vorderen Plätzen.

Rolfs Stern im Musikgeschäft war aufgegangen. Verbunden mit diesem kometenhaften Aufstieg waren neue Engagements, neue Verträge, Geld und eine andere Frau – Carina, eine sündhaft schöne Nachtclubtänzerin.

Die Reaktion seiner Umwelt war dementsprechend. Man warf ihm vor, dem Größenwahn anheimgefallen zu sein und vor allem, daß er charakterlich nicht »einwandfrei« sei. Im Glanz und Ruhm verließ er das anständige Mädchen, seine Frau, und brannte mit einem »Nacktstar« durch, hieß es allenthalben.

Psychoanalytisch betrachtet, paßte jedoch Marianne, seine bisherige Frau, nicht mehr in die neue veränderte Situation. Sie verfügte über ein bestimmtes Reaktions- und Verhaltensmuster, aufgrund dessen sie darauf angewiesen war, daß gerade keine üppigen Verhältnisse herrschten, daß sie finanziell sparen mußte, daß ihr Mann erfolglos war ... Entsprechend seiner neuen Entwicklungsphase zog Rolf daher unbewußt Carina an. Zwei Jahre später war es wieder um Rolf still geworden. Nur noch sporadisch waren kleinere Engagements möglich. Inzwischen hatte Rolf sich jedoch durch den Kauf von Eigentumswohnungen finanziell abgesichert, so daß ihn dies nicht stärker berührte.

Als sein Ruhm zu verblassen begann, löste sich das Verhältnis mit Carina auf. Kurze Zeit später lernte Rolf Sabine kennen, die Tochter des Immobilienmaklers, mit dem Rolf geschäftlich verbunden war. Sie entsprach seiner neuen biographischen Situation eher als Carina, die ohne Show und Glamour nicht leben konnte.

Der Fall von Rolf L. macht deutlich, daß es für die Partneranziehung ganz entscheidend ist, in welcher Entwicklungsphase man sich gerade befindet. Der Partner muß also nicht nur der psychischen Struktur als solcher entsprechen, sondern auch deren Entwicklungsphase. Erst wenn zwei Menschen in einer bestimmten Zeit entwicklungsmäßig zueinanderpassen, kann eine Verbindung zustande kommen. Sie bilden dann eine Schicksalsgemeinschaft, d. h. ihre Schicksalswege sind miteinander verflochten und beeinflussen sich gegenseitig.

So kommt es nicht von ungefähr, daß gerade in entscheidenden Lebenssituationen, etwa in einer Phase gravierender beruflicher Umstrukturierung, auch meist Veränderungen auf dem partnerschaftlichen Sektor zu beobachten sind.

Wie Ängste die Partneranziehung beeinflussen

Millionen Menschen wünschen sich über alles einen Partner, mit dem sie glücklich und zufrieden sein können. Millionen Menschen streben nach einem Glück zu zweit, suchen nach Geborgenheit und Liebe, Wärme und Zuneigung.

Andere wiederum haben bereits einen Partner gefunden, sind aber in dieser Partnerbeziehung unglücklich, fühlen sich mißverstanden, sind frustriert. Sie wünschen sich, daß ihre Beziehung mehr Freude und Glück bringen möge und hoffen dabei auf Wunder.

Doch müssen solche Wunder selbst vollbracht werden!

Solange es bei den Betreffenden bei dem bloßen Wunsch bleibt, daß ein passender Partner auftauchen oder sich die bestehende Beziehung verbessern möge, besteht wenig Chance auf Erfüllung.

In unseren Partneranziehungsseminaren mußten wir immer wieder feststellen, daß viele Menschen in einer tiefgreifenden Diskrepanz leben. Vom Bewußten her wünschen sie sich sehnlichst einen Partner, im Unbewußten aber bestehen Hemmungen, Ängste und Abwehrhaltungen.

Ein passender Partner kann jedoch nur dann angezogen werden, wenn das Unbewußte keine Einwände dagegen erhebt. *Ein Beispiel:* Paul S. war ein Mann von 33 Jahren. Während eines Partneranziehungsseminars lamentierte er darüber, daß er bisher nur Partnerinnen im Ausland oder in weit entfernten Städten kennengelernt hatte, so daß es nur zu ganz sporadischen

Treffen kommen konnte. Bei der Analyse ergab sich, daß Paul als Kind ständig Heimlichkeiten gegenüber seiner Mutter hatte. Statt Schulaufgaben zu machen und Vokabeln zu lernen, las er zum Beispiel des öfteren Comic-Hefte, die in den Augen seiner Mutter »Schund« waren. Wenn er in den Heftchen las, hatte er ständig Angst, daß die Mutter den Raum betreten könnte. Aber auch wenn er in der Schule war, blieb er von Angst nicht verschont. Jetzt rührten seine Ängste daher, die Mutter könnte zu Hause seine Hefte oder sein Tagebuch entdecken.

Diese Situation, als Kind nicht seine seelische Eigenart zeigen zu können, aus Angst, nicht mehr von der Mutter geliebt zu werden (Angst vor Liebesverlust), setzte sich später im Erwachsenenalter bei den Partnerinnen (Mutterübertragung) fort.

Bei Paul S. kamen folgende Ängste zutage, als wir als Szenario eine feste Bindung einblendeten:

1. Die Angst, nicht mehr tun und lassen zu können, was man will.

2. Die Angst, sich der Partnerin ständig widmen zu müssen.

3. Die Angst, nicht mehr frei telefonieren zu können, insbesondere mit anderen Frauen nicht mehr flirten zu können.

4. Die Angst, täglich Geschlechtsverkehr ausüben zu müssen, um als ganzer Mann zu gelten.

5. Die Angst, daß durch die ständige Anwesenheit der Partnerin die Beziehung an Reiz verliert bzw. zu einem Zwangsritual erstarrt.

6. Die Angst, für eigene Interessen keine Zeit mehr zu haben.

7. Die Angst, dem Partner Rechenschaft abgeben zu müssen.

8. Die Angst, die Zahnprothese über Nacht nicht mehr herausnehmen zu können.

Paul S. ist jedoch kein Einzelfall. Diese und andere meist unbewußte Ängste haben viele Menschen, die noch nicht einmal ahnen, daß sie dadurch in ihrer Partneranziehung geschwächt sind. Die Angst hat nicht nur – wie wir später sehen werden – psychosomatische Auswirkungen, indem sie unter anderem die gesunde Abwehrsituation gegenüber Krankheiten schwächt, sondern sie verunsichert und schwächt auch den gesunden Mechanismus der Partneranziehung, die vom Unbewußten her gesteuert wird. Das Unbewußte macht also nicht nur krank oder gesund, sondern wirkt auch in der Außenwelt. Es zieht das Außen an, was einem Innen entspricht, womit man innen eine Affinität (Wesensverwandtschaft) hat (Gesetz der Affinität). Sitzt also die

Angst tief im Unbewußten, so beeinflußt diese Angst auch die Umwelt, bzw. die Angst wird ausgestrahlt, und die Umwelt reagiert darauf. Die durch Angst geschwächte Partneranziehung bzw. -fähigkeit hat zur Folge, daß vom Unbewußten her nur Partner zugelassen werden, die einem nicht gefährlich werden können – also Partner, die entfernt wohnen oder Partner, die nicht zu einem passen, sogenannte Partner mit Handikap.

Bei einem räumlich getrennten Partner ist die Zeit des Zusammenseins zwangsweise begrenzt. Dies verleiht eine Form von Sicherheit, denn nach dem Treffen besteht wieder die Möglichkeit, sein eigenes Leben zu leben.

Manche Frauen wehren auch potentielle Partner unbewußt dadurch ab, indem sie zum Beispiel nach ihrer Ehescheidung eine Zweierbeziehung mit ihrem Kind (meist Sohn) eingehen, bei der letzteres die Funktion eines Ersatzpartners übernimmt. Die *Mutter-Kind-Beziehung* wird dadurch überdimensioniert. Energien, die eigentlich dazu bestimmt sind, mit einem erwachsenen Partner ausgetauscht zu werden, regredieren entweder auf eine kindliche Stufe oder überfordern das Kind, berauben es seiner Kindheit, lassen es »altklug« werden.

Ferner wird dem Kind keine Partnerschaft zwischen Mann und Frau vorgelebt. Es kann sich nicht an Vorbildern orientieren, sondern wird in eine Partnerbeziehung einbezogen, für die es noch nicht reif sein kann.

Haushalt, Wohnung, Lebensstil, Freizeitgestaltung sind allein auf diese Zweierbeziehung zwischen Mutter und Kind ausgerichtet. Es bleibt kein Raum mehr für einen erwachsenen männlichen Partner. Mutter und Kind bilden unbewußt eine geheime Verschwörung gegenüber jedem »Eindringling«. Manche Männer versuchen dieses Komplott zu unterlaufen oder zu sprengen, andere wiederum passen sich dem Lebensstil und den Gepflogenheiten der beiden an, um auf diese Weise Eingang in die Beziehung zu finden: Sie lachen über dieselben Dinge, sie schauen sich denselben Film an, sie gehen mit zum Eisessen, sie tollen stundenlang mit dem Kind auf dem Fußboden umher – ohne jemals von den beiden als gleichberechtigter Partner akzeptiert zu werden. Ihr Ziel, von dieser Frau angenommen zu werden, über bestimmte Anpassungsmanöver an sie selbst heranzukommen, bleibt unerfüllt. Mutter und Kind sind so aufeinander eingespielt, daß Bewerber zwangsläufig immer Außenstehende bzw. Zuschauer des Programms bleiben müssen, das Mutter und Kind ihnen vorleben.

In solchen Fällen handelt es sich meist um Frauen, die selbst in einem infantilen Entwicklungsstadium verhaftet geblieben sind, oder deren Fähigkeit, sich auf einen gegengeschlechtlichen Partner einzustellen und sich mit ihm auseinanderzusetzen, nur schwach ausgebildet ist.

Dem Kind gegenüber kann sie sich noch als die Stärkere empfinden, während unbewußt Ängste bestehen, gegenüber einem erwachsenen männlichen Partner ins Hintertreffen zu geraten.

Da das Kind auch ihre Bedürfnisse nach Zärtlichkeit und Kommunikation weitgehend abdeckt, kann sie ihr Leben so einrichten, daß sie keine oder nur noch wenig seelische Schmerzen erleiden muß. Die Gefahr in einer solchen »inzestuösen« Verbindung zwischen Mutter und Kind liegt jedoch darin, daß Schwächen und Defizite sowie neurotische Verhaltensmuster der Mutter festgeschrieben und auf das Kind übertragen werden. Sie kommen nicht mehr ans Licht bzw. erfahren von außen keinerlei Korrektur mehr. Seelisches Wachstum wird abgewehrt. Ganz abgesehen davon, daß Kinder, die als Ersatzpartner ihrer Mütter fungiert haben, später meist mit großen Schwierigkeiten in ihrer Partnerschaft rechnen müssen, da sie aufgrund ihrer früheren Situation überdimensionierte Ansprüche an den jeweiligen Partner stellen, die dieser kaum zu erfüllen vermag.

Viele suchen sich auch unbewußt einen Partner mit Handikap, da sie sich nur einem solchen gegenüber trauen, sich so zu geben, wie sie sind. Bei ihm wagen sie, ihre Hobbies weiter zu pflegen; auch einmal ein Rendezvous abzusagen; wagen sie ihren Ärger auszudrücken, auch einmal egoistisch zu sein...

Würde hingegen der Partner zu ihnen passen, und wären sie mit ihm rundum zufrieden, würden sie aus Angst vor Liebes- oder Partnerverlust zurückstecken, und unter Umständen sich sogar selbst verleugnen. Daher läßt das Unbewußte – unbestechlich wie es ist – nur einen Partner zu, bei dem es nicht soweit kommen kann, weil jener ja nicht der Richtige ist. Psychoanalytisch ausgedrückt: Da Angst immer auch mit Abwehr gekoppelt ist, werden paradoxerweise in der Außenwelt gerade diejenigen Partner abgewehrt, die »passen« würden, und diejenigen angezogen, die für die eigene Sphäre und Schicksalssituation nicht geeignet sind. (Letztendlich sind sie jedoch vom Gesichtspunkt der Entwicklung des betreffenden Menschen aus gesehen, geeignet, da sie als negative Verstärker zur Bewußtwerdung treiben.) Oft inszeniert das Unbewußte aber auch nur Begegnungen mit unpassenden Partnern, damit der Betreffende weiter nach anderen Partnern suchen kann, bzw. um vor sich selber ein Alibi für seine polygame Veranlagung oder ganz einfach für seinen Drang nach Abwechslung zu haben.

Wenn der oder die Richtige da wäre, dann könnte man auch treu sein. So aber muß man weitersuchen, um doch noch eines Tages der großen Liebe begegnen zu können.

Viele Menschen haben nach einer gescheiterten Beziehung Angst, wieder enttäuscht zu werden. Sie wollen den ertragenen Schmerz nicht noch einmal erleben und stehen aus diesem Grunde dem anderen Geschlecht mißtrauisch gegenüber. Sie bleiben in dem subjektiven Blickwinkel gefangen, daß andere ihnen weh tun, daß sie selbst nur unschuldige Opfer sind. Die Wirklichkeit sieht dagegen anders aus: Wer aufgrund von eigenen Defiziten auf den anderen Erwartungen projiziert hat, die sich nicht erfüllen, bzw. wer im Partner etwas anderes gesehen hat, oder wer seine Ideale nicht realisiert sieht, der ist enttäuscht.

Wer sich jahrelang täuscht bzw. jahrelang einer Täuschung unterliegt, wird eines Tages als zwangsläufige Folge davon *ent*täuscht werden. Enttäuschung heißt: Es ist *aus* mit der Täuschung, die Täuschung ist zu Ende. Aus diesem Grunde sollte man froh darüber sein, endlich enttäuscht worden zu sein.

Doch die meisten, denen ein solches Geschick widerfahren ist, lamentieren oder schimpfen über den Partner, der sie enttäuscht hat, ohne zu erkennen, daß in Wirklichkeit ihre Projektion ihre Täuschung war. Sie waren in einer Wahnwelt gefangen, aus der sie nun erwacht sind.

Deshalb müßten sie demjenigen, der sie enttäuscht hat, eigentlich *dankbar* sein; denn hätte er sie nicht enttäuscht, würden sie noch heute in der Täuschung, im Schein, in der Lebenslüge verharren. Er konfrontierte sie mit der Realität. Er zeigte, daß er anders ist, daß die Partnerschaft anders ist, daß auch das Leben anders ist.

Doch zurück zur Partneranziehung!

Viele Menschen verderben sich ihre Chancen selbst – wie im Falle von Michael K: Michael K. ist seit drei Jahren arbeitslos. Was auch immer er unternahm, um aus dieser schwierigen Situation herauszukommen, es ging schief. Einmal fiel er einem Schwindelunternehmen zum Opfer, ein andermal wurde er bei einer Firma nach acht Tagen wieder nach Hause geschickt, und als er selbst ein Geschäft eröffnen wollte, kam ihm ein anderer, der dieselbe Marktlücke entdeckt hatte, zuvor. Aufgrund dieser mißlichen Umstände entwickelte Michael nahezu zwangsläufig Minderwertigkeitskomplexe.

Da er der Ansicht war, daß Hannelore, die er vor ein paar Wochen kennengelernt hatte, einen Mann, der arbeitslos und in einer prekären finanziellen Lage steckt, nicht akzeptieren und lieben wird, spielte er vor ihr den erfolgreichen Geschäftsmann, der viel unterwegs sein und ständige wichtige Verhandlungen führen muß. Kurze Zeit später machte Hannelore Michael klar, daß sie das Gefühl habe, er passe nicht zu ihr – und außerdem habe sie einen anderen Mann kennengelernt. Was Michael nicht wußte, ist, daß Hannelores Unbewußtes eine überaus starke soziale Komponente aufwies, die ausgelebt werden wollte. Der neue Partner, Jürgen, war ebenfalls arbeitslos und steckte finanziell weit in den roten Zahlen. Aber er war ehrlich, und bei ihm hatte sie die Möglichkeit, ihren Drang zu helfen, auszuagieren.

Um den Partner anzuziehen, der zu einem paßt, gilt es also alle Ängste, Hemmungen, Schuldgefühle, Abwehrmanöver und Kompensationen abzubauen. Geschieht dies nicht, kann man immer nur denjenigen anziehen, der zu der jeweiligen innerseelischen Problematik eine Entsprechung hat.

Wie Schuldgefühle die Partneranziehung beeinflussen

Eine glückliche Beziehung ist die Folge einer körperlichen, seelischen und geistigen Harmonie mit dem Partner. Ist diese Harmonie auf einem für ihn bedeutenden Lebensgebiet gestört, hält mancher bewußt oder unbewußt Ausschau nach einem anderen Partner. Bestehen aber gegenüber dem bisherigen Partner aufgrund des althergebrachten Maßstabs »Treue« große Schuldgefühle, kann dadurch die Partneranziehung maßgeblich beeinflußt werden. Angezogen werden dann vor allem Personen, die dazu befähigt sind, bei dem »Untreuen« den Maßstab »Treue« zu bestätigen, d. h. nur solche, die noch weniger passend erscheinen als der bisherige Partner und somit die Einstellung bewirken, daß es doch besser sei, in der alten Beziehung zu bleiben. Aufgrund der Schuldgefühle gegenüber dem bisherigen Partner können sich echte, reale Gefühle gegenüber dem neuen nicht oder nur wenig entwickeln, denn Schuldgefühle beeinträchtigen die seelische Harmonie, das seelische Gleichgewicht, die in einer neuen Beziehung nur dann bestehen können, wenn beide Partner ihre Gefühle frei zu investieren vermögen. In unserem Fall aber werden Gefühle nur als Schuldgefühle gegenüber dem bisherigen Partner eingebracht, so daß für die neue Freundschaft nur noch wenig seelische Energie verfügbar ist. Dies beeinflußt wiederum das Verhalten des neuen Partners, der ja auch von bewußten oder unbewußten Erwartungen geprägt ist und der entsprechend seiner innerseelischen Konstellation gerade diese Problematik in der Begegnung sucht bzw. anzieht. Letzterer fühlt, daß der andere nicht voll »da« ist, merkt, daß seine Gefühle keine Resonanz finden, daß er seine Gefühle ins Leere investiert, daß kein realer Austausch stattfindet. Der Gefühlsaustausch ist blockiert durch die Schuldgefühle des anderen. Insofern wird die Disharmonie, die in der bisherigen Beziehung herrschte und zur Untreue trieb, auch wieder in die neue Partnerschaft eingebracht. Aus diesen Gründen begegnen Menschen mit Schuldgefühlen so gut wie nie Partnern, mit denen tatsächlich eine neue Partnerschaft aufgebaut werden könnte.

Schuldgefühle hemmen also die seelische Bereitschaft, einen Partner kennenzulernen, mit dem man glücklich sein könnte. Der innerseelische Maßstab »Treue«, der bewußt oft verleugnet wird, aber im Unbewußten deshalb nicht seine Wirkung verliert, verursacht eine Abwehr von neuem Glück. Er gewährt der Seele nicht die hierfür notwendige Erlaubnis*.

Der einzelne betrachtet dann, aus der Sicht dieser Abwehr, den möglichen neuen Partner und findet dort schnell die entsprechenden Gründe, die ihm bestätigen: »Es kommt nicht Besseres nach!« Zudem wird in der neuen Beziehung meist von Anfang an eine Harmonie erwartet, die erst das Ergebnis von vielen gegenseitigen körperlichen und seelischen Einstellungsversuchen sein kann. Da man mit dem bisherigen Partner im Laufe der Jahre wahrscheinlich auf verschiedenen Gebieten bereits »eingespielt« ist, erscheint die neue Beziehung anfangs noch weniger harmonisch. Als Folge dieser Entwicklung treten Gefühle be-

---

* Diese Erlaubnis erteilt die von alten Normen geprägte Seele erst, wenn der Betreffende lange genug in der Beziehung gelitten hat, wobei die »erforderliche« Intensität des Leidensdruckes individuell verschieden ist und meist erst dann, wenn der Ablöseprozeß vom bisherigen Partner schon vollzogen ist.

ständiger Frustration oder Traurigkeit auf, da partnerschaftliches Glück immer weniger erreichbar erscheint.

Wenn ein Partner auftauchen würde, wo es wirklich »funkt« und wo ich mich wirklich geborgen und glücklich fühlen könnte, würde ich sofort aus meiner bisherigen Beziehung gehen, sagen viele, denen diese Problematik innewohnt. Sie machen ihr Glück abhängig von einem vagen Schicksal, das ihnen Entsprechendes liefert oder nicht, anstatt sich zu fragen, inwieweit sie zu der derzeitigen unbefriedigenden Situation beitragen, oder warum sie keinen anderen Partnertypus anziehen. Es wird nicht die eigene Partnerfähigkeit verbessert, nicht an der bisherigen Beziehung gearbeitet, und es werden auch nicht seelische und geistige Veränderungen vorgenommen, die einen neuen Partnertypus anziehen würden, sondern man verharrt in dem Zustand des Unglücklichseins.

Das patriarchale System

Es spricht vieles dafür, daß sich das Zeitalter des Patriarchats allmählich dem Ende zuneigt. Patriarchat ist gleichbedeutend mit Herrschaft (griechische Wurzel archos bedeutet Herrscher) der Väter (Männerherrschaft). Es ist die Phase der Menschheitsgeschichte, in der – wie Ernest Bornemann[7] schreibt – der Mann die Frau tatsächlich beherrscht.

Doch nicht nur die Frau, sondern alles Weibliche schlechthin wird in dieser Entwicklungsphase unterdrückt, also auch die Mutter Natur und die menschliche Natur.

Die biblische Aufforderung: »Macht die Erde Euch untertan!« ist ein Ausfluß dieser patriarchalen Ideologie.

Ein Blick zurück in die vergangenen Jahrhunderte und Jahrtausende zeigt, daß die Unterdrückung der Frau auch mit der Unterdrückung und Ausbeutung der Mutter Natur einherging. Eng verflochten mit dem Weiblichen ist auch das Seelische, das in einer patriarchalen Kultur zwangsläufig nur eine untergeordnete Rolle spielen kann. Das Männliche wird aufs Podest gehoben.

Erich Neumann[8] schreibt hierzu in *Zur Psychologie des Weiblichen*: »Die äußere Dominanz des Männlichen wird ergänzt durch die Projektion der Anima des Männlichen auf die Frau und durch die mit diesem ›Seelenverlust‹ verbundene Regression. Die Anima, die Symbolgestalt der weiblich-gegenge-schlechtlichen Seelenkräfte im Manne selber, wird in der pa-triarchalen Situation ins Unbewußte zurückgedrängt; eine der-artige Konstellation führt aber gesetzmäßig zur Projektion des Verdrängten, d. h. hier in der Anima-Instanz, auf die Außen-welt, in diesem Fall auf die Frau. Das Männliche ›verliert‹ auf diese Weise seine ›Seele‹ und damit unbewußt sich selber an die Frau.

Der Mann erledigt nur noch die ›äußeren‹ und ›rationalen‹ An-gelegenheiten von Leben, Beruf, Politik u. s. w., durch seinen Seelenverlust wird die von ihm gestaltete Welt eine patriarchale Welt, welche in ihrer Entseeltheit eine unerhörte Gefahr für die Menschheit darstellt«.

Diese Entseeltheit bedingt nicht nur einen mangelnden Bezug zum Lebendigen, sondern auch eine einseitige und damit ver-zerrte Sicht fast aller Lebensgebiete. Es wird nur ein Teil der Wirklichkeit wahrgenommen.

So wird die patriarchale Ideologie deutlich in der Medizin (Schulmedizin), in der Pädagogik (autoritäre Erziehung), in der Religion (Mono*theismus – der Glaube an einen einzigen Gott, der noch dazu ein Mann ist), in der Landwirtschaft (Monokul-tur, Kunstdünger-, Insektizid-Pestizid-Landwirtschaft), in der Politik (Politik der Abschreckung und des kalten Krieges), in der Partnerschaft (Monogamie) ...

Auf allen Lebensgebieten wird das Seelische, das Lebendige, das Natürliche (bzw. die Reaktionen der Natur) entwertet, igno-riert, verleugnet oder gar zum Feind erklärt. So betrachtet etwa die patriarchale Medizin die Krankheiten als Feinde, die es aus-zumerzen gilt. Krankheit bedeutet jedoch, daß das Gleichge-wicht des Organismus gestört ist und daß die menschliche Natur sich gerade bemüht, dieses Gleichgewicht wiederherzustellen, einen Ausgleich zu schaffen. Insofern ist die Krankheit ein Kom-pensationsversuch und ein Gesundungsprozeß (s. Seite 20). Die konventionelle Medizin versucht nun, diese Reaktionen der menschlichen Natur auf einen krankmachenden, materiellen, seelischen oder geistigen Reiz, also die Ausgleichsversuche des Organismus zu unterdrücken. Da sie nur die körperlichen Phä-nomene betrachtet, ohne die psychischen Ursachen zu eruieren,

---

* Mono... = Bestimmungswort von Zusammensetzungen mit der Bedeutung »allein, einzeln, einzig, einmalig«

betreibt sie – unseres Erachtens – nur Symptombekämpfung, anstatt den ganzen Menschen zu sehen.

Ähnlich gelagert ist die Situation auch in der Landwirtschaft. Durch die Monokultur, d. h. durch den einseitigen Anbau von bestimmten Wirtschafts- oder Kulturpflanzen sowie durch den Einsatz von Kunstdünger, ist die natürliche Ausgewogenheit nicht mehr gewährleistet. Diese Störung bewirkt spezifische Reaktionen der Natur, z. B. das Auftreten von Insekten und Schädlingen, Unkraut etc. Auch hier werden die Reaktionen der Natur durch Einsatz von Insektiziden und Pestiziden bekämpft, anstatt die Ursachen so zu setzen, daß keine Ausgleichsversuche der Natur mehr notwendig werden. Statt die Natur zu hegen und zu pflegen, will der Mensch sie unterjochen und wundert sich, wenn sie zurückschlägt.

In der Politik zeigt sich dasselbe Bild: Die patriarchalen Politiker wollen mittels Aufrüstung den Feind abschrecken und dadurch den Frieden sichern. Die Feinde sind nur imaginär, nicht aber wirklich existent. Würden die Politiker das Prinzip des Gleichgewichts wirklich verstehen, würden sie erkennen, daß jede extreme Position zwangsläufig eine Gegenreaktion hervorruft. So muß sich zum Kapitalismus als Gegenpol der Kommunismus herausbilden und umgekehrt. Je mehr der Kapitalismus kommunistische und der Kommunismus kapitalistische Komponenten integriert, desto mehr lösen sich die gegenseitigen Feindbilder auf, und um so mehr kann abgerüstet werden. Solange man jedoch in der alten Schwarz-Weiß-Malerei verharrt, ist man gezwungen, zu rüsten, zu drohen, zu kämpfen; zu kämpfen gegen etwas, was ein abgespalteter Teil aus der Ganzheit ist, etwas, was der Mensch noch nicht integriert hat.

Und wie gestaltet sich das Bild bei den Moralisten?

Auch sie dogmatisieren nur einen Pol: Monogamie, und sie bekämpfen vehement alle lebendigen Regungen der menschlichen Natur auf diese postulierte Einseitigkeit. Die Maßstäbe, Normen, Ideale, Gebote und Verbote, die notwendig sind, um diesen einen Pol zu stabilisieren, verursachen ganz bestimmte Reaktionen der menschlichen Natur, die dann jeweils als krank, unnormal oder als therapiebedürftig apostrophiert werden. Sie verursachen zum Beispiel Untreue, Scheidung, sexuelle Deviationen (Abweichungen), Pornografie, Polygamie und anderes mehr.

Die Moralisten ziehen also gegen die Reaktionen und Wirkungen auf ihre Ursachen, die sie selbst gesetzt haben, zu Felde.

Die Reaktionen der menschlichen Natur werden genauso zum Feind erklärt, wie die Landwirte die Reaktionen der Allnatur auf die Monokultur egalisieren wollen. Tatsächlich kann die Monokultur als Gleichnis für die patriarchale Szenerie (Monogamie) in der Partnerschaft gesehen werden. So wie die Mutter Natur mit Kunstdünger abgespeist wird, so werden die Frauen (die Mütter) im Patriarchat mit Künstlichkeit beschenkt; denn dem Kunstdünger vergleichbar sind die materiellen Symbole wie zum Beispiel, Schmuck, Pelze, etc., die als Ersatz für etwas Echtes, Lebendiges herhalten müssen, für lebendigen Humus wie zum Beispiel Zärtlichkeit, seelische Wärme und Liebe, Abwechslung (Fruchtwechsel) etc.

Wie in der Allnatur Monokultur und Kunstdünger eine Schwächung der Abwehrkraft der Pflanzen hervorrufen, so schwächen Monogamie und materielle Symbole die weibliche Natur. Dies hat zur Folge, daß vermehrt Frauenkrankheiten auftreten, die ähnlich den Insektiziden und Pestiziden in der Landwirtschaft meist mit Chemotherapeutika oder gar mit Antibiotika (anti=gegen, bios=Leben) bekämpft werden.

Im folgenden soll nun aufgezeigt werden, welche Folgen die alte Sexualmoral sowohl bei den Frauen als auch bei den Männern gezeitigt hat und welche Lösungsmöglichkeiten sich anbieten.

Zweiter Teil:
Die alte Sexualmoral

Die alte Sexualmoral

Viele Menschen meinen, natürlich sei all das, was der Norm gemäß ist und dementsprechend sei alles pervers, was von dieser Norm abweicht.

Doch diese oft als unumstößlich geltende Norm hat sich zu allen Zeiten immer wieder geändert und differiert in einzelnen Kulturkreisen erheblich. Die Norm ist darüber hinaus zeitepochenspezifisch, milieuspezifisch, kulturspezifisch, ja sogar familienspezifisch und personenspezifisch. So kann zum Beispiel manches Nesthäkchen in der Familie freiheitlichere Normen in bezug auf Sexualität beanspruchen als etwa das erstgeborene Kind. Die Norm ist daher kein Maßstab dafür, ob etwas natürlich ist oder nicht, sondern symbolisiert lediglich eine *Entwicklungs- und Bewußtseinsphase* der Gesellschaft oder des Individuums.

Eng verflochten mit diesen Normen sind naturgemäß die sogenannten Perversionen (Abweichungen von der Norm). Jede Norm schafft und erwirkt andere Perversionen. Daher sind also Perversionen Folgeerscheinungen von bzw. Reaktionsformen auf bestimmte Normen. Pervertiert bedeutet soviel wie »verdreht«, und es liegt der Verdacht nahe, daß die meisten Normen und Ideale bezüglich sexuellen Verhaltens an sich schon *verdreht,* d. h. gegen die menschliche Natur gerichtet sind, und so die Verdrehung der natürlichen Sexualität entsteht. Denn: Wären die gesetzten Normen und Ideale naturgemäß, könnten daraus keine Perversionen resultieren. Es würden sich ganz einfach die Begriffe *normal* und *pervers* von selbst auflösen.

Ein entscheidendes Kriterium der alten Sexualmoral und ihr sie aufrechterhaltender Faktor ist die Rollenteilung zwischen Mann und Frau. Sie beginnt in frühester Kindheit.

Trautner stellt in *Geschlechtstypisches Verhalten* fest:

»Als gesichert kann zunächst angesehen werden, daß Kinder schon mit zwei bis drei Jahren kognitive [erkenntnismäßige] Repräsentierungen von Geschlechtsrollenmerkmalen besitzen, was sich anhand der kulturellen Stereotypen entsprechenden Zuordnungen von Gegenständen, Spielsachen oder Aktivitäten nach männlich oder weiblich nachweisen läßt«. Später kann sich dies dann etwa so auswirken, wie Brigitta Kreß[9)] in *Der neue Mann* schreibt: »Die Hausfrau und Mutter reflektiert in ihrem

Verhalten den Mann, daß sein Rollenschema, im häuslichen Bereich zumindest, gefordert wird. Sie verstärkt und bestätigt ihn sogar noch in seiner Pascha-Rolle, damit ihr eigener Lebens- und Arbeitsbereich nicht anzweifelbar wird.

Oft tun Frauen dies, damit sie selbst gesellschaftlich nicht aktiv werden müssen, denn nach Jahrzehnten der bürokratischen, ökonomischen, sozialen und geistigen Abhängigkeit vom Mann stellt sich bei vielen das sogenannte Cinderella-Syndrom ein, d. h. panische Angst davor zu haben, plötzlich allein für sich selbst verantwortlich zu sein, nach ›draußen‹ gehen zu müssen, in die brodelnde Welt voller Gefahren, von denen bisher nur der Mann zu berichten wußte. Da sie die eigenen Fähigkeiten nie anzuwenden gelernt hat, unterschätzt sich die Frau allzu oft und entwickelt beinahe zwangsläufig ein mangelhaftes Selbstwertgefühl. In dieser psychischen Situation ist die männliche Rolle ihres Ehemannes das genau passende Pendant zu ihrem scheinbaren außerhäuslichen Defizit. Ebenso wie sie glaubt (und ihn glauben macht), daß sie allein das Pendant zu seinem scheinbaren häuslichen Defizit darstellt. Viele männliche ›Unfähigkeiten‹ erweisen sich deshalb als bloße Zuschreibungen durch die Frauen selbst, die aber im Laufe der Zeit zum Charakterbild des Mannes etabliert worden sind und ein manifester allgemein-gültiger Bestandteil seiner Persönlichkeit wurden. Darauf ist der Mann paradoxerweise wiederum noch stolz, denn es beweist ihm und anderen seine Männlichkeit«.

Aufgrund der strengen Rollenteilung zwischen Mann und Frau bilden beide Teile jeweils unterschiedliche Anlagen aus, so daß letztendlich keiner sich mit dem anderen austauschen kann. An die Stelle von gegenseitigem Geben und Empfangen tritt gegenseitige Abhängigkeit und – damit verbunden – Ausbeutung.

Besonders gravierend wirkt sich diese Rollenteilung auf dem erotischen Sektor aus. Erotik ist psychosomatische Liebe, ist seelische *und* körperliche Liebe. Erotik ist also immer eine Ganzheit, bestehend aus einem körperlichen und seelischen Geschehen und kann daher nicht getrennt werden.

Um unterscheiden zu können zwischen Trieb, seelischer Liebe, Sexualität und Erotik, soll hier kurz erläutert werden, was wir unter diesen Begriffen verstehen.

Sexualtrieb, Begriffsbestimmung

Trieb ist die allgemeine und umfassende Bezeichnung für die dynamische, energetisierende Komponente zielgerichteter Verhaltensweisen, die den Organismus dazu »antreibt« oder »energetisiert, ein Bedürfnis zu befriedigen.

Der Sexualtrieb ist ein angeborener oder primärer Trieb. Er kann in abnormer Weise gesteigert, herabgesetzt oder qualitativ verändert vorkommen.

Jeder Trieb hat nach Freud seinen Ursprung in einer körperlichen Erregung, die eine Triebspannung erzeugt.

Seelische Liebe, Begriffsbestimmung

Die seelische Liebe resultiert aus dem Gefühlsleben. Jemanden seelisch lieb zu haben, bedeutet, ihn in seinem Wesen anzunehmen, sich mit ihm verbunden oder seelisch verwandt zu fühlen, eine seelische Wärme für ihn oder bei ihm zu empfinden.

Zur seelischen Liebe gehört auch der Drang, jemanden zu herzen, mit ihm zu kuscheln, zu schmusen, mit ihm Hautkontakt zu pflegen, sich gegenseitig zu umarmen und Zärtlichkeit auszutauschen.

Sexualität, Begriffsbestimmung

Unter Sexualität verstehen wir den Akt der Sexualität als solchen.

Er beinhaltet das Vorspiel, den Koitus mit seinen verschiedenen Stellungen und den Orgasmus.

Insofern sind Trieb und Gefühl bereits integrierte Bestandteile der Sexualität. Was dabei noch fehlt, sind die erotischen Accessoires, das erotische Umfeld, die Bewußtheit bzw. das Wissen um die körperlichen und seelischen Mechanismen. Ein sexueller Akrobat muß also nicht zwangsläufig auch ein Künstler der Erotik sein!

Erotik, Begriffsbestimmung

Erst in der Erotik kommen Trieb und Gefühl *bewußt* zu einer Synthese. Bewußt heißt, daß man über seine körperliche und seelische Eigenart reflektiert, daß man sie weiterentwickelt und differenziert hat, und sie so bewußt einsetzen kann.

Wir verstehen also unter Erotik eine erweiterte Sexualität, bei der man gelernt hat, sich auf die körperliche und seelische Eigenart des Partners einzustellen, bei der *actio* und *reactio* beachtet werden und bei der man die Gesetze des Eros für sich nutzbar gemacht hat. Erotik ist eine Kunst, die es zu erlernen gilt. Nur wenige Menschen besitzen von sich aus die Fähigkeit, es sich und dem Partner schön und angenehm zu machen, Freude zu schenken und zu empfangen. Zwei Menschen, welche die Kunst der Erotik beherrschen, sind fähig, zum Beispiel ein Wochenende voller Liebe und Glück zu verleben. Sie entwickeln immer wieder neue Ideen, wie sie den Partner erfreuen und beglücken können, wie sie seine Erregung aufs äußerste steigern, wie sie seine Gefühle in Wallung bringen können. Allerdings setzt Erotik »gereinigte« Gefühle voraus. Depressionen, Ängste, Hemmungen, Schuldgefühle etc. schränken das erotische Erlebnis ein; ebenso beengte Wohnverhältnisse, Krankheiten, Zwangsrituale, Voreingenommenheit und vieles mehr.

Der sinnliche Mensch ist fähig, eine erotische Atmosphäre* zu schaffen, durch seinen körperlichen und seelischen Ausdruck, durch seine schöne, ästhetische Kleidung, durch seine Wohnumwelt, durch anregende Speisen ...

Er richtet es so ein, daß sowohl sein Auge, sein Ohr, seine Nase, sein Gaumen, sein Körper und seine Seele als auch die Sinne, der Körper, die Seele des Partners erfreut werden. Er bezieht äußere Verstärker seiner inneren Sinnlichkeit ein: Sonne, Wind und Wasser, blühende, duftende Gärten, Freizügigkeit, Freizeit, Menschen, die das Leben lieben ... Er hat sich innerlich und äußerlich von stickigem Moder befreit, empfindet ein Recht auf Wohlleben, Freiheit und Genuß. Im Unterschied zu oberflächlichem Luxus muß ein erotisches Leben nicht mit großen Kosten verbunden sein. Oft können mit wenig Aufwand größere Wirkungen erzielt werden als mit teuren Kleidern oder einer luxuriösen Umgebung.

Sinnlich zu sein, bedeutet auch nicht – wie immer wieder irrtümlich angenommen wird – ständig erregt zu sein, vielmehr ist Erotik ein Ausdruck von Ausgeglichenheit, Harmonie, Glück, Freude und von Wohlgefühlen. Man lebt in einer angenehmen Atmosphäre. Man läßt es sich einfach gutgehen! Allerdings setzt ein solches Wohlleben voraus, daß die ursprünglichen Bedürfnisse bereits gestillt sind. Ständige Sorgen zum Beispiel um Obdach oder Arbeitsplatz lassen die Erotik nur schwer aufkeimen. Erotikfeindlich waren daher immer alle Entwicklungsphasen der Menschheit, die von Krankheit, Krieg und Not gekennzeich-

---

* Daher ist in den meisten Psychogruppen und Sekten, welche die freie Sexualität auf ihr Banner geschrieben haben, keine Spur von Erotik zu finden.

net waren, in denen der Mensch kämpfen mußte, um sein Dasein zu sichern.

Ist jedoch die materielle Sicherheit – was nicht gleichbedeutend ist mit Reichtum! – gegeben, so kann der Mensch seine Triebe und Gefühle »veredeln«, nicht im Sinne einer pathologischen Sublimierung, sondern indem die körperliche und seelische Liebe auf neuen Ebenen und in den verschiedensten Nuancen entwickelt wird.

Diese Weiterentwicklung bedeutet, daß die Erotik zu einem spezifisch menschlichen Phänomen wird. Diese Art der Loslösung vom Animalischen unterscheidet sich grundsätzlich vor den Anschauungen der Triebverleugner, die mittels Askese und Verdrängung das »Tier« in sich zu überwinden suchen. In der *neuen Sinnlichkeit* sind Natur und Kultur harmonisch vereint. Lebendige Erotik ist ein Bestandteil einer neuen Humanität.

Die alte Sexualmoral hingegen teilt die Erotik auf in körperlichen Sex – dieser Pol wird den Männern zugewiesen – und in seelische Liebe, die den Frauen zugeschrieben wird. An diese Aufteilung ist eine ganz bestimmte Rolle – wie man sich als Frau oder als Mann in Sexualität und Liebe zu verhalten hat – gebunden. Das ist der Grund dafür, daß weder der Mann noch die Frau ihr volles erotisches Potential zur Verfügung haben, weil jeder isoliert primär nur seinen Pol ausbildet. Beide leben nur eine partielle Liebe bzw. Erotik aus und finden in ihrer jeweiligen Einseitigkeit keine Erfüllung. Jeder argumentiert vom Standpunkt seiner Position und redet daher am anderen vorbei, beide erkennen die Wirklichkeit nicht. Die Geschlechter bleiben sich fremd, sie können nicht die volle Harmonie finden. Auch das subjektive Gefühl kurzzeitiger Befriedigung kann nicht darüber hinwegtäuschen, daß sie dennoch nur einen winzigen Bruchteil ihres vollen Liebespotentials erlebt haben.

Solange die Frauen aufgrund der Erziehung zur Tabuisierung der körperlichen Sexualität während ihrer Kindheit ihre körperlichen Triebe auf die Männer und die Männer ihren verdrängten seelischen Anteil auf die Frauen projizieren, kann sich keine reale, erfüllende Erotik entwickeln; denn der andere kann nicht stellvertretend die eigene individuelle Anlage ausleben, Projektionen dieser Art müssen immer zu Enttäuschungen führen. Zudem fühlen sich beide Geschlechter nur als Objekt des anderen – die Frau als Sexual(Trieb-)objekt des Mannes und der Mann als Objekt für die Versorgungswünsche der Frau, die er zu befriedigen hat. Als Sexualobjekt kann sich jedoch eine Frau nur dann fühlen, wenn sie ihre eigenen körperlichen Bedürfnisse nicht entwickeln und ausbilden durfte. Sich als Sexualobjekt zu fühlen, hat also die Unterdrückung und Knebelung der eigenen Triebe als Ursache. Die Unterdrückung erfolgt durch oft gut gemeinte Mahnungen der Eltern wie: ›Bleib anständig, mach uns keine Schande‹ oder durch direkte Abschreckung, indem man der Tochter das Bild der Nutte oder der »Schlampe« ständig vor Augen führt.

Da ein Mensch als Kind noch nicht über den kritischen Verstand verfügt, der notwendig wäre, um diese Argumentationen der Eltern zu durchschauen und zu entschärfen, wird eine derartige Geisteshaltung unreflektiert verinnerlicht und zu einem seelischen Stigma.

Es ist mittlerweile unstreitig, daß sich jede Überzeugung, jede Vorstellung, jede Geisteshaltung auch körperlich manifestiert, sowohl positiv wie negativ. Der Körper reagiert auf die Tabuisierung der Triebe entweder mit Frigidität (Unfähigkeit zur sexuellen Lustempfindung), oder es kommt zu der bei Frauen allerdings selteneren Gegenreaktion, bei der die Triebe süchtig entgleisen (Nymphomanie). Frigidität ist also nichts anderes als die körperliche Ausdrucksform einer inneren Abwehr (Kälte) gegenüber dem Triebleben. Die weitverbreitete weibliche Frigidität mit ihren unterschiedlichsten Nuancierungen ist also auf eine triebfeindliche Programmierung in der Kindheit und Jugendzeit zurückzuführen. Während die Mädchen zu Keuschheit und Anstand angehalten werden, herrscht noch immer die allgemeine Einstellung vor, daß junge Männer sich austoben dürfen – es fragt sich nur, wo sie sich austoben sollen, wenn die Mädchen sich verwehren müssen, um als rein und unbescholten zu gelten! Indem den jungen Männern augenzwinkernd zugestanden wird: *Du darfst* – hat dies wiederum eine andere psychosomatische Programmierung zur Folge. Die im Unbewußten verankerte Erlaubnis bedingt, daß die Triebe sich entwickeln dürfen. Daraus folgt, daß Männer nicht – wie allgemein angenommen wird – triebhafter als Frauen sind, sondern nur anders programmiert wurden. Sexualität an sich ist nicht *geschlechtsspezifisch*. Da die Erlaubnis allerdings nicht offen, sondern verdeckt signalisiert und dabei meist noch vieldeutig gelacht und gewitzelt wird, werden gleichzeitig auch Verunsicherung und Irritationen mitgegeben. Der junge Mann erhält zwei Botschaften: Die eine sagt: »Sex ist verboten«, die andere: »Aber du darfst trotzdem«. Im

Grunde handelt es sich um eine Aufforderung, das Verbot zu übertreten. Auf diese Art und Weise werden die jungen Männer für das Leben vorprogrammiert und treffen dann auf Frauen, bei denen sie dann tatsächlich das Tabu, das sie in der Projektion erleben, durchbrechen wollen oder müssen, und es kommt zu typischen Szenen der patriarchalen Liebe, die mit einer ästhetischen und erfüllenden Erotik nicht das geringste zu tun haben.

Die körperlichen Triebe des patriarchalen Mannes werden also zwar verdeckt zugelassen, aber ihr Ausleben ist nicht frei. Es handelt sich dann um eine widerstandsgebundene Energie. Diese bei Mann und Frau unterschiedliche körperliche Triebsituation verstärkt jeweils die geistige Einstellung – die *Wirkung verstärkt die Ursache;* ein Teufelskreis.

Eine an Frigidität leidende Frau muß daher eine andere Einstellung zur Sexualität haben als eine ihre Triebe frei auslebende. Der Körper einer frigiden Frau bestätigt ihre geistige Haltung noch, welche dann wiederum die Frigidität intensiviert.

Prüft man die Einstellungen, die aus der alten Sexualmoral resultieren, näher, so fällt auf, daß es sich dabei ausschließlich um inhaltslose Floskeln und Vorurteile handelt, die von Generation zu Generation weitergegeben werden, meistens werden sie sogar wortgetreu übernommen: So wiederholt etwa das junge Mädchen beim Rendezvous Aussprüche wie: Bis hierher und nicht weiter. Dafür bin ich mir zu schade. Ich lasse mich nicht ausnutzen (oder benutzen). Es ist noch zu früh usw. ...

Solche und andere Äußerungen aber sind immer ein Hinweis darauf, daß bei der Betreffenden ein unterdrücktes, tabuisiertes Triebleben vorherrscht.

Die alte Sexualmoral verfügt als geistigen Inhalt nur über Gebote, Verbote, Vorurteile und Verurteilungen, die allesamt mit dem Maßstab Anstand und Treue in mittelbarem oder unmittelbarem Zusammenhang stehen. Im Sinne der alten Sexualmoral ist anständig, wer seine körperlichen und seelischen Regungen unterdrückt.

Den Maßstab Treue wollen wir im nächsten Kapitel abhandeln.

Treue – ein psychisches Antibiotikum

Zunächst gilt es zu unterscheiden zwischen einer Treue, die nur als Form bzw. als Vorschrift besteht, und einer gewachsenen, inhaltlichen Treue, die auf einer gemeinsam erarbeiteten Intimität und Vertrautheit beruht. Bei der Treue, die nur als Form existiert, sind alle anderen Kontakte für den Bestand der gegenwärtigen Beziehung eine Gefährdung, während die Treue, welche mit »Inhalt« gefüllt ist, solche durchaus zulassen kann. Reale Treue kann also nicht einfach als Norm aufgestellt werden, sondern sie ist das Ergebnis einer Partnerschaft, in der beide Teile immer wieder aufs neue versucht haben, sich aufeinander einzustellen, sich immer wieder zu arrangieren und immer wieder sich gegenseitig Freude und Liebe zu schenken vermögen. Zu einem Partner, mit dem man wirklich eine echte Beziehung aufgebaut hat, und mit dem man sich versteht, kehrt man immer wieder zurück, auch wenn man einmal mit einem anderen geschlafen haben sollte. Die Beziehung zu ihm bleibt bestehen, sie kann nicht ernsthaft gefährdet werden. Aus diesem Grunde bedeutet reale Treue, daß zwischen zwei Menschen etwas *gewachsen* ist, was einzigartig ist und dadurch nicht wiederholbar. Reale, gewachsene Treue ist also etwas gänzlich anderes als die formale Treue, die mit der Forderung gekoppelt ist »Nur ein einziger Mensch darf körperlicher, seelischer und geistiger Partner sein«.

Dieses verabsolutierte Gebot der Treue entspringt der patriarchalen Situation, in der nur männliche und weibliche Rollen gelebt werden, nicht aber Männlichkeit und Weiblichkeit schlechthin. Ein Mann, der nur die ihm als Mann zugewiesene Rolle lebt, kann in einem ganzheitlichen Sinne nicht wirklich Mann sein. Seine Männlichkeit würde anders aussehen, wenn er die seelische Komponente integrieren würde. Er würde zu seiner *ureigenen* Empfindung als Mann stoßen und wäre nicht mehr gezwungen, seinen Seelenanteil bei der Frau in der Projektion zu erleben.

Im Patriarchat stehen die Geschlechter vor der paradoxen Situation, daß jeweils vom anderen erwartet wird, die eigenen Defizite, die durch die Rollenteilung verursacht werden, aufzufüllen. Der Maßstab Treue basiert auf diesen Defiziten, bzw. er stellt einen Kompensationsversuch dar, der – das ist die unbewußte Intention – die Sicherheit bieten soll, daß beide Partner sich gegenseitig bis ans Lebensende ausgleichen. Der Maßstab

Treue übertüncht daher die Angst, der andere könne einmal aufhören, die eigenen Defizite zu kompensieren. Man will sich gegenüber dem Schicksal wappnen, daß man nicht plötzlich mit all seinen Mankos, Hemmungen und Schwächen allein dasteht. Man will sich gegen den seelischen Schmerz versichern, den eine Konfrontation mit den eigenen Defiziten hervorrufen würde. Insofern schreibt dieser Maßstab die patriarchale Rollenteilung fest. Er gewährleistet, daß alles so bleibt, wie es bisher immer war; er verhindert, daß alle, die in seinem Bann stehen, zu ihrem wahren Selbst gelangen können. Er paßt in den Schicksalsrahmen des genormten Menschen, der gelebt wird, anstatt selbst zu leben.

Er ist jedoch nicht dem Menschen adäquat, der offen und lebendig genug ist, um den Weg zu einer wirklichen gewachsenen Treue zu beschreiten. Der genormte und fremdbestimmte Mensch belügt sich selbst und tut so, als habe er bereits die ideale Partnerschaft, das Ziel erreicht. Der Maßstab »Treue, bis daß der Tod euch scheidet« läßt also jegliche persönliche Entwicklung und Reifung außer acht, ja, er verhindert sie geradezu und dadurch auch eine Veränderung der bestehenden zwischenmenschlichen und gesellschaftlichen Verhältnisse.

Eine junge Frau, die mit 18 heiratet und dabei den Treueschwur ablegt, vergewaltigt damit ihre persönliche Zukunft. Sie bestimmt bereits zu diesem Zeitpunkt darüber, wie sie 10, 20 oder 30 Jahre später fühlen wird. Eine solche Art von Treue setzt voraus, daß man den *endgültigen* Partner – körperlich, seelisch und geistig bereits gefunden hat und daß man immer in dem Entwicklungsstadium verharrt, in dem man die Partnerschaft eingegangen ist. Obwohl eine solche Vorstellung ganz offensichtlich dem Leben zuwiderläuft, und gelinde ausgedrückt – als irreal eingestuft werden muß, ist sie dennoch in fast jeder Psyche unserer abendländischen Kultur vertreten. Wir sind von dieser Vorstellung besessen, sind von ihr so hypnotisiert, daß jeder Zweifel daran bereits große Schuldgefühle hervorruft. Man möchte doch so gerne als rechtschaffener, braver und anständiger Bürger gelten!

Wenn wir diese Rolle spielen, müssen wir uns jedoch im klaren sein, daß dies seinen Preis kostet: *Verlust der eigenen Individualität.* Unsere Triebe, unsere Gefühle, unser Denken werden genormt! Wir können zu einem wirklich eigenen Leben nicht mehr vorstoßen. Wir werden nur noch gelebt!

Es ist uns etwas Fremdes aufgepfropft worden, etwas, was unsere wirkliche Natur überlagert. So wie ein Kind innerhalb eines Familienverbandes in die Rolle eines Hanswurst oder einer Prinzessin gedrängt wird und diese Rolle sein wirkliches Wesen nicht mehr aufkeimen läßt, so erstickt der Maßstab »Treue« die wirklichen Empfindungen und Gefühle beider Partner in einer Beziehung. Auf diese Art und Weise werden die Empfindungen von Millionen Menschen gleichgeschaltet. Anstatt daß dieser Umstand suspekt erscheint, bestätigt man sich gegenseitig, und man empfindet sich eben als normal, im Gegensatz zu einer »perversen Minderheit«. Spätestens hier werden viele Frauen so oder ähnlich einwenden:

»Aber bei mir ist die Situation echt. Ich empfinde wirklich nur Gefühle für meinen Mann, und ich könnte niemals mit einem anderen schlafen. Ich bin ihm treu, und Treue ist natürlich«.

Indem sie glauben, ihre Empfindungen seien echt, ersparen sie sich die Mühe und den Weg, nach einer ureigenen Empfindung zu suchen. Der nach dem patriarchalen Maßstab treue Mensch ist ein gehemmter Mensch. Er ist ein Verdrängungskünstler höchsten Grades. Überall dort werden Triebe und Gefühle abgeblockt und unterdrückt, wo sie nicht sein sollen und nicht sein dürfen. So werden Gefühle der Sympathie nicht zugelassen, der Drang, einem anderen Menschen Zärtlichkeit zu schenken oder ihn zu umarmen, wird unterbunden, und den Trieben wird allenthalben ein strenger Zügel auferlegt. Der jedem Menschen innewohnende Drang nach Abwechslung wird total abgeblockt. Diese defizitäre Situation wissen Werbung und Massenmedien zu nutzen, indem sie zum Beispiel den Hauch von Abenteuer mit einer bestimmten Zigarettenmarke koppeln oder bestimmte Tagesereignisse sensationell aufmachen. Man kann immer wieder beobachten, daß besonders diejenigen sich bei Katastrophen und grauenvollen Unfällen nach vorne drängen und sich am blutigen Geschehen ergötzen, die in ihrem eigenen Leben, Erleben und Lieben dem Faktor Abwechslung keine Chance gegeben haben. Auch der häufig festzustellende Konsumzwang ist zum großen Teil auf einen Mangel an Abwechslung zurückzuführen. Wenn das Leben ansonsten keine Abenteuer zu bieten hat, dann muß man Abwechslung eben kaufen und sie symbolisch am neuen Hut oder am neuen Kleid erleben. Auch hier kommt wieder der Abwehr- und Anpassungsmechanismus der Verschiebung zum Tragen.

Indem man das eigentliche Bedürfnis auf andere, *erlaubte* Lebensbereiche verschiebt und dort ausagiert und dadurch das

Bedürfnis nach Abwechslung auf dem betreffenden Lebensgebiet überdimensioniert, kann man sich des ursprünglichen Defizits nicht mehr bewußt werden. Ja mehr noch! Man idealisiert dieses Defizit sogar und betrachtet diejenigen, die dieses Manko nicht haben, als krank oder pervers. So kommt es, daß viele Menschen, deren Wesen von der alten Sexualmoral geprägt wurde, mit voller Überzeugung die Floskel ihrer Vorfahren wiederholen: Wenn man einen Menschen wirklich liebt, hat man auch kein Bedürfnis nach Abwechslung. Und daraus folgt wiederum der verhängnisvolle Umkehrschluß: Wer sich nach Abwechslung sehnt, der liebt seinen Partner nicht wirklich!

Man kann es auch anders formulieren:

Wenn man von einem Menschen abhängig ist, wagt man nicht, das Bedürfnis nach Abwechslung zuzulassen aus Angst, man könnte die bestehende Beziehung zerstören.

Und viele Frauen empfinden tatsächlich kein Bedürfnis nach Abwechslung, weil es schon an der Voraussetzung, nämlich am sexuellen Bedürfnis fehlt.

Es ist daher folgerichtig, daß jemand, der nur wenig erotisches Interesse aufbringt, erst recht kein Bedürfnis nach sexueller Abwechslung empfindet. Fest steht: Je weniger Lebendigkeit die Partner aufweisen, um so länger können sie den althergebrachten Maßstab Treue aufrechterhalten, um so länger ist es ihnen möglich, das Bedürfnis nach Abwechslung und Freiheit zu verdrängen. Und umgekehrt: Je lebendiger ihre Naturen sind, um so schneller wird dieser Maßstab durchbrochen, um so schneller verliert man die »Kontrolle« über seinen Leib und seine Gefühle.

In diesem Zusammenhang sei auch erwähnt, daß Menschen, die »treu« sind, meist auch im Denken nicht aus der Norm auszuscheren vermögen. Die »treulosen« Geschöpfe sind meist variabler, flexibler, origineller und setzen sich auch geistig häufiger über Schranken und Tabus hinweg.

Eine Klientin drückte es einmal so aus:

»Es ist komisch, die treuen Männer sind mir zu langweilig. Ich finde die untreuen Typen viel interessanter. Da ist mehr Leben drin. Sie haben mehr Esprit, mehr Feuer«.

Die erotische Anlage eines Menschen verlangt von Natur aus genauso nach Abwechslung wie etwa der Spieltrieb, das Bedürfnis nach Kommunikation, das Bedürfnis nach Nahrung. Kein Tennisspieler möchte jahraus, jahrein ausschließlich nur mit einem Partner spielen, mag dieser auch noch so gut mit ihm harmonieren, und kein Mensch möchte bis an sein Lebensende nur mit einem Gegenüber sprechen, weil er auch andere Eindrücke gewinnen, andere Meinungen hören will.

Otto Mainzer[10] meint hierzu:

»Setzen wir den günstigsten Fall: Zwei Menschen, die einander in Liebe gefunden zu haben glauben, deren Verbindung, selbst wenn sie nicht ahnen, was zur Liebe gehört, persönlichem Gefallen entsprang und die beide im Geschlechtsakt Befriedigung finden oder doch das, was sie dafür halten. Auf die Dauer muß ihr zärtliches Verhältnis in der Ehe entarten – um so schneller, je geistig differenzierter und vielseitiger sie sind. Denn die Zeit verändert die erotischen Eigenschaften der Partner, und die Reaktionen werden trotz technischen Allerleis matt und matter. Lebenslänglich Entenbraten, da hilft schließlich weder Wiener noch Pariser Küche, weder indisches noch chinesisches Gewürz, da hilft – weiß Gott! – überhaupt keine Kochkunst mehr. Das einzige, was helfen könnte, wäre ein Lämmchen zu Ostern oder ein Backfischlein im Oktober. Auch die Ente käme dann wieder zu Ehren ihres natürlichen Wohlgeschmacks. Ehepaar sein heißt jedoch: den natürlichen Mitteln abgeschworen haben, welche imstande wären, den Umarmungen ihre Frische wiederzugeben.

Gewöhnlich dauert es fünf bis sieben Jahre, bis der kritische Punkt erreicht ist, an dem beide Gatten nicht nur für die beiderseitigen Reize mehr oder weniger unempfindlich (physiologisch ›sexmüde‹), sondern auch von unterschwelligem Haß gegeneinander erfüllt werden, insofern es jeder dem anderen durch seine eheliche Existenz unmöglich macht, neue Geschlechtspartner zu gewinnen«.

Doch geradezu schicksalhaft nehmen viele Partner jahre- und jahrzehntelange Frustration in Kauf, öden sich gegenseitig in ihrer Ehe an und vollziehen mißmutig ihr Pflichtritual, als daß sie sich gegenseitig ein wenig Freiheit zugestehen. Ängstlich sind sie darauf bedacht, daß der Maßstab eingehalten wird. Indem einer zum Wachhund des anderen wird, machen sie sich gegenseitig das Leben schwer. Sie verschleudern auf diese Art und Weise unnütz ihre Lebensenergien. Im Akt der Überwachung und der Kontrolle zerstören sie ihr eigenes Leben und das des anderen. Die alte Sexualmoral macht die Menschen *gegenseitig* zu Objekten, denn es geht primär und ausschließlich um die Einhaltung der Norm.

Der Mensch mit seinen lebendigen Anlagen, der Mensch in

seiner unverwechselbaren Eigenart und Individualität, bleibt dabei in den allermeisten Fällen auf der Strecke.

Nach den Erkenntnissen der Psychopathologie hat die Ideologie der Treue wahnhaften Charakter. Wahn ist eine objektiv falsche, aus krankhafter Ursache entstehende Überzeugung, die trotz vernünftiger Gegengründe aufrechterhalten wird. Seine phänomenologischen Kriterien sind[11]:

1. Die wahnhafte Überzeugung wird mit einer subjektiven Gewißheit erlebt.

2. Unbeeinflußbarkeit durch Erfahrung und durch zwingende Schlüsse (Widerspruch zur Evidenz).

3. Absolute Unkorrigierbarkeit auf dem Höhepunkt der Erkrankung.

4. Entstehung aus krankhafter Ursache.

5. Im Vergleich zum Irrtum besteht ein Unterschied hinsichtlich der Ursachen und der Konsequenzen. Ein Irrtum ist bei ausreichender Information korrigierbar, am Wahn wird trotzdem festgehalten. Sämtliche Informationen und Ereignisse werden nur im Sinne des eigenen Wahngebäudes interpretiert.

Alle diese Kriterien finden wir bei der Ideologie der Treue vor. Es handelt sich also hierbei um eine kollektive Paranoia.

Zu welchen katastrophalen Folgen der Maßstab Treue führen kann, zeigt folgendes Beispiel:

Nik K. (37) ist seit 7 Jahren verheiratet – glücklich verheiratet – wie er betont. Eines Tages lernte er jedoch in einem Café Katja kennen, eine attraktive junge Dame von 28 Jahren.

Jedesmal, wenn er sich mit ihr traf, war er aufgeregt wie ein 16jähriger Junge bei seinem ersten Rendezvous – einesteils weil Katja mit ihrem lieben Wesen sein Herz im Sturm erobert hatte, andererseits aber auch, weil er das Gefühl hatte, etwas Verbotenes zu tun. Immerhin – so argumentierte die Stimme seines Gewissens – war er ja ein verheirateter Mann, für den solche »Abenteuer« eigentlich tabu sein sollten.

Nach dem ersten Intimkontakt plagte Nik das schlechte Gewissen so stark, daß er Katja gestand, daß er verheiratet sei und zwei Kinder habe. Auf der Heimfahrt zur Ehefrau passierte es dann: Nik dachte gerade voller Schuldgefühle über seine Situation nach, als aus einer Seitenstraße ein anderer Wagen kam, der die Vorfahrt nicht beachtet hatte und Nik's Fahrzeug rammte. Letzteres hatte daraufhin nur noch Schrottwert. Wie durch ein Wunder kam er selbst – mit Ausnahme einer kleinen

Platzwunde am Kopf – mit dem Schrecken davon. Als er so – ohne Auto und mit Platzwunde – zu Hause bei Ehefrau und Kinder erschien, brach er weinend zusammen und gestand seine Untreue. Er gelobte daraufhin, sich nie mehr wieder auf eheliche Abwege zu begeben.

Dieser Fall macht den inneren Kampf zwischen den wahren Gefühlen und dem sogenannten *Überich* deutlich. Das Überich ist die durch Kindheitseindrücke, Erziehungseinflüsse und sonstige Umwelteinflüsse erworbene psychische Instanz. Es entsteht durch Introjizierung (Einverleibung) der Normen, Vorschriften, Gebote und Verbote der Umwelt in die eigene seelische Welt. Dabei spielt es keine Rolle, ob die entsprechenden Normen oder Tabus ausgesprochen werden oder unausgesprochen bleiben. Dieses ins eigene Innere aufgenommene Kontrollsystem, das dem Individuum von seinen Eltern und anderen erwachsenen Autoritätspersonen eingepflanzt wurde, verlangt totalen Gehorsam.

Wird gegen den Maßstab Treue, der integrierter Bestandteil des Überich ist, verstoßen, verhält sich der Betreffende nicht »normal«, vernünftig, folgsam und muß deshalb gemaßregelt werden. Die Übertretung dieses Gebots begründete in Nik Schuld, und diese Schuld verlangte nach einer Strafe. Diese Strafe holte sich Nik selbst unbewußt über den Unfall ab.

Grundsätzlich kann festgestellt werden, daß unbewußte *Selbstbestrafungstendenzen* zu den häufigsten Unfallursachen zählen. Verantwortlich dafür ist primär die autoritäre Erziehung, bei der Strafen für »Übertretungen« von elterlichen Maßstäben und Geboten ein entscheidendes Erziehungsmerkmal sind.

Aufgrund dieser Prägung erwartet dann der einzelne unbewußt bereits die Strafe; denn die Strafe fungiert als Ausgleich und Sühne für die verbotene Tat. Insofern kann man sagen, daß die Psyche solange nach dem archaischen *Schuld-Sühne-Prinzip* funktioniert, solange der Betreffende keine neuen Wertmaßstäbe im Inneren seiner Seele begründet hat.

Moralisten würden nun im Falle von Nik K. sagen: »Da sieht man es mal wieder – ein Treuebruch lohnt sich eben nicht! Es ist die gerechte Strafe für sein unmoralisches Handeln.« Was die Moralisten jedoch nicht wissen können, ist, daß sich – wie oben bereits angedeutet – *jeder* Maßstab – und sei er noch so absurd oder irreal – immer wieder selbst bestätigt und dadurch festschreibt. Um noch deutlicher zu werden: Würde umgekehrt der Maßstab aufgestellt werden, daß die Monogamie etwas Verwerfliches und Unmoralisches sei, dann würde der betreffende Übertreter Unfälle verursachen oder erkranken, wenn er nicht polygam wäre. Insofern ist auch die Lebenserfahrung, auf die viele Menschen so stolz sind, oft nichts anderes als die falsche Lehre, die sie aus den Schicksalsereignissen gezogen haben. Nik K. könnte jetzt also seinen Kindern erzählen, daß er die Erfahrung gemacht hat, es lohne sich nicht mit anderen als mit dem angetrauten Partner zu schlafen, und hätte damit seinen Kindern wieder den Maßstab weitergegeben, der sich bereits über Jahrhunderte hinweg halten und so viele Lebensenergien verschütten konnte. Für Nik K. wäre es also wichtig gewesen, die Wirkungen und Folgen seines Übertritts nicht als *Bestätigung* für seinen Maßstab aufzufassen, sondern als *Aufforderung*, den Maßstab in Frage zu stellen. Erst wenn er zu einer eigenen inneren Rechtsordnung gelangt, die mit seiner Natur und seiner Lebendigkeit harmonisch übereinstimmt, wird er positivere Rückmeldungen vom Schicksal erhalten.

Nachfolgend wollen wir aus der Fülle der Vorurteile der alten Sexualmoral drei typische Wirkungsweisen untersuchen.

Vorurteil: Wer in eine fremde Beziehung eindringt, macht sich schuldig

Anke S. (42) lernte vor kurzem Gerd K., einen verheirateten Mann mit zwei Kindern kennen.

Anke S.: ›Ich liebe Gerd, weiß aber gleichzeitig, daß es unter den gegebenen Umständen keinen Sinn hat.

denn 1. steht es mir nicht zu, in eine fremde Beziehung einzudringen bzw. die Ehe zu zerstören;

2. tue ich Gerds Ehefrau Sybille weh. Ich möchte ja umgekehrt auch nicht, daß man mir weh tut;

3. nehme ich den Kindern den Vater weg;

und 4. lade ich mir Schuld auf. Ich handle also, wenn ich mich auf diese Beziehung einlasse, unverantwortlich.

Obwohl alle Punkte dagegen sprechen, eine Beziehung mit Gerd zu beginnen, schaffe ich es nicht, ihn gänzlich aus meinem

Gefühlsleben zu verdrängen. Ich stehe deshalb in einem für mich quälenden Zwiespalt, aus dem ich keinen Ausweg weiß‹.

Anke S. betrachtet die Situation ausschließlich durch die Brille der alten Maßstäbe und Normen und muß zwangsläufig dabei in eine Sackgasse geraten. Ein solches Problem kann nur auf einer anderen Ebene gelöst werden. Der Blickwinkel muß erweitert und verändert werden. Zunächst muß sie sich fragen, aus welchen Gründen sie ausgerechnet einen verheirateten Mann angezogen hat. Die Konfrontation mit diesem Problem will ihr etwas mitteilen, will ihre alten Maßstäbe und Normen, die im Inneren ihrer Seele wohnen in Frage stellen. So betrachtet, ist die Problematik dazu angetan, ihren seelisch-geistigen Entwicklungsprozeß zu fördern: Sie wird gezwungen, sich damit auseinanderzusetzen. Die obigen Punkte sind nur solange relevant und einleuchtend, solange man sie unter dem Gesichtspunkt einer lebensfeindlichen Norm bewertet; aber nicht mehr, wenn man Leben, Wachstum und Entwicklung als Maßstab nimmt:

zu 1. In eine fremde Beziehung kann man nicht eindringen; denn eine Beziehung zwischen zwei Menschen ist immer deren ureigene. Die Beziehung zwischen Anke und Gerd ist anders als die zwischen Sybille und Gerd. Ferner muß Gerd die Disposition dazu mitbringen, eine zusätzliche Beziehung einzugehen. Insofern würde Anke lediglich diese Disposition wecken. Sie wäre Erfüllungsgehilfin dafür, daß bestimmte Anlagen des Partners ans Licht kommen und die Chance erhalten, sich zu realisieren.

Wenn Anke nun aber die Beziehung zu Gerd nicht sich entwickeln und wachsen läßt, weil Gerd verheiratet ist, so wird deutlich, daß es ihr um ihr (neurotisches) Ziel: Alleinbesitz von Gerd geht und nicht um das Leben, um die schöne Zeit, die man zusammen verbringt, um die Erfahrungswerte, die aus der Beziehung gewonnen werden können und um die Entwicklungsschritte, die damit verbunden sind.

Anke kann also in diesem Anfangsstadium der Beziehung noch gar nicht absehen, ob sie sich mit Gerd auf den verschiedensten Ebenen so gut versteht, daß beide auch nach längerer Zeit noch den Wunsch haben, zusammen etwas Neues aufzubauen.

Nachdem eine Ehe nichts anderes ist als eine legalisierte Beziehung zweier Menschen, kann eine solche nicht zerstört werden, solange beide die Beziehung aufrechterhalten wollen.

Nicht die *Institution Ehe* als solche ist schützenswert, sondern das Leben, also die lebendigen Individuen, die diese Ehegemeinschaft eingegangen sind. Nur zu lange haben viele Menschen ihr Leben zugunsten des Phantomgebildes Ehe zurückgestellt. Je mehr eine Ehe nur eine Form ohne Inhalt ist, um so leichter kann sie aufgehoben werden. Umgekehrt ist sie um so unangreifbarer, je mehr die Beziehung mit Inhalt gefüllt ist, je mehr man zusammen körperlich, seelisch und geistig eine Bindung erarbeitet hat.

zu 2. Tu mir nicht weh und bleib mir treu, haucht die Ehefrau beim Abschied ihrem Mann vor der Geschäftsreise ins Ohr. Und in der Ferne versucht der Mann »stark« zu bleiben und seiner lieben Frau treu zu bleiben und keinen seelischen Schmerz zuzufügen.

Da er wie unter Hypnose steht, bleibt ihm verborgen, daß die Gefühle und der Schmerz, von denen seine Ehefrau spricht, gar nicht so edel sind, sondern nur die Reaktion ihrer Seele auf einen irrealen Besitzanspruch darstellen, den sie ihm gegenüber geltend macht. Je unselbständiger und abhängiger eine Frau ist, und je mehr Anlagen sie auf den Mann projiziert hat, um so größer ist die Verlustangst und um so größer der Schmerz, wenn der Partner über seinen Körper, über seine Seele und über seinen Geist selbst verfügt, also sich selber besitzt, und mit diesem Besitz frei agiert. Deshalb könnte man sagen, der Schmerz ist die große Chance für diese Frau, sich ihrer reduzierten Situation bewußt zu werden und schließlich zu mehr Selbständigkeit und Unabhängigkeit zu gelangen.

Übertragen auf den Fall von Anke S., Sybille und ihren Mann, kann man sagen, daß Sybille durch die »Untreue« ihres Mannes mit der Realität des Lebens konfrontiert wird. Es muß ihr durch dieses Ereignis bewußt werden, wie unselbständig und abhängig sie ist, ferner, daß das Leben nicht statisch ist, daß man einen Menschen nicht besitzen und den Drang nach Abwechslung auf Dauer nicht ignorieren kann. Sie muß sich auch fragen: Wie ist es mit meiner eigenen Tendenz zum Seitensprung bestellt? Wird hier das von einem selbst Verdrängte am Partner sichtbar?

Wenn man sein Leben auf Normen und Rollenspiele aufgebaut hat, mag eine solche Sichtweise hart erscheinen. Sie trägt jedoch unseres Erachtens mehr zu einer aktiven Bewältigung des Problems bei, als das Verharren in der paranoiden Ideologie, bei der man durch bloße Schuldzuweisung an den Partner die eigene Entwicklung und Reifung abblocken und vor allem den Urschmerz, die eigene wirkliche Natur nicht entfalten und leben zu dürfen, abwehren kann. Eigentlich ist der Schmerz, den die Untreue verursacht, bereits die Folge dieses »Urschmerzes«. Ihr Schmerz eröffnet die Möglichkeit, an diesen Urschmerz heranzukommen, gleichzeitig sich ihrer Defizite bewußt zu werden und schließlich zu lernen, selbständig und unabhängig zu werden.

Jetzt hat sie die Möglichkeit, im erwachsenen Alter, das Versäumte nachzuholen. Dies ist zwar ein schwierigeres Unterfangen, als wenn jemand diese Fähigkeit bereits von Kindheit an erlernt, aber es ist bei genügend Ausdauer und Bemühen zu erreichen.

Würde Sybille ihren Mann wirklich lieben, um seiner selbst willen und nicht nur deshalb, weil er ihre Persönlichkeit und ihren Eigenwert stabilisiert, und weil sie ihn *braucht,* sondern weil sie ihn in seiner Eigenart mag und schätzt, könnte sie sich freuen, wenn er schöne Stunden mit einer anderen Frau erlebt.

zu 3. Auch hier gilt der Satz, daß man in keine fremde Beziehung eindringen kann. Wenn der Vater zu seinem Kind eine wirkliche Beziehung aufgebaut hat, kann eine andere Frau diese kaum erschüttern. Außerdem ist es langfristig gesehen – nach unseren Erfahrungen – für die Kinder besser, wenn die Eltern offen sind, die Karten auf den Tisch legen und sagen: Wir verstehen uns nicht mehr. Wir wollen uns trennen. Die ständigen Aggressionen, Frustrationen und Lügen, die in einer Beziehung bestehen, die nur »wegen der Kinder« aufrechterhalten bleibt, werden auch auf diese übertragen. Hinzu kommt, daß die Kinder durch diese Scheinbeziehung eine Prägung erhalten, die wiederum für deren zukünftige Partnerschaft negative Auswirkungen hat. Es bleibt ihnen jedoch ebenfalls nicht erspart, später in ihrer eigenen Beziehung die Wirklichkeit zu erfahren und zu erleiden. Um dem vorzubeugen, ist es daher für alle besser, eine Trennung mit Fairneß und gegenseitiger Verantwortung zu vollziehen, auch wenn dies zunächst problematischer und schmerzlicher zu sein scheint.

zu 4. Diese Schuld, von der Anke spricht, resultiert aus dem alten Maßstab, welcher der Norm Priorität gegenüber dem Leben einräumt. Anke handelt nur unverantwortlich im Sinne der alt-

hergebrachten Sexualmoral, nicht aber im Sinne eines Maßstabs, der das Leben als oberste Maxime hat. Demnach ist es sogar *umgekehrt:* Anke muß *sich* verantwortlich sehen für ihre
lebendigen eigenen Triebe, für ihre lebendigen Gefühle, für ihre
lebendige Zuneigung zu Gerd. Diese Verantwortung gegenüber
ihrer eigenen Lebendigkeit hat zur Konsequenz, daß auch Gerds
Lebendigkeit geweckt wird – und schließlich auch die Lebendigkeit von Sybille und den Kindern. Es gerät etwas in Bewegung.
Sybille und die Kinder würden – wenn auch anfangs unter seelischen Schmerzen – lebendig, weil sie – wie erwähnt – die Realität
erkennen würden, weil sie nicht mehr das vorgegebene Programm abspulen können, kurzum weil die ideologische Verkrustung aufgebrochen würde, weil sie aus der Hypnose und dem
damit verbundenen Trott erwachen. Es muß jedoch ausdrücklich betont werden, daß es auf beide Ehepartner ankommt, wie
sie die Probleme bewältigen, oder ob sie im Extremfall ihre Beziehung lösen.

So ist es ganz sicher nicht im Sinne des Lebens und im Sinne
eines partnerschaftlichen Verhaltens, wenn beispielsweise ein
Mann seine Frau abrupt verläßt, deren Emanzipation er zeitlebens mit allen Mitteln der Drohung und Erpressung zu unterbinden wußte.

Gegenseitiges Einfühlen und Verständnis – selbst für ein neurotisches Verhalten und Empfinden des Partners – sind Grund-
bedingungen, um einen Kompromiß zu erarbeiten, der für beide
Seiten akzeptabel ist.

Am günstigsten für alle konstelliert sich die Situation, wenn
ihr Emanzipationsprozeß mit *seinem* Ablöseprozeß synchron
verläuft. Wobei hier betont werden muß, daß sein Ablöseprozeß
nur dann keine bloße Fluchtreaktion ist, wenn er sich seinerseits
emanzipiert.

Vorurteil: Geschieden zu sein ist suspekt

Menschen, die früher als Familienstand »geschieden« angaben,
galten als suspekt. Relikte aus dieser Zeit tauchen auch heute
noch häufig in Heiratsinseraten auf: ›Suche ehrgeizigen jungen
Mann, der mir Geborgenheit und Sicherheit schenkt. Geschieden zwecklos!‹ (Entnommen aus einer großen norddeutschen
Zeitung). Die Inserentin scheint also nach wie vor von der An-

nahme auszugehen, ein »Geschiedener« sei ein schlechter Mensch, ein Gescheiterter, dem man nur mit äußerster Vorsicht begegnen könne, oder mit dem man sich am besten gar nicht einläßt. Der Geschiedene wird in solchen Fällen in die Rolle eines »Aussätzigen« gedrängt, der charakterlich nicht einwandfrei ist. Er hat ja das Gebot »was Gott verbunden hat, das soll der Mensch nicht trennen«, übertreten und wer weiß, ob er es nicht noch einmal tut. Nein, lieber die Hände weg!

Diese Argumente hört man allzu oft aus konservativen Kreisen! Nun versuchen zwar manche Menschen diese Vorurteile zu überwinden, indem sie dem Geschiedenen »eine Chance geben«. Tauchen jedoch in dieser neuen Partnerbeziehung eines Tages Dissonanzen auf, so kommt man doch wieder auf diesen dunklen Punkt zu sprechen. Emotional wird ihm entgegengeschleudert: Ja reicht dir denn eine gescheiterte Beziehung noch nicht!

So leicht darf es sich niemand machen, vielmehr muß man dem Schuldprojektor einige Fragen stellen:

1. Weshalb gilt nur eine *eheliche* Beziehung als gescheitert?

2. Warum soll eine Beziehung gescheitert sein, die sich aufgrund von unterschiedlichen Entwicklungsphasen und -stufen der Partner aufgelöst hat?

3. Sind nicht vielmehr die Menschen gescheitert, die in ihrer Ehe fremdbestimmt sind und ein mehr oder weniger reduziertes Dasein fristen? Unter dem Gesichtspunkt des Lebens muß demjenigen Hochachtung gezollt werden, der den Mut aufbrachte, der Wahrheit ins Auge zu sehen, Fehler einzugestehen, zu korrigieren und neu zu beginnen.

Eine weitere moralische Knebelung im Zusammenhang mit dem Phänomen Scheidung liegt in dem ungeschriebenen Gesetz, daß Geschiedene sich nach ihrer Trennung nicht mehr lieben dürfen. In aller Regel ist es so, daß man nach der Scheidung auch miteinander verfeindet zu sein hat. Tatsächlich bringen es zu viele fertig, den Partner, den sie früher angeblich so geliebt haben, jahre- und jahrzehntelang zu hassen. Andere ignorieren ihren Partner total, schauen zur Seite, wenn sie ihm zufällig auf der Straße oder in einem Lokal begegnen.

Man bedenke:

Es sind dieselben Personen, die einmal bei Abschluß des Ehevertrages »Treue bis in den Tod« geschworen hatten. Darin zeigt sich die ganze Verlogenheit und Lebensfeindlichkeit des herkömmlichen Treuebegriffs! Zunächst wird die Treue zur ober-

sten Pflicht erhoben, und nach der Trennung tut man so, als ob
man sich nicht kennen würde! Es ist kein Verlaß auf einen solchen Menschen! Man kann ihm nicht vertrauen. Er ist nun derjenige, der untreu (im Sinne des Lebens) ist.

Ein Mensch hingegen, der Treue in einem gänzlich anderen
Sinne versteht, der sich dem eigenen Leben und dem Leben des
anderen gegenüber treu verhält, wird sich kaum nach einer notwendigen Trennung für solche Spielchen hergeben. Er steht zum
Leben und wird auch dem früheren Partner immer menschlich
begegnen können: Er freut sich, ihn zu sehen, der Partner bleibt
sein Freund. Auf ihn ist Verlaß, auch wenn er »untreu« im konventionellen Sinne war oder ist, selbst dann, wenn er sich mit
einem anderen Partner liiert hat.

Doch nicht nur der konventionelle Treuebegriff muß hinterfragt werden, sondern auch diese Art von Liebe, die nach einem
Seitensprung des Partners oder nach einer Scheidung sich in Haß
verwandelt oder gänzlich verlorengeht. Daß es sich dabei ebenso um einen Schein handelt, braucht wohl nicht näher erläutert
zu werden.

Gelingt es jedoch einem Paar wirklich, trotz Trennung be-
freundet zu bleiben, und sieht man die beiden womöglich zusammen in der Stadt, beginnen Nachbarn zu flüstern und zu tu-
scheln, und die Verwandten fragen scheinheilig, ob sie es wieder
miteinander versuchen wollen. Vertragt ihr euch wieder? Zag-
haft werden dann auch wieder die ersten Einladungen ausgesprochen: Kommt uns doch mal besuchen! Denn als Einzelwe-
sen ist man für neurotische Ehepaare indiskutabel. Höchstens
erfolgt mal eine Einladung aus Mitleid; um sich selbst am Leid
des Besuchers, das oft genug gar nicht vorhanden ist, zu stabilisieren.

Zu guter Letzt dürfen wir die große Zahl derer nicht vergessen,
die Scheidung, Untreue, Partnertausch, Gruppensex, Pornographie als Ausdruck einer dekadenten Zeit verstehen. Sie pochen
verkrampft auf die alten Werte, auf Moral und Konvention. Die
Wirklichkeit sieht jedoch anders aus: Die Dekadenz ist nur eine
natürliche Folgeerscheinung einer Diskrepanz zwischen Inhalt
und Form. Viele Normen, Gebote und Verbote haben sich über-
lebt, passen nicht mehr in die heutige Zeit. Die sogenannte Dekadenz ist also ein notwendiger Entwicklungsprozeß, in dessen
Verlauf alte Maßstäbe und Normen aufgelöst werden, und sich
neue Formen ausbilden können. Daß man dabei unter Umstän-

den auch ins andere Extrem fällt, ist sicher für manche Moralapostel schmerzhaft, ist aber, wie wir an einem Pendel sehen, notwendig, um die reale Mitte finden zu können.

Vorurteil: Freie Erotik ist etwas Frevelhaftes

Würden wir die freie Sexualität tolerieren, dann hätte dies zur Folge, daß keine Frau mehr davor geschützt ist, von einem »Wüstling« angefallen zu werden. So vernimmt man häufig aus konservativen Kreisen. Diese Vorstellung zeugt von mangelndem Wissen um die psychischen Mechanismen und Gesetzmäßigkeiten. Zunächst kann man die menschliche Sexualität von außen gar nicht freigeben, weil die sexuelle Freiheit wie jede Freiheit in jedem Individuum gewachsen sein muß. Aber gesetzt den Fall, die Menschen wären wirklich auf diesem Gebiet frei, so träte folgendes ein: Aufgrund der allgemein vorherrschenden sexuellen Ausgeglichenheit, könnten sich Frauen gefahrlos selbst nachts (und sogar nackt) auf die Straße wagen; denn nur ein unterdrückter, gedrosselter und geknebelter Trieb muß durch Macht und Gewalt kompensiert werden. Solche Extremsituationen werden dann zur Abschreckung verwendet, um dadurch Angst zu erzeugen und so jede Suche nach neuen und besseren Wegen a priori zu vereiteln.

Aufgrund des autoritären Treuemaßstabs, der den meisten Menschen eingepflanzt wurde, ist für die Moralapostel freie Liebe und Erotik ein Merkmal von charakterlosen Individuen, Verbrechern, Asozialen, Gestrandeten, Gammlern, Hippies und seelisch Kranken, während man sich selbst selbstverständlich als seelisch gesund einstuft! Andere wiederum, die sich weiterentwickelt haben und daher nicht mehr in dieser naiven Schwarz-Weiß-Malerei gefangen sind, können wenigstens ungezwungen über dieses Thema sprechen. Doch auch sie weisen oft darauf hin, daß alle Versuche, eine dem Menschen gemäßere Form des Zusammenlebens als die Monogamie zu finden, bisher gescheitert sind.

Die sexuelle Freiheit konnte sich bisher jedoch aus verschiedenen Gründen in unserer Gesellschaft nicht etablieren. Zunächst muß man erkennen, daß diese Art von Freiheit, die angestrebt wurde, nicht verwirklicht werden konnte, weil man eine Freiheit anstrebte, die unter der Einwirkung und unter der Notwendigkeit einer tradierten sexuellen Unterdrückung und Knebelung konzipiert wurde. Diese Form von Freiheit konnte also nur das Gegenbild zu einer frustrierenden sexuellen Situation sein.

Eine solche Freiheit ist daher genauso pathologisch wie das andere Extrem der ewigen Treue. Hinzu kommt, daß die meisten Menschen, die der Monogamie abschworen, mit ihrem ganzen seelischen Schutt der Vergangenheit, mit ihren Hemmungen, Ängsten, Frustrationen, Süchten, Aggressionen, Haßgefühlen, kurzum mit ihren neurotischen Strukturen in diese Freiheit gingen. Wie will man mit verklemmten und verkrüppelten Anlagen (in unserem Sinn verstandene) freie Liebe praktizieren? Wie will man mit gehemmten Fähigkeiten zu körperlichem, seelischem und geistigem Erleben Erfüllung finden? Erfüllung setzt voraus, daß beide Partner angefüllt sind mit Fähigkeiten. Doch wer von den sexuell »Freien« hat vorher seine Seele gereinigt? Wer hat vorher sich geübt in Begegnungsfähigkeit, in Beziehungsfähigkeit, in der Fähigkeit, Geborgenheit und seelische Liebe und Zärtlichkeit zu schenken und zu empfangen, in der Fähigkeit, erotisch zu senden und zu empfangen? So gibt es viele Menschen, die in eine vermeintliche Freiheit taumeln, um darin ihre Auseinandersetzungsschwäche, ihre tiefgehende Partner- und Beziehungsunfähigkeit oder ihren mangelnden Eigenwert zu kompensieren. Durch die Ideologie der sexuellen Freiheit, die oft fanatisch vertreten wird, kann man daher geschickt eigene Schwächen und Defizite zudecken. Es wird nicht offenbar, daß man nur ein Flüchtender ist, der eigene Probleme, Innen und Außen nicht zu bewältigen vermag. Eine andere häufige Ursache für das Scheitern aller Befreiungsversuche sind die Schuldgefühle (siehe auch Kapitel »Wie Schuldgefühle die Partneranziehung beeinflussen«). Diese sind solange tief in der Seele verwurzelt, solange man nicht ein neues alternatives Konzept zu dem bisherigen Maßstab gefunden hat.

Ohne ein neues Konzept, das nicht ausschließlich intellektueller Natur sein darf, fällt die Seele immer wieder auf die alte Norm zurück. So gesehen, handelte es sich bei allen bisherigen Befreiungsversuchen nur um eine kurzzeitige Auflehnung, die meist durch das alte Überich – wie wir an den Beispielen gesehen haben – sogleich durch eine Form der Selbstbestrafung geahndet wird. Und wenn sich auf diese Art und Weise der alte Maßstab wieder bestätigt (Gesetz der Bestätigung), dann kehrt man reumütig wieder zu ihm zurück.

Der Begriff freie Erotik wird zudem häufig einseitig mißverstanden. Eine echte freie Erotik kann nicht isoliert angestrebt werden, gleichzeitig muß eine Sanierung auf nahezu allen Lebensgebieten einsetzen, da sie den Eros entscheidend mitbeeinflussen. So kann beispielsweise jemand, der jahraus jahrein entfremdete Arbeit verrichten muß, nicht frei und natürlich lieben, da sich die Frustrationen des Arbeitslebens auf das erotische Leben übertragen. Das führt in einem solchen Fall dazu, die Erotik als Kompensation zu benutzen, was wiederum bedeutet, daß sie überbewertet wird und insofern den realen Stellenwert im Persönlichkeitssystem verliert.

Trotz der vielen Faktoren, welche die sexuelle Freiheit zu vereiteln scheinen, muß dieser Pol einmal erlebt, erfahren und auch erlitten werden, um die sexuelle Fremdprogrammierung zu durchbrechen. Erst über das Erleben dieses Gegenpols ist es möglich, der Wirklichkeit näherzukommen, reifer zu werden für eine reale Freiheit, die gewachsen und die mit Verantwortung gepaart ist.

Erotik – ein Stiefkind auch der Alternativbewegung

In der Alternativszene wird alles in Frage gestellt: Die Konvention in Kindererziehung, Schule, Medizin, Ernährung, Religion, Politik. Die alte Sexualmoral jedoch bleibt von wenigen Ausnahmen abgesehen ein unumstößliches Tabu. Zwar brach die sogenannte Sexwelle kurzzeitig Verkrustungen auf, konnte aber schließlich nicht die Erfüllung bringen. die man sich erwartet hatte – und man setzte enttäuscht wieder die alte Sexualmora ein.

Wo auch immer man hinschaut – auf den Meetings der Grünen und der Umweltschützer, auf den alternativen Bauernhöfen, bei den Anthroposophen* und Esoterikern**, ja selbst in den Psychogruppen hat der Eros nur wenig Eingang gefunden.

---

* Anthroposophie ist die Lehre (seit R. Stirner 1913), welche das Wissen vom Menschen und seiner Verflechtung mit dem Übersinnlichen vertiefen will.
** Esoteriker, ein in die Geheimnisse einer Schule, Religion oder Lehre Eingeweihter.

Wer glaubt, die sogenannten Aussteiger aus der Gesellschaft würden – da sie es doch wagen Arbeit und Leistung zu verweigern – ihr Leben zwanglos genießen und sexuelle Orgien feiern, wird eines anderen belehrt: Er findet nur Paare, die ängstlich auf die Einhaltung des Maßstabs Treue bedacht sind, sieht Latzhosen, Holzpantoffeln, dicke Wollsocken, und nicht zu vergessen eine Unterwäsche, die jegliche Erotik im Keime erstickt, sieht Frauen in langen, modrigen Gewändern am Spinnrad arbeiten, verspürt in den Wohnräumen nicht einen Hauch von Erotik, sondern nur Armut und Kinderreichtum, östliche Kulturimitation und Räucherstäbchen.

So haben sich auf die derzeitige patriarchale Kultur zwei Reaktionsformen herausgebildet: Die eine steht Zivilisation und Technik meist feindlich gegenüber und will deshalb zurück zur Natur, was aber letztendlich nichts anderes bedeutet als eine Regression in infantile Entwicklungsphasen; und die andere will aus der Tretmühle des Alltags entfliehen, indem sie zu Suchtmitteln greift oder bei Meditation, Mystik und religiösen Sekten Zuflucht nimmt.

Beiden gemeinsam ist die unbewußte und oft auch bewußte Ablehnung von erotischen Freuden, Schönheit, Ästhetik, Wohlleben und Genuß. Schöne Kleidung gilt als verpönt, eine gepflegte Frau, die leicht geschminkt ist, bereits als suspekt, ein geschlitzter Rock als sündhaft und ein abendlicher mehrstündiger sinnlicher Genuß als pervers. Gut und »in« ist nur, wer möglichst neutral oder in ausgeflippter Kleidung einhergeht, die sowohl beim Manne als auch bei der Frau jeglicher erotischen Signalwirkung entbehrt.

Wohnt da nicht eine gewisse Tragik inne, daß viele Vegetarier, Friedenskämpfer, Baubiologen, biologische Landwirte, Umweltschützer, also Menschen, die sich für das Leben und für die Natur so sehr engagieren, sich selbst, also ihren Körper, ihre Seele und ihren Geist meistens unbiologisch, unnatürlich behandeln? Wie kann man es vereinbaren, auf allen Gebieten dem Leben Vorrang geben zu wollen und gleichzeitig bei sich selbst aber alles Lebendige zu unterdrücken? Gegenüber seiner eigenen Natur unbiologisch eingestellt zu sein, bedeutet aufgrund von Moral und Konvention, seine körperlichen Triebe, seine Gefühle und eigenen Ideen nicht zuzulassen, bedeutet, dem Drang nach Abwechslung, nach Freude und Genuß nicht nachzugeben, bedeutet seine Bedürfnisse nicht wahrzunehmen und nicht zu stillen.

Es bestehen vielfach Meinungsverschiedenheiten und Miß-
verständnisse, was als natürlich und was als unnatürlich anzusehen ist. Viele glauben, die alte Sexualmoral mit ihren lebensfeindlichen Maßstäben, Normen, Geboten und Verboten würde
der Natur des Menschen entsprechen. Dagegen ist gerade sie es
– wie wir sehen werden – die fast alle natürlichen Energien des
Menschen hemmt, knechtet, knebelt und pervertiert. So plädieren manche für Naturschutz in der Außenwelt und gleichzeitig
für eine Rückkehr zu den moralischen und sittlichen Werten der
Vergangenheit, also zu den Maßstäben, welche die innere Natur
des Menschen verbetoniert haben.

Insofern liegt der Verdacht nahe, ob nicht die Betreffenden
mit ihrem Engagement nur die Unterdrückung der eigenen inneren Natur kompensieren und dadurch verhindern, selbst körperlich, seelisch und geistig *biologisch* werden zu müssen. Es nützt
wenig, z. B. biologisch zu essen und zu wohnen und sich biologisch zu kleiden, wenn die körperlichen Triebe, die eigenen Gefühle und die eigenen Ideen nicht aufkeimen dürfen, weil alte
Normen dagegen stehen. Aus diesem Grunde leiden auch viele
Menschen trotz biologischer Lebensweise an chronischen
Krankheiten.

Zuerst gilt es also, den eigenen Körper, die eigene Seele und
den eigenen Geist ökologisch zu machen, bevor man auch in der
Außenwelt Ökologie wirklich praktizieren kann; denn ist die Innenwelt noch verschmutzt, wird diese Verschmutzung auch nach
außen projiziert. Oder anders ausgedrückt: Die Materialisation
des falschen naturfernen Fühlens und Denkens wird in der Umweltverschmutzung deutlich.

Viele Ökologen sehen aber diese Projektionen als *Ursache* allen Übels an, sie glauben, daß die Umweltverschmutzung die In-
nenweltverschmutzung bedingt. Tatsächlich aber ist es gerade
umgekehrt: Der Kampf gegen die Umweltverschmutzung muß
solange nur Symptombekämpfung bleiben, solange die Seelen
der Menschen nicht in einem Reinigungsprozeß geläutert werden.

Um ein Leben mit der Natur als Partner leben zu können, muß
der Mensch unter anderem zu einer natürlichen Erotik vorstoßen, denn die gehemmte Erotik wirkt sich auf alle anderen
Lebensgebiete negativ aus.

Ist ein Teil gestört, so ist immer auch das Ganze betroffen. Wir
hätten eine andere Politik, wenn viele Politiker nicht sexuell frustriert, wir hätten eine andere Religion, wenn manche Priester

nicht so verklemmt wären, wir hätten eine andere Form der Partnerschaft, wenn die erotischen Tabus nicht bestehen würden ...

Negative Ausstrahlung einer gehemmten Erotik auf:

- Partnerschaft
- Arbeitsleben
- Kindererziehung
- Politik
- Religion
- Ideologien
- Philosophie
- Umwelt

Weil Stefanie G. keine sexuelle Erfüllung in ihrer Partnerschaft erlebt, deshalb ist sie ungeduldig und ungehalten gegenüber ihren Kindern, weil Roland L. keine Partnerin für erotische Freuden findet, arbeitet er 60 Stunden pro Woche, weil Manfreds sexuelle Wünsche nicht befriedigt werden, deshalb rast er rowdyhaft mit seinem Motorrad durch die Stadt ...

Wie viele Greueltaten sind aufgrund von gehemmter Sexualität begangen worden?

Wieviel Krankheit und Leid hat die Verdrängung der sexuellen Energie erzeugt?

Deshalb behaupten wir – und werden diese These noch erhärten: Ohne natürlichen Eros keine Ökologie und keine neue Kultur!

Dritter Teil:
Die Auswirkungen der alten Sexualmoral

Sublimierung

Der Geschlechtstrieb, die sexuelle Begierde (Libido), kann herabgesetzt oder auch völlig aufgehoben sein, wodurch das Bedürfnis nach sexueller Betätigung verlorengeht. Bei dieser sogenannten Alibidimie ist ein zentraler Erlebnisbereich verschlossen und die Erfahrung der Männlichkeit oder Weiblichkeit an sich ist zumindest in Frage gestellt. Ätiologisch* kommen sowohl körperliche (chromosomale, hormonelle oder diencephale Störungen sowie Psychopharmaka und das Altern) als auch seelische Faktoren in Betracht[23]. Diese können in einer Störung der zwischenmenschlichen Beziehung im weiteren Sinne, in mangelhafter Liebesfähigkeit, gesehen werden.

Man trifft immer wieder auf Menschen, die vorgeben, den Sexualtrieb bereits überwunden zu haben, weil sie in ihrer persönlichen Entwicklung schon so weit fortgeschritten seien. Sie sprechen davon, es sei oberstes Gebot, das »Triebhafte« zu überwinden bzw. über das »Tierische« hinauszuwachsen.

Welch pervertierte Einstellung zur Sexualität, welch pervertierte Einstellung zum Leben schlechthin spricht aus solchen Worten! Sie fordern und sind davon überzeugt, daß man den Sexualtrieb *sublimieren* müsse. Und bei dem Wort »sublimieren« verklärt sich ihr Blick, denn sublimieren bedeutet für sie verfeinern, läutern, erhöhen. Und sie streben doch das »Höhere« und »Bessere« an, um sich über die animalische Natur des Menschen zu erheben. Ihnen ist jedoch nicht klar, daß die Sublimierung zu den *Abwehr- und Anpassungsmechanismen* zählt und daß sie nur deshalb notwendig ist, weil ein unterdrückender lebensfremder Maßstab die Sexualität blockiert oder gänzlich unter Tabu setzt. Um die sexuelle Energie doch noch irgendwie in Bahnen lenken zu können, ist die Sublimierung der libidinösen Energie ein notwendiger Ausweg. Sublimierung ist also nichts Erstrebenswertes, sondern Anpassung an die alte Sexualmoral, Anpassung an die patriarchalen Maßstäbe, Anpassung an das Vorgegebene.

Sigmund Freud war der Ansicht, daß unsere Kultur auf Verdrängung beruhe, d. h. der unbefriedigte Geschlechtstrieb wird in kulturelle Leistungen umgesetzt. Neuere psychotherapeuti-

---

* Ätiologie ist die Lehre von den Krankheitsursachen. Gesamtheit aller Faktoren, die zu einer Krankheit geführt haben.

sche Ansätze, wie zum Beispiel die *Primärtherapie* gehen jedoch davon aus, daß nur *diese* Art von Kultur, also nur die neurotische Kultur auf Triebverdrängung basiere. Der Mensch muß jedoch eine Kultur aufbauen, die der Natur entspricht! Dies wäre der nächste Entwicklungsschritt der Menschheit: Der Aufbau einer ökologischen Kultur. Dies setzt jedoch voraus, daß die Menschen selbst mit sich bzw. mit ihrer Natur ökologisch umzugehen lernen.

Wie bereits an anderer Stelle erwähnt, bedeutet dies, gerade die körperlichen Triebe, die Gefühle und Gedanken zuzulassen und zu leben. Daraus wiederum wird deutlich, daß Sublimieren nicht mit einer seelisch-geistigen Höher- oder Weiterentwicklung verbunden ist, sondern im Gegenteil die Abwehr eines Menschen aufzeigt, der aus Angst vor den Zwängen der alten Normen gerade den nächsten Entwicklungsschritt nicht zu gehen wagt.

Sublimierung entwertet das Körperliche, sieht es als etwas Niedriges an und zerstört damit das Gleichgewicht zwischen Körper, Seele und Geist. Da Körper, Seele und Geist jedoch eine Einheit bilden, werden zwangsläufig bei körperlichen Defiziten auch Seele und Geist beeinflußt und beeinträchtigt. Jedes körperliche Defizit erzeugt andere Empfindungen und andere geistige Haltungen.

So flüchten viele aufgrund der weitverbreiteten sexuellen Frustration bzw. aufgrund ihrer mangelnden Kontakt- und Liebesfähigkeit in Komplementärbilder (s. S. 33), so daß schließlich die geistige Auseinandersetzung zum Selbstzweck wird. Damit haben die geistigen Bilder ihre eigentliche Bestimmung, nämlich Defizite zu signalisieren und Möglichkeiten zum Ausgleich aufzuzeigen, verloren; der Einklang zwischen Körper, Geist und Seele ist gestört, denn der Geist trägt nicht mehr zum Wohle der Gesamtpersönlichkeit bei. Alles Fühlen und Denken wird durch die defizitäre Situation in der Befriedigung der körperlichen Bedürfnisse *verfälscht*.

Ferner kommt noch hinzu, daß die Sublimierung – trotz anscheinend hoher geistiger Weiterentwicklung der Betroffenen – oft zu jahre- oder jahrzehntelanger chronischer Erkrankung führt. Künstler der extremen Sublimierung rationalisieren diesen Umstand dann dergestalt, daß sie mit ihrer Krankheit das Karma von anderen Menschen abtragen würden!

Dadurch können sie wiederum die Einsicht abwehren, daß die Krankheit eine körperliche Reaktion auf ihre defizitäre Situa-

tion, auf ihre körperfeindlichen Maßstäbe und Normen darstellt.

Indem der geistige Bereich immer weiter ausgebaut und differenziert wird, unterliegen Körper, Seele und Erkenntnis der
Wirklichkeit immer stärkerer Vernachlässigung, das Leiden verstärkt sich im Laufe der Zeit, was wiederum zu vermehrter
Flucht in geistige Bereiche führt. So bleibt der negative Regelkreis geschlossen:

Verstärkte Flucht in Komplementärbilder

verstärktes Leiden

keine Weiterentwicklung auf anderen Ebenen

Defizit→Flucht in Komplementärbilder bzw. in geistige Welten

Es handelt sich dabei also nicht um ein natürliches geistiges
Wachstum, sondern um ein hypertrophes (überspannt, überzo-
gen) Wachstum wie etwa beim Krebs. Nicht wenige versteigen
sich auf diese Art und Weise – da sie den Bezug zur Realität verlieren – in paranoide Gefilde. So mancher glaubt sich dabei zu
Größe berufen und ausersehen, hält sich für einen Retter, Welt-
erlöser, Gott u.ä. und begründet das mit Eingebungen und Wei-
sungen überirdischer Stimmen (modernes Sektierertum).

Deshalb sollte man so manchen Guru, »Heiligen« oder »Meister« kritisch unter die Lupe nehmen und fragen: Ist ein Gespräch mit ihm auf einer gleichberechtigten Ebene möglich?

Ist er imstande, eine für beide Teile erfüllende Partnerschaft
mit einem anderen Menschen einzugehen?

Aufsplittung des realen Frauseins in Madonna und Hure

Durch die alte Sexualmoral zersplittert sich das weibliche Prinzip im Menschen in zwei Pole: in Madonna und Hure.

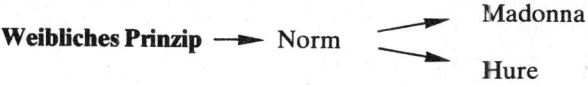

Weibliches Prinzip ⟶ Norm ⟶ Madonna
⟶ Hure

Weiblichkeit im ganzheitlichen Sinne dagegen hat viele Aspekte:

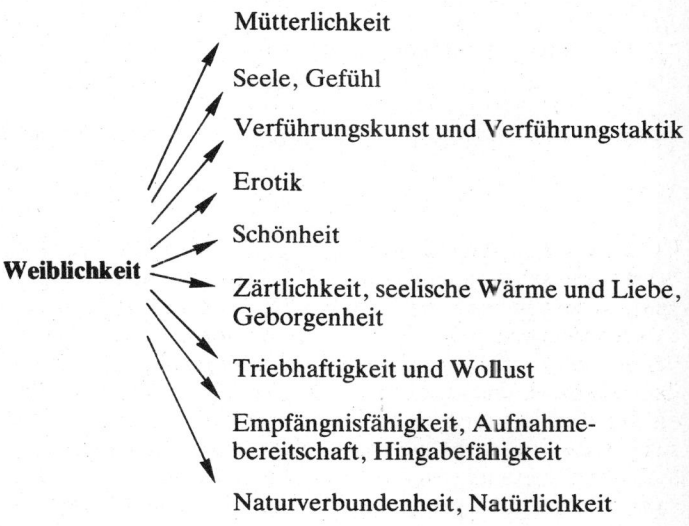

Weiblichkeit

- Mütterlichkeit
- Seele, Gefühl
- Verführungskunst und Verführungstaktik
- Erotik
- Schönheit
- Zärtlichkeit, seelische Wärme und Liebe, Geborgenheit
- Triebhaftigkeit und Wollust
- Empfängnisfähigkeit, Aufnahmebereitschaft, Hingabefähigkeit
- Naturverbundenheit, Natürlichkeit

Die alte Sexualmoral setzt jedoch einen strengen Bewertungsmaßstab an. Dabei wird das Mütterliche und Seelische als gut, Verführung, Sexualität und Wollust aber als schlecht und minderwertig oder zumindest doch als nicht erstrebenswert eingestuft.

Indem diese Anteile verdrängt werden, entsteht gerade durch diesen Akt der Verdrängung eine Pervertierung, d. h. diese Anteile verlieren ihre Natürlichkeit.

Doch auch diejenigen Teile des Frauseins, die man verkörpern will, werden ebenso verfälscht; eine Frau, die zum Beispiel nur ihren mütterlichen Anteil lebt, verletzt die Ausgewogenheit des weiblichen Prinzips und fällt so aus der Harmonie. Diese isolierte Ausprägung nur eines Teils des Frauseins zeitigt insofern negative Folgeerscheinungen, da hier nur versucht wird, die Norm zu leben und eigene Bedürfnisse zurückgestellt werden.

Da die Nur-Mutter sich unter Selbstverleugnung für die Familie aufopfert, begründet sie in den anderen Familienmitgliedern Schuldgefühle. Ihre natürliche weibliche Sexualität ist gehemmt, und sie kompensiert diese Hemmung über Kinder, Kochen, Mode und anderes. Sie strebt danach, Lohn und Anerkennung durch Mütterlichkeit zu erhalten. Darin liegt jedoch die Tragik, denn indem sie eine besonders »gute« Mutter sein will, wird sie zu einer »bösen« Mutter:

Sie erwartet unbewußt Anerkennung und begründet damit im Kind Schuld, weil das Kind außer seiner Natur nichts geben kann. Da die Natur der Mutter nicht gegen die Natur des Kindes gegeben wird, sondern das Mütterliche dazu verwendet wird, die Hemmung zu kompensieren, d. h. den Ehrgeiz zu stillen, ist die natürliche Symbiose zwischen Mutter und Kind zerbrochen. Ferner: Da Zärtlichkeit und Geborgenheit isoliert, d. h. ohne daß andere Aspekte des Frauseins mitschwingen, ausgedrückt werden, sind sie vergleichbar mit dem isolierten weißen Zucker (vgl. Dr. Bruker: Krank durch Zucker) oder dem weißen Mehl (vgl. Dr. Kollath) in der Ernährung.

Dies bedeutet paradoxerweise, daß die nur-zärtliche Frau nicht wirklich zärtlich, genauso wie der Gegenpol – die nur-wollüstige Frau – nicht wirklich wollüstig sein kann.

Die Geborgenheit, welche die nur-zärtliche Frau schenkt, bekommt bald einen zwingenden, einengenden Charakter. Diese Art von Geborgenheit erdrückt, knebelt, läßt die anderen nicht mehr frei seelisch atmen. Ferner kann eine nur schwach oder partiell ausgeprägte weibliche Lebensform der Mutter für die Tochter nicht zu einem Leitbild für eine positive weibliche Identifikation werden, sondern schreibt das Negativbild der Mutter in der Tochter fest. Die Folgeerscheinungen im Leben der Tochter sind kaum übersehbar. Die Palette reicht von Menstruationsbeschwerden bis zur neurotischen Partnerwahl.

Doch nicht nur das Schicksal der Töchter, sondern auch das der Söhne wird durch das Verhalten der Mutter entscheidend geprägt. Sie erhalten ein falsches Frauenbild und müssen erst über viele schmerzliche Erlebnisse die Wirklichkeit erfahren.

Der Madonna-Anteil einer Frau manifestiert sich, indem sie das Körperliche entwertet und bewußt oder unbewußt als niedrig einstuft und ihre Mütterlichkeit und den seelischen Aspekt der Weiblichkeit überbewertet. Die »Madonna« will eine ehrbare Frau sein, der man nichts nachsagen kann, welche die Norm, wie man als Frau zu sein hat, erfüllt. Indem ihr reales Frausein durch die Madonna-Rolle überlagert wird, lebt sie nur ihre *zweite* Natur.

Diese Disharmonie zwischen erster und zweiter Natur des weiblichen Prinzips wird in unserer gesellschaftlichen Szenerie evident. Die eine Gruppe verleugnet die Unterschiede zwischen Mann und Frau, eine andere betont die Unterschiede unangemessen, aber nur die Unterschiede im Sinne der zweiten Natur, also die neurotischen Rollen und schreiben damit die jeweiligen Defizite fest.

Daß es darüber hinaus eine reale Weiblichkeit und eine reale Männlichkeit geben könnte, die befreit und Erfüllung bringt, wird dabei beiden Gruppen nicht bewußt.

Viele Frauen sind unfähig, ihre Weiblichkeit anzunehmen, weil sie diese nur im Sinne der patriarchalen Rolle sehen, nicht aber in ihrer wahren Komplexität und der damit verbundenen Möglichkeiten. Es ist nur zu verständlich, daß in manchen Fällen das eigene Geschlecht nicht voll akzeptiert werden kann, wenn es nur als eine dienende, untergeordnete Rolle erlebt wird und man sich dadurch als Mensch zweiter Klasse fühlt. Mehr denn je ahnen und fühlen Frauen heute, daß die Rolle, die man ihnen zugewiesen hat, ihrem wahren Wesen zuwiderläuft. Sie lehnen sich auf, weigern sich die Rolle einzunehmen, ohne aber eine Alternative zu finden. Manche fallen dabei der Illusion anheim, ihre Auflehnung und Rebellion sei schon die Alternative. Solange solche Frauen ihre Weiblichkeit nicht auf einer neuen Ebene entdecken, nämlich auf der Ebene ihrer wirklichen Natur mit all ihren Aspekten, sind sie in sich orientierungs- und heimatlos und können daher sich selbst und ihren Partnern auch keine Erfüllung und Geborgenheit schenken. Doch zurück zur Madonnarolle: Sie schenkt dem Manne eine neurotische Heimat und Geborgenheit, die er solange als real sieht, solange er selbst die Neurose nicht durchschaut hat, und die Frau selbst wird durch ihr Überich an ihrem biologischen Frausein gehindert. Sie ist eine Frau, die gegen ihre eigene Natur lebt, die mehr *ver*wehrt als *ge*währt und deshalb sich und andere am wahren Leben hindert.

Daß ihre Empfindungen irreal und gegen die Natur gerichtet sind, dafür sind die vielen Krankheiten ein Signal, die die Natur als Reaktion auf diese neurotischen Einstellungen ausbildet. Die Natur will durch Krankheit auffordern, die krankmachenden Ursachen zu beseitigen. Doch der Mensch mißversteht diese Warnungen der Natur und glaubt umgekehrt, diese seien die Strafe für irgendwelche biologischen Regungen, und er müsse deshalb seine Natur noch mehr unter Kontrolle bringen und halten. Insofern erstaunt es nicht, wenn dann die Endabrechnung ein rapides Ansteigen der Krebserkrankungen ergibt – die Summe der tausend Sünden gegen die Natur und nicht die Strafe für Sünden gegen das Überich.

Besonders schwierig wird die Situation auch deshalb, weil der Typus der Madonna unangreifbar ist. Ihr Altruismus und ihre Liebe sind für den anderen beinahe demütigend und beschämend. Er kommt sich ihr gegenüber »schlecht« vor, weil Trieb und egoistische Tendenzen ihn immer wieder übermannen, und dadurch weckt sie im Partner wiederum Aggressionen, die dieser jedoch sich nicht gegen sie zu richten wagt, weil sie ja die Personifikation der Güte zu sein scheint. Er ist machtlos gegen sie. Dadurch werden die Aggressionen, falls keine anderen Möglichkeiten zum Ausagieren bestehen, verinnerlicht und wenden sich in destruktiver Weise gegen den eigenen Körper. Er kann sich also gegen die Madonna nicht zur Wehr setzen, weil sie selbst nicht offen angreift, und weil das Recht immer auf ihrer Seite zu stehen scheint.

Die Madonna ist genausowenig existent wie die Hure – beide Formen sind nur imaginär, weil sich die Wertskala nach dem jeweiligen Sittenkodex richtet. Die Natur kennt weder Madonna noch Hure, beide sind nur zwei extreme Reaktionen auf ein strenges Überich und stehen zueinander spiegelbildlich. Madonna und Hure sind die zwei Kehrseiten einer Medaille, die da heißt: reale, vollwertige (ganzheitliche) Weiblichkeit. Die Madonna verleugnet ihre Natur, ihre wirkliche Weiblichkeit zugunsten der Norm und ist stolz darauf, sich nur *einem* Mann hingeben zu können (brav und anständig zu sein) und nicht eine Hure zu sein. Doch die Hure verkörpert den Gegenpol zur Madonna, indem sie die verdrängte Erotik der Madonna widerspiegelt.

Beide Grundtypen sind jeweils in ihrem Bestehen voneinander abhängig: Die Hure existiert aufgrund der Tatsache, daß so viele Männer vor der Madonna flüchten, bzw. weil so viele Madonnen sich sexuell verwehren. Die Madonna hingegen könnte sich nicht als edel und gut empfinden, wenn es keine Huren gäbe. Anders ausgedrückt: Die Madonna stört durch ihre Einseitigkeit das Gleichgewicht, so daß zwangsläufig eine Gegentendenz (Hure) einsetzt, um es wieder zu erlangen, bzw. der Mangel an erotischen Reizen ruft beim Manne vor dem geistigen Auge das Bild der bereitwilligen wollüstigen Hure hervor.

Da die Hure jedoch ihrerseits keine natürliche gewachsene Erotik zum Ausdruck bringt, sondern den verdrängten Anteil der Madonna auslebt, ist ihre Art der »Liebe« ebenso verfälscht. Jede Verdrängung bedingt eine Pervertierung der verdrängten Energie. Die Madonna entwertet deshalb die Hure, anstatt zu erkennen, daß dieser Gegenpol sie selbst nur ausgleichen und ihr zugleich aufzeigen will, daß sie noch nicht die reale Mitte gefunden hat.

Sowohl die Madonna als auch die Hure haben Angst vor Hingabe, nur daß die Hure diese Angst dergestalt kompensiert, indem sie sich zum Schein fast jedem hingibt. Das Komplementärbild zur Madonna – die Hure – kann erst dann im Geist des Mannes verschwinden, wenn das Defizit (Madonna) ausgeglichen ist. Ein Ausgleich kann also entweder erfolgen, indem der Mann tatsächlich zu einer Hure geht und damit das Phantasiebild Realität werden läßt – in diesem Falle muß er aber diese Handlung immer wiederholen, da das zugrunde liegende Defizit nicht beseitigt ist – oder er stellt die Norm, die – indem sie das Gleichgewicht stört und dem Leben zuwiderläuft – das Defizit verursacht, in Frage und begründet in sich einen neuen Maßstab und ermöglicht dadurch seiner körperlichen und seelischen Liebesfähigkeit zu wachsen. Aufgrund seiner eigenen Veränderung und Entwicklung findet er dann auch außen seine Identität in einer Frau, die weder Madonna noch Hure ist, die das Körperliche und Seelische gleichberechtigt in sich vereint hat und so auch fähig ist, eine gleichberechtigte Partnerschaft in der Außenwelt einzugehen.

Die gleichberechtigte Frau hat ihren Schatten (Hure) integriert. Die schrittweise Assimilation des Schattens ist ein schwieriges Unterfangen, da dieser Prozeß mit einer Identitätskrise einhergeht. Die Frau zweifelt dann an ihrem inneren Madonnabild, hat aber Angst, als Hure zu gelten, wenn sie an diesem Bild nicht mehr festhält. Die Möglichkeiten, diese Problematik zu bewältigen, werden wir dann in einem späteren Teil dieses Buches aufzeigen.

Zur Madonna und Hurenproblematik noch ein Fallbeispiel:
Roland K. ist ein angesehener Rechtsanwalt in einer Kleinstadt und seit 10 Jahren mit seiner Frau Dagmar überaus glücklich verheiratet. Aus der Ehe gingen zwei Kinder hervor.

Roland war für Dagmar der erste Mann, und er soll – so versprach sie ihm am Vorabend einer Party – auch der einzige bleiben. ›Roland, ich fühle mich so wohl bei dir. Du bist der beste Mann auf der ganzen Welt‹, flüsterte sie ihm zärtlich ins Ohr. Auf der Party am nächsten Tag erschien auch ein Mann namens Kai, er verliebte sich in die zierliche Dagmar. Die beiden zogen sich in die hinterste Ecke des Hauses zurück und tauschten Zärtlichkeiten aus. Auch Dagmar war von dem großen, kräftig gebauten Kai sehr angetan und erwiderte seine Liebe. Wie im Rausch taumelten die beiden aufeinander zu, und es kam schließlich noch an diesem Abend zum Intimkontakt, bei dem Dagmar im Gegensatz zum ehelichen Verkehr mehrere Orgasmen erreichte. Um solche Erlebnisse zu wiederholen, trafen sich Dagmar und Kai nun in regelmäßigen Abständen. Roland K. erfuhr von dem Verhältnis seiner Frau von Freunden. Als er sie zur Rede stellte, gab sie sofort zu, daß sie bereits mehrmals mit Kai geschlafen hatte. Daraufhin brach für Roland eine Welt zusammen. Er hatte diese Frau aus ärmlichen Verhältnissen herausgeführt, sie aufgebaut, sie erst zur Frau gemacht. ›Ist das der Dank dafür?‹ – brüllte er außer sich – der Rest war nur noch ein Wimmern des ungeheuren seelischen Schmerzes: ›Dagmar! Ich liebe dich doch. Ich habe noch nie eine Frau so geliebt wie dich! Kehre zu mir zurück, ich verzeihe dir alles!‹

Sein seelischer Schmerz wurde noch dadurch verstärkt, daß Dagmar nach wie vor die Nächte, auch wenn sie vorher mit Kai geschlafen hatte, im gemeinsamen Schlafzimmer verbrachte. Obwohl sie sich ihm ungeniert provozierend nackt zeigte, verweigerte sie sich ihm sexuell. Daraufhin vergewaltigte eines Tages Roland in seiner sexuellen Not seine Frau, was nur noch eine um so stärkere Ablehnung hervorrief. Gedemütigt bat er seine Frau um Verzeihung, wurde jedoch erneut abgewiesen.

Dagmar: Roland, Du mußt das verstehen, ich kann mich doch nicht prostituieren. Außerdem kann ich zur Zeit nur für Kai etwas empfinden!

Roland sah in seiner sexuellen Not keinen anderen Ausweg, als nachts neben Dagmar zu onanieren, dabei hatte er oft vier oder fünf Ejakulationen, und Roland erlebte dabei eine Überraschung: Nie hätte er gedacht, daß er mit 40 noch so potent sein kann. In dieser Phase, in der sein Schmerz den Kulminationspunkt erreicht hatte, erschien Roland in unserem Institut.

Was lief hier ab?

Roland hatte in der Partnerschaft mit Dagmar bisher die führende Rolle innegehabt. Er war der Elternrollenspieler (Patriarch), der Pappi, während Dagmar die Kindrolle spielte. Durch Dagmars Seitensprung tauschten beide ihre Rollen. Er war nun der kleine Junge, der bei der Mammi um Liebe flehte, der darum bettelte, daß sie ihn wieder annahm. In einem so gelagerten Fall läuft folgender Mechanismus ab: Je mehr Roland seine Frau liebt, desto mehr wird sie ihn ablehnen, und je weniger sie ihn liebt, um so mehr wird wiederum seine Liebe zu ihr gesteigert. Oder anders ausgedrückt: Derjenige, der sich in einer Partnerschaft gefühlsmäßig weniger engagiert, wird immer zum Sadisten gegenüber dem, der sich vor Sehnsucht verzehrt. In diesem Falle rutschte Roland total in die masochistische Rolle. Ferner gilt es zu untersuchen, warum Rolands sexuelles Begehren nach dem Seitensprung von Dagmar sich so sehr gesteigert hatte.

Roland mündete nach dem Seitensprung seiner Frau voll in die jedem Manne der abendländischen Kultur innewohnende Madonna- und Hurenproblematik. Dagmar war bisher das brave, anständige, unbescholtene Mädchen, das fast zu schade fürs Bett war. Sie war die äußere Verkörperung des innerseelischen Madonnabildes von Roland. Durch den Seitensprung mit Kai war sie jedoch für Roland nun aus dieser Position gefallen. Sie galt nun für sein Unbewußtes als Hure – denn sie war ja nicht mehr treu. Durch Dagmars Verhalten wurde jedoch die durch sein innerseelisches Madonnabild bedingte sexuelle Verkrustung aufgebrochen. Das Unbewußte hatte nun keinen Grund mehr, die Blockade und Unterdrückung der sexuellen Triebe aufrechtzuerhalten. Der Gegenpol »Hure«, die aufgewühlten Gefühle und der verlorene Besitzanspruch des Patriarchen auf die Frau verursachten eine zusätzliche Steigerung, während vorher das eheliche Ritual die libidinösen Energien schwächte.

In der Unterredung meinte Roland: Verstandesmäßig verstehe ich ja, daß sie sich nicht prostituieren und jetzt nicht auch noch mit mir schlafen kann, aber mein Körper, meine Gefühle können das nicht akzeptieren.

Hier wird deutlich, daß Dagmar mit dem Maßstab der alten Sexualmoral, sich nur einem hingeben zu können, der körperlichen und seelischen Natur von Roland große Schmerzen zugefügt hat.

Doch wie an anderer Stelle bereits vermerkt – die Frau im Patriarchat empfindet tatsächlich so, weil dieser Maßstab verinnerlicht wurde, weil sie darauf programmiert wurde.

Insofern ist sie nur ein Sprachrohr dieses Maßstabs und weit entfernt von einem wirklich *eigenen* Empfinden. Hätte sie jemals ein reales Gefühlsleben entwickelt, und mit Roland wirklich eine gemeinsame Intimität und Vertrautheit erarbeitet, hätte die Liebe nicht über Nacht erlöschen können. Für Roland gibt es in diesem Fall nur zwei Auswege aus der Misere, wobei der erstere nur eine Symptombekämpfung darstellt, aber sicher über den ersten Schmerz und die akute sexuelle Problematik hinweghilft, nämlich sich auch einen neuen Partner zu suchen.

Der zweite Weg ist der langwierigere und beschwerlichere Weg über die Bewußtmachung und über das Einüben eines Naturprogrammes. (s. S. 177)

Aufsplittung des realen Mannseins in treuer Ehemann und Don Juan

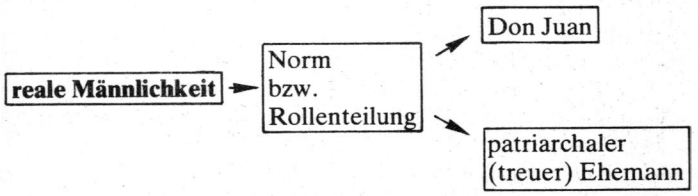

Sowohl der treue Ehemann als auch der »Don Juan« sind pathologische Reaktionsformen der männlichen Natur auf eine irreale Norm.

Der patriarchale Ehemann läßt sich von dieser Norm, die vorschreibt, wie er als Mann zu sein hat, in seiner wirklichen Männlichkeit hemmen und kompensiert diese Hemmung, indem er

versucht, dieser Norm zu entsprechen, während der »Don Juan«
seine gehemmte Männlichkeit durch möglichst viele »Eroberungen« ausgleichen will.

*Der patriarchale Ehemann kann aus verschiedenen Gründen treu
sein:*
– weil er abhängig ist
– weil er teilweise oder total impotent ist
– weil er seine Sexualenergie sublimiert oder auf andere
Lebensgebiete (z. B. auf das Arbeitsfeld) verschoben hat (siehe
Abwehr und Anpassungsmechanismen Seite 17)
– weil er der Norm hörig ist (also gehorsam ist – wie früher als
kleiner Junge)
– weil er Angst vor Ansteckung hat
– weil er Verlustängste gegenüber seiner Ehefrau hat
– aus Angst vor Verurteilung durch seine Eltern oder Schwiegereltern, durch die Nachbarn, Freunde, Arbeitskollegen …
– aus Mangel an Gelegenheit bzw. an Chancen
– aus Zeitmangel
– aufgrund von materiellen und finanziellen Verflechtungen mit
seiner Ehefrau
– aus Scham gegenüber seinen Kindern
– aus Resignation
– aus Bequemlichkeit
– aus religiösen Gründen

Der Don Juan ist untreu:
– um sich in seiner Männlichkeit immer und immer wieder zu
bestätigen
– um sich gegen die Norm »Treue« auflehnen zu können
– aus Angst vor einer festen Bindung und vor Verpflichtungen
– um seine Unabhängigkeit und Freiheit zu demonstrieren
– weil sein Sexualtrieb suchtartig entgleist ist
– aus Angst vor dem Weiblichen schlechthin
– aus Angst vor Intimität und Vertrautheit
– aus Zeitmangel für eine feste Beziehung
– aus Unfähigkeit, seelische Liebe zu entwickeln
– um Frustrationen, zum Beispiel im Berufsleben oder in der
Ehe kompensieren zu können
– aus innerer Ungeborgenheit und Einsamkeit
– um seine Unfähigkeit zu Liebe und Partnerschaft nicht evident werden zu lassen

– aus der Hoffnung heraus, einmal seine Idealfrau finden zu können
– um die gleichgeschlechtliche Konkurrenzangst (die anderen Männer werden meist unbewußt als Vater oder Bruder gesehen) übertünchen zu können.

Wir sehen also, daß sowohl dem treuen Verhalten des patriarchalen Ehemannes als auch der Untreue des Don Juan jeweils Defizite und (meist unbewußte) neurotische Motivationen zugrunde liegen. Beide sind innerlich von ihrem weiblichen Persönlichkeitsanteil getrennt und können daher auch in der Außenwelt (= Widerspiegelung der inneren Situation) zu den Frauen nicht echt in Beziehung treten. Da sich der verdrängte weibliche Anteil – wie wir im vorhergehenden Kapitel gesehen haben – in Madonna und Hure aufsplittet, ergibt sich folgende Konstellation:

Der treue Mann liiert sich mit der Madonna, erlebt gewissermaßen sein inneres Madonnabild in der Projektion, während er seinen Don Juan-Anteil und das Bild der Hure ins Unbewußte verdrängt. Der Don Juan hingegen versucht in jeder Frau deren verdrängten Hurenanteil zu wecken, während er seine Persönlichkeitsanteile – treuer Ehemann und Madonnabild – nicht wahrhaben will.

Die verdrängten Persönlichkeitsanteile des treuen Ehemannes und des Don Juan können in besonderen Schlüsselsituationen aktualisiert werden, zum Beispiel dann, wenn eine Frau den Don Juan-Anteil eines treuen Mannes aktiviert.

Grundsätzlich gilt jedoch die Regel, daß sich der treue Ehemann für und der Don Juan gegen die Norm entscheidet. Beide können daher nicht zu ihrer natürlichen Männlichkeit vordringen; denn die Natur kennt weder pro noch contra, weder gut noch böse.

Der patriarchal strukturierte Mann ist Kompensator bzw. Elternrollenspieler ersten Grades. Er ist imstande, die ihm von der Norm zugewiesene Rolle als Mann zu erfüllen: Er ist stark, aktiv, ergreift Initiative, ist sportlich, ehrgeizig, tüchtig und unternehmungslustig, macht Karriere, ist intelligent, technisch und praktisch begabt, schöpferisch, ist versiert in Wirtschafts- und Finanzfragen und gewährt Schutz und Sicherheit. Dadurch kompensiert er all die Defizite und Schwächen der patriarchal strukturierten Frau. Um als Frau anerkannt zu werden, bzw. um nicht Gefahr zu laufen als vermännlicht zu gelten, durfte sie gerade diese Eigenschaften nicht entwickeln. Ja mehr noch! Diese Schwächen und Defizite werden als typisch weiblich apostrophiert und allgemein sogar als besonders liebenswert und reizvoll angesehen. So sucht der »starke« Mann unbewußt nach der »schwachen« Frau und stabilisiert sich an ihrer Unsicherheit, Angst, Abhängigkeit, Unselbständigkeit, Unwissenheit, Unbeholfenheit im praktischen und technischen Bereich. Er nennt sie vermeintlich zärtlich »Baby«, »Püppchen«, »Mausi« und macht damit deutlich, daß er sie gerne in die Rolle eines Kleinkindes drängen will. Deshalb lehnt er auch Frauen ab, die ihm geistig ebenbürtig sind, weil er dann nicht mehr als Beschützer oder als seelischer Halt auftreten kann.

Indem der patriarchale Mann nicht zuläßt, daß sich die Frau emanzipiert, unterdrückt er jedoch synchron dazu die Entwicklung seines eigenen weiblichen Anteils. Innen und Außen pfercht er so das Weibliche in ein enges seelisches Korsett. Es ist daher nicht verwunderlich, daß er sich gerade von den Symbolen der Einengung wie Büstenhalter, Hüfthalter und Straps sexuell angesprochen fühlt.

Der Prozeß der Emanzipation wird dadurch besonders erschwert, daß die späteren treuen Männer und Don Juans von einer »Madonna« – die eigene Mutter – aufgezogen wurden und patriarchal strukturierte Männer – z. B. der eigene Vater u. a. – als Vorbilder haben. Wie soll sich eine natürliche Männlichkeit entfalten, wenn die Jungen über ihre Mütter nur eine neurotische Weiblichkeit und über ihre Väter nur neurotische männliche Verhaltensweisen erfahren? Aus diesem Grunde verändert es auch wenig, wenn manche Mütter, die sich der negativen Auswirkungen der patriarchalen Rollenteilung bewußt sind, ihre Söhne dazu anhalten mit Puppen zu spielen oder es zulassen, wenn die kleinen »Männer« weinen oder sich schwach zeigen. Letzteres wird dann häufig damit gleichgesetzt, daß man Gefühle zuläßt, ohne zu bedenken, daß solche Gefühle nur *reaktiver* Charakter haben und insofern mit einem wirklichen Gefühlsleben bzw. mit einem Zugang zur eigenen Natur und zum eigenen Wesen wenig gemein haben. Meist verinnerlichen solche Kinder die neurotischen Reaktionen ihrer Mütter – wie Hilflosigkeit, Traurigkeit, Angst, Scham, Hemmung, Depression etc. oder deren weibliches Rollenverhalten wie etwa »Seelchen« spielen, ohne jemals wirklich die eigene Seele kennenzulernen.

Die Integration dieses pervertierten weiblichen Anteils schafft nur eine neue Form von neurotischer Männlichkeit, die sicher keine positiveren Auswirkungen zeitigt als die patriarchale Männlichkeit, die ihr Gefühlsleben beinahe total an die Frauen abgetreten hat. Um eine reale Männlichkeit aufkeimen zu lassen, ist daher ein seelischer Reinigungsprozeß der Eltern erforderlich, oder anders ausgedrückt:

Es genügt nicht, die Rollenteilung aufzuheben, wenn die der Rollenteilung zugrunde liegenden Empfindungen und Reaktionsweisen weiter bestehen bleiben. Insofern nützt allein der gute Wille der Eltern wenig, solange sie ihre neurotischen Gefühle und die alte Sexualmoral nicht kritisch hinterfragt und nicht ein neues Verhalten ins tägliche Leben umgesetzt haben.

Sexualphantasien und Pornographie

In ihrem Buch »Das sexuelle Ich« schreibt die Psychoanalytikerin und Sexualtherapeutin Avodah Offit[12]:

»Sexuelle Phantasien, das Amüsement der gebildeten Zeitgenossen, sind der traditionelle Zugang zum Unbewußten. Sie können ein Weg sein, sexuelles Empfinden zu wecken oder sexuelles Tun zu vermeiden. Sie können uns sagen, wer wir sind, und uns doch davon abhalten, so zu werden, wie wir nicht sein wollen. Der eine ergeht sich in sexuellen Phantasien maßlos, der andere meidet sie wie die Pest. Was immer wir mit unseren sexuellen Vorstellungen anfangen, ihr Gehalt kann uns eine handgreiflichere und direktere psychologische Selbsterkenntnis gewähren als jede andere psychische Aktivität. In der psychosexuellen Therapie kann die Phantasie ein starkes Hilfsmittel wechselseitigen Verstehens sein. Wenn man die geheimsten Interessen des Partners kennt, so hat man den Vorhang beiseite geschoben, hinter dem das wahre Selbst sich zeigt. Und doch, wenn schon unter den Therapeuten so wenige mit den Inhalten sexueller Phantasien konstruktiv umzugehen wissen, so läßt sich ahnen, was für paranoide Brände die unangeleitete Preisgabe solcher Phantasien in empfindlichen Menschen stiften kann. Solange es keine Sicherheit von unangemessenen negativen Deutungen gibt, wird das Sichaussprechen, ob zu Hause oder im Sprechzimmer eines Therapeuten meist eher zum Bruch als zur Einigung führen«.

Die alte Sexualmoral mit ihren Maßstäben und Tabus lähmt entweder die Entwicklung von Sexualphantasien oder pervertiert sie. Es besteht ein Unterschied, ob Phantasie und Kreativität eingesetzt werden, um die erotische Beziehung einer Partnerschaft abwechslungsreicher, erfüllender und glücklicher zu gestalten, oder ob die sexuellen Phantasien nur einen Ausgleich darstellen für eine Hemmung, Blockade oder ganz einfach für eine frustrierende sexuelle Wirklichkeit. Wir unterscheiden also zwischen *realen* und *irrealen Sexualphantasien*.

Es besteht ein Zusammenhang zwischen den Bildern von Madonna und Hure, die jeder Frau und jedem Mann unseres Kulturkreises innewohnen, und den erotischen Phantasien. Der Mangel an Erotik läßt vor dem geistigen Auge nicht nur das Bild der Hure entstehen, sondern auch erotische Komplementärbilder. Letztere sollen bewirken, den Mangel auszugleichen und somit die innerseelische Homöostase[*] aufrechtzuerhalten. Bevor wir jedoch auf die erotischen Phantasien eingehen, sollen zunächst die Komplementärbilder im allgemeinen erläutert werden.

Durch das Prinzip der Komplementarität wird versucht, Fehlendes zu ergänzen, ein Gleichgewicht bzw. eine Ausgeglichenheit herzustellen, Harmonie zu erreichen; denn Harmonie bedeutet Gesundheit, und Gesundheit will der körperliche, seelische und geistige Organismus immer aufrechterhalten oder wiedererlangen. Der Umstand, daß aufgrund eines Defizits (eines Mangelzustandes) ein komplementäres Bild vor dem geistigen Auge auftaucht, kann für therapeutische Zwecke eingesetzt werden, denn Komplementärbilder ermöglichen einerseits eine Analyse, fordern andererseits aber auch auf, das Defizit aufzufüllen. Indem die Komplementärbilder analysiert und dechiffriert werden, kann man das Defizit erfassen und auch einen Weg finden, der zur Gesundung führt.

Komplementärbilder wirken ausgleichend und damit stabilisierend innerhalb des Persönlichkeitssystems eines Menschen, aber das ursprüngliche Problem kann damit nicht gelöst werden. Da die ursprünglichen Bedürfnisse nicht oder nur wenig gestillt werden, leiden Millionen Menschen an Hunger und Durst nach Zuwendung, Liebe, Glück, Schönheit und Ästhetik, nach sexueller Erfüllung, Anerkennung, Freiheit...

Die Komplementärbilder tauchen in solchen Fällen nicht nur

---

[*] Fähigkeit, einen inneren Gleichgewichtszustand aufrechtzuerhalten.

vorübergehend auf, sondern sind permanent vorhanden. Sie verstärken sich zu einem eingefahrenen Muster, ohne daß ein Weg zur Realisation gefunden wird, und zeigen so einen Zustand der chronischen Blockierung in der Befriedigung von Bedürfnissen an.

Wird dem latenten Appell der Komplementärbilder, das Defizit zu füllen, nicht Folge geleistet, muß die menschliche Natur diese Problematik auf einer anderen Ebene anzeigen, nämlich im Körperlichen. Es kommt entsprechend der chronischen Blockierung von Bedürfnisbefriedigung zu chronischen Krankheiten, die zwangsläufig therapieresistent sein müssen, solange der entsprechende lebendige Persönlichkeitsanteil keine Möglichkeit zum Ausleben und Austausch gefunden hat.

Zur Veranschaulichung wieder ein Fallbeispiel:
Frank B. trug in sich ein konservatives Frauenbild. Aufgrund dessen zog er eine Partnerin (s. Partneranziehung S. 33) an, die in allen Normvorschriften die traditionelle Rolle der Frau perfekt darzustellen wußte. Sie war rechtschaffen, fleißig, treu, aber sexuell prüde. Letzteres bewertete sie jedoch nicht als negativ, sondern im Gegenteil, sie interpretierte diese Einstellung als Ausdruck ihres Anstands. Da Frank mit ihr deshalb im sexuellen Bereich nur wenig Erfüllung finden konnte, flüchtete er immer mehr in erotische Phantasien. Schließlich galt sein Interesse mehr und mehr – wenn auch unter großen Schuldgefühlen – Pornoheften und Pornofilmen. In seinem Arbeitszimmer verfügte er im Schreibtisch über ein abschließbares Fach, in dem er seine Pornosammlung aufbewahrte. Eines Tages hatte Frank vor einer Geschäftsreise vergessen, den Schreibtischschlüssel abzuziehen. Als Angelika, seine Frau, Schreibtisch und Arbeitszimmer aufräumte, fielen ihr die Pornohefte in die Hände. Angelika war entsetzt und schockiert, dann verbrannte sie in einem plötzlichen Wutanfall sämtliche Bilder. Als Frank von seiner Geschäftsreise heimkehrte, machte Angelika ihm eine haarsträubende Szene. Frank mußte ihr versprechen, nie wieder so »schmutziges Zeug« anzusehen, andernfalls würde sie die Scheidung einreichen. Kurze Zeit später erkrankte Frank an einer Harnröhrenentzündung (Urethritis), die schließlich – da sie sich als therapieresistent erwies – in einen chronischen Zustand überging.

Franks erotische Phantasien waren die geistige Reaktion auf die sexuelle Defizitsituation in der Partnerschaft, und die Pornohefte und -filme waren der sichtbare äußere Ausdruck der inneren Komplementärbilder. Sie wirkten verstärkend auf die erotischen Phantasien von Frank (Verstärkerprinzip – jede Materialisation wirkt verstärkend auf die innere Situation). Da seine inneren und äußeren Komplementärbilder mit Schuldgefühlen besetzt waren, war es nur eine Frage der Zeit, bis die Maßregelung oder Strafe erfolgte. Unter Schuldgefühlen zu leiden, bedeutet immer ein Defizit an Recht zu haben, und dieses Defizit an Recht kann nur – wie an anderer Stelle bereits erwähnt – durch den Gegenpol – durch den Richter bzw. durch die Strafe – ausgeglichen werden.

Indem Angelika die Pornobilder verbrannte und ihm das Versprechen abnahm, künftig darauf zu verzichten, vernichtete sie die Ausgleichsmöglichkeit ihres Mannes. Solange sich Frank mit dem Maßstab seiner Ehefrau identifiziert, die ablaufenden Mechanismen und Gesetzmäßigkeiten nicht durchschaut und kein Recht auf Ausgleich anmeldet und realisiert, wird er stets der Verlierer sein. Es ist also lebenswichtig für beide Partner zu erkennen, was in ihrer Beziehung abläuft, um sich von dem alten Rollenspiel »Gewinner und Verlierer« zu lösen und sich miteinander auf einer neuen objektiveren und reiferen Ebene auseinandersetzen zu können. Auf diese Art und Weise kann dann auch weitgehend Somatisierungen (Erkrankungen) vorgebeugt werden. Franks chronische Urethritis resultierte aus der Dekompensation auf dem erotischen Sektor. Das Gleichgewicht seines Persönlichkeitssystems war nicht mehr gewährleistet. Die Störung dieses Gleichgewichts verursachte eine Schwächung der Abwehrkraft und damit eine Anfälligkeit gegenüber der Krankheit. Diese manifestierte sich gerade an der Stelle, die dem Lebensfeld Erotik analog ist, nämlich im Genitalbereich bzw. im Blasensystem.

Es wäre nun aber zu einseitig, nur Franks körperliches Leiden zu schildern, ohne das seelische Leid von Angelika zu sehen. Die Entdeckung der Pornobilder ihres Mannes war für sie ein seelisches Trauma, denn sie wurde dadurch mit dem Gegenpol ihrer Hemmung konfrontiert. Dies schmerzte sie besonders, weil ihr das Wundpflaster für ihre Hemmung, ihr Maßstab bzw. ihr Ideal von »Anstand und Sauberkeit« brutal weggenommen wurde. Sie erlitt die Auswirkungen ihrer eigenen Hemmung, die wiederum Folge der Maßstäbe und Ideale ihrer Erziehung war. Insofern wurde ihr Maßstab zu ihrem Schicksal. Ist der Maßstab nicht den Lebensgesetzen entsprechend, sondern ist durch ihn im Gegenteil das innere ökologische Gleichgewicht gestört, muß ein Ausgleich erfolgen. Dieses Ausgleichen durch das Schicksal wird aber oft nicht als positiver Beitrag zur eigenen Harmoniefindung erlebt, sondern als sehr unangenehm und schmerzhaft erlitten. Um den Schmerz abzuwehren, wird die Einsichtnahme in die Zusammenhänge häufig blockiert und die Konfrontation mit dem Gegenpol als Bestätigung für den eigenen Maßstab oder das eigene Ideal gewertet (Gesetz der Bestätigung). Damit verhindert man jedoch die Entwicklung der eigenen Persönlichkeit wie auch die der Partnerschaft; die Fähigkeit, selbst aktiv Harmonie zu schaffen, kann nicht ausgebildet werden. Indem Angelika schließlich mit ihrem Maßstab »siegte«, weil Frank ihr nicht einen alternativen Maßstab entgegensetzen konnte, lief sie nicht Gefahr, selbst zu erkranken.

Franks Beispiel steht prototypisch für all die Fälle, in denen Kompensationen bzw. die Ausbildung von Komplementärbildern unterdrückt werden oder aufgrund von eigenen oder fremden Maßstäben nicht erlaubt sind. Unterdrückung der Reaktionen der Natur – sei es auf körperlicher, seelischer oder geistiger Ebene – muß zwangsläufig zu Krankheit und Leid führen. Der Körper kann dann nur ersatzweise reagieren und drückt über das Krankheitsbild das aus, was auf andere Art und Weise nicht ausgedrückt werden konnte.

Gehen wir einen Schritt weiter: Wir sind bisher noch nicht auf den Inhalt von Sexualphantasien zu sprechen gekommen. Dabei ist es wichtig, uns noch einmal den anfangs erwähnten Unterschied zwischen realen und irrealen erotischen Phantasien in Erinnerung zu rufen. »Reale« Sexualphantasien[*] sind der Ausdruck eines gesunden geistigen Organismus. Sie haben immer einen Bezug zum Leben, verbessern das sexuelle Erleben und sind vor allem mit dem Partner – sofern sich auch dieser guter geistiger Gesundheit erfreut – realisierbar. »Irreale« Sexualphantasien hingegen sind ein Ausdruck und zugleich ein Ausgleichsversuch einer seelischen Störung oder eines Konflikts.

Grundsätzlich gilt: Vom symbolischen Inhalt der irrealen Se-

---

[*] Im Grunde ist natürlich jede Phantasie irreal, sonst wäre sie keine. Wir verstehen jedoch die Begriffe real und irreal in einem anderen Sinne, nämlich, ob etwas der 1. Natur (real) oder der 2. Natur (irreal) entspricht.

xualphantasien kann auf die entsprechende seelische Grundproblematik eines Menschen geschlossen werden. Bei den meisten Menschen tauchen bestimmte Grundbilder immer wieder auf, die nur von Zeit zu Zeit jeweils variiert werden. Einige haben ganz bestimmte »Drehbücher«, wie sich der Partner in einer bestimmten Szene verhalten und was er dabei sagen soll. Hier kann ein Wissen um die Symbole wertvolle Dienste leisten, da hiermit die Grundbilder des betreffenden Menschen verhältnismäßig leicht dechiffriert werden können. Daß sich die meisten Sexualphantasien wiederholen oder fast über Jahre hinweg ähnlichen Inhalt haben, verwundert nicht, wenn man bedenkt, daß die sexuellen Phantasien genauso Reaktionen und Ausgleichsversuche auf Defizite und Blockaden im Persönlichkeitssystem darstellen wie die Komplementärbilder im allgemeinen.

Beispiele für Sexualphantasien:
Margarete D. (39): Meine Sexualphantasie wiederholt sich seit Jahren. Es ist immer wieder dieselbe Szene: Ein Mann schleicht mit mir heimlich in die Kirche, wo er auf der Orgel in mich eindringt. Wenn ich mit meinem Mann schlafe und diese Phantasie einblende, habe ich dabei regelmäßig einen Orgasmus.

Lothar W. (32): Ich stelle mir immer vor, daß meine Frau vorher mit anderen Männern geschlafen hat und dann zu mir kommt. Es erregt mich wahnsinnig, wenn ich daran denke, wie sie sich mit den anderen Männern vergnügt, wie sie vor Ekstase und Wollust fast ohnmächtig wird, wie sie voller Wonne wimmert und stöhnt...

Carsten P. (43): Bevor ich mit meiner Freundin schlafen kann, muß ich – da sie sehr passiv ist – immer bestimmte Bilder einblenden. Sie handeln meistens von einer sehr triebhaften Frau, die es mit Negern treibt. Dann habe ich noch eine andere Szene, in der eine Frau mit Doggen koitiert.

Martin S. (26): Meine Mutter hat mich immer vor Frauen, die rauchen gewarnt. Für sie waren das »Flittchen«, die nichts für mich sind. Heute erregt es mich, wenn eine Frau sich eine Zigarette anzündet. Wenn ich mit meiner Freundin zusammen bin, die übrigens Nichtraucherin ist, blende ich vor und auch während des Geschlechtsverkehrs das Bild eines zigarettenrauchenden Flittchens ein.

Allen diesen Fällen gemeinsam ist die Tabuübertretung, die in der Phantasie vollzogen wird.

Die Norm bzw. das Anständige, Brave und Keusche wird über die Sexualphantasie durchbrochen. Hier wird deutlich, wie der menschliche Geist versucht, die Blockade im körperlichen und seelischen Organismus auszugleichen. Die Phantasien tauchen vor dem geistigen Auge auf, ob es der Betreffende will oder nicht. Manche Menschen mit einem starken Überich und einem ebensostarken sexuellen Drang erleben dies als starke seelische Spannung. Einmal gewinnt das Überich und dann wieder der Trieb die Oberhand: Beide befinden sich in einem steten Kampf. Wir empfehlen in solchen Fällen, die erotischen Komplementärbilder zunächst zuzulassen, aber deren Signalcharakter zu beachten und die Ursachen zu beseitigen.

Daß die sexuellen Phantasien der meisten Männer von überaus triebhaften, liederlichen Frauen handeln, liegt in ihrem inneren Madonnabild begründet, welches in der äußeren Welt, zum Beispiel durch ein »braves« Eheweib noch bestätigt und verstärkt wird. Je stärker die Frau ihre körperlichen und erotischen Fähigkeiten verdrängt hat, um so pervertierter und körperfixierter äußern sich die Sexualphantasien ihres Partners. Wobei auch hier gilt, daß die Frau nicht die Ursache der pervertierten Sexualphantasien ihres Mannes ist. Sie tritt nur als Verstärker einer Problematik auf, die bei jenem bereits als Keim in frühester Kindheit gelegt wurde.

Insbesondere sind dafür die unterschiedlichen Rollenzuweisungen mit den entsprechenden Normen und Geboten verantwortlich. Da der Mann seinen weiblichen Anteil, nämlich seine Fähigkeit zu seelischer Liebe und Zärtlichkeit meist nicht genügend ausgebildet hat, fällt er aus der Harmonie. Als Folge davon kommen die körperlichen Triebe bei ihm übersteigert zum Ausdruck. Entsprechend dieser Übersteigerung sucht er eine Frau, die ebenso triebhaft ist wie er, ohne meist eine solche zu finden. Im Gegenteil! Bei ihr zeichnet sich ja ein umgekehrtes Bild ab. Sie übersteigert das Seelische, was ein niedriges Triebniveau zur Folge hat, und daher kann sie in der körperlichen Liebe für ihn nicht wirklich Partner sein. Insofern ist sein Geist gezwungen, passend zu seinem Triebniveau, die entsprechenden sexuellen Komplementärbilder zu produzieren.

Relevant ist hierbei, daß diese Bilder von vielen Männern *eingeblendet* werden müssen, um überhaupt zu einer Erektion zu gelangen. Die Erektion wird vom Zentrum des Erektionsreflexes im Sakralmark aus über unwillkürliche (parasympathische) Nerven ausgelöst. Gehirnzentren, die selbst wieder geweckt oder gehemmt werden, können bahnend oder hemmend auf den Reflexbogen der Erektion einwirken. Die Gehirnzentren können stimuliert werden – zum Beispiel durch den Anblick einer Frau, durch erotische Vorstellungen – oder gehemmt sein, zum Beispiel durch Tabus, Angst vor geschlechtlichem Versagen.

Die Erektion des Penis ist eines der eindrucksvollsten Beispiele für psychosomatisches Geschehen. Hier wird deutlich, welchen immensen Einfluß bestimmte Einstellungen, Einreden, Glaubenshaltungen und Vorstellungen auf das Körpergeschehen haben. Wichtig ist zu erkennen, daß es oft nicht die wirklichen Umstände sind, welche die körperlichen Reaktionen hervorrufen, sondern die innere Einstellung dazu. So kann zum Beispiel eine vollbusige Frau auf den einen Mann stark stimulierend wirken, während übervolle Brüste einen anderen vielleicht sogar abstoßen. Entscheidend ist also, ob die äußere Situation mit dem inneren Bild übereinstimmt oder nicht. Ist eine starke Übereinstimmung gegeben, so wirkt dies doppelt, und man spricht dann allgemein von Geilheit, bei der körperliche, seelische und geistige Erregungen synchron ablaufen und sich summieren. Den negativen Aspekt des Wortes Geilheit im allgemeinen Sprachgebrauch hat wiederum die althergebrachte Norm gesetzt.

Fallstudie Karl L.: Seine Sexualphantasie spielt ihm vor, von einer Domina, die in einer aufreizenden Lederkleidung auftaucht, an einen Stuhl gefesselt und geknebelt zu werden.

In diesem Fall erscheint die eigene verdrängte oder unterdrückte Anlage in der Sexualphantasie in symbolischer Form. Erlebt jemand die Sexualphantasie, gefesselt und geknebelt zu werden, so reproduziert er immer wieder seine eigene gefesselte und geknebelte Kontakt- und Liebesfähigkeit, deren Entwicklung in frühester Kindheit unterdrückt wurde oder unter einem steten Erwartungsdruck stand.

Wenn die Natur des Kindes »instinktiv« erkennt, daß keine Chance besteht, die Anlage auf die ursprüngliche Art und Weise auszuleben, schließt sie entsprechend den gegebenen Umständen einen Kompromiß, um das Überleben der Anlage doch noch sichern zu können. Dies geschieht über das Einblenden von Bildern, die diesen Schmerz kompensieren und zugleich abwehren. Darf eine Anlage nicht weiterentwickelt werden, wird sie in ihrem Wachstum behindert, dann entsteht Angst, sie frei zu entfalten, und die Natur muß eine Zwischenlösung, einen Kompromiß schaffen. Dieser Kompromiß kann die Flucht (Kompensation der Angst) in sexuelle Phantasien sein. Werden die sexuellen Komplementärbilder auch im Erwachsenenalter ständig reproduziert, verharrt der Betreffende im alten Reaktionsmuster und verhindert so auch eine nachträgliche Ausbildung der Anlage. Die Folge ist, daß etwa bei der obengenannten Konstellation ständig schwerwiegende Probleme in Begegnung, Liebe und Partnerschaft bestehen. So kann es sein, daß in jeder Begegnungssituation offene oder verdeckte Machtkämpfe ablaufen, die eine harmonische Entwicklung der Partnerschaft unmöglich machen. Die ständigen Auseinandersetzungen können verdeutlichen, daß die Beteiligten noch in ihrer Vergangenheit verhaftet und dem Wiederholungszwang ausgeliefert sind. Um die Anlage der Realität entsprechend auszuleben, muß die fremde Vorstellung oder die Erwartungshaltung, die von Kindheit an bestanden, analysiert, bewußtgemacht und durch eine eigene Vorstellung ersetzt werden. Dies ist nur möglich, wenn sich der Betreffende ein Konzept erarbeitet, nach dem er seine Anlage ausbilden kann. Das kann zum Beispiel dadurch geschehen, indem sich der Betreffende Literatur beschafft, die ihn mit realen Vorstellungen (Partnerschaft, Erotik etc.) vertraut macht; indem er sich mit Therapiesystemen und -methoden (z. B. Transaktionsanalyse) auseinandersetzt, die ihm sowohl seine Beziehung zum Mitmenschen analysieren helfen als auch auf eine Neuformierung der Persönlichkeit hinzielen; oder indem er Kurse besucht, die seine Kontakt- und Beziehungsfähigkeit fördern. Auf solche und andere Art und Weise kann er ein neues Konzept erwerben, das er mit dem Partner abstimmen und in die Praxis umzusetzen versuchen kann. Werden die Anlagen schrittweise aus ihrer Verdrängung erlöst, treten auch mehr und mehr die sexuellen Komplementärbilder in den Hintergrund. Sie waren nur Ersatz und stellten eine Art Krücke dar, um trotz der geknebelten und unterdrückten Anlage das Gleichgewicht im Persönlichkeitssystem noch aufrechtzuerhalten. Zugleich waren sie auch Flucht vor der unlösbar erscheinenden Aufgabe, die ersten Entwicklungsschritte mit dieser Anlage zu gehen. Eine beträchtliche Schwierigkeit liegt jedoch darin, daß Komplementärbilder sexuell stark stimulierend wirken und daher oft – wie bei jeder Sucht – wenig Bereitschaft besteht, das Problem anzugehen.

Abschließend können wir in einer Zusammenfassung feststellen:

1. Irreale sexuelle Komplementärbilder sind die Reaktionen der Natur auf frühkindliche Einflüsse und dienen als Abwehr gegenüber dem Urschmerz, eine Anlage nicht real, d. h. ihrer Natur entsprechend, entfalten zu können.

2. Sie sind unwirklich. Würde real eine Frau auftauchen, die stark triebhaft ist, würde sich beim patriarchal strukturierten Mann schnell Angst breitmachen, da er in diesem Falle nicht mehr als »Macher« auftreten und nicht mehr den Omnipotenten spielen kann. Außerdem würde dann sein Madonnabild, nunmehr das Komplementärbild zu dem männerverschlingenden Weibe, aktiviert.

Er tendiert also dann plötzlich wieder zum anderen Pol. Daraus entsteht wieder die Überzeugung: »Diese Frau kann nicht die Mutter meiner Kinder sein. Sie ist zum Heiraten ungeeignet.« Ähnlich ist die Situation gelagert, wenn zum Beispiel eine Frau die sexuelle Phantasie produziert, von einem brutalen draufgängerischen Mann »genommen« zu werden, einen solchen aber in der Realität ablehnt.

Die Sexualphantasie gleicht sie zwar aus, aber sie kann aufgrund ihrer Abwehr nie realisiert werden.

3. Sexualphantasien haben wie alle Komplementärbilder sowohl Ausgleichs- als auch Signalfunktion.

4. Sie werden immer wieder reproduziert, mit oft jahrelang dem gleichen symbolischen Inhalt.

5. Sie ändern sich oft trotz Partnerwechsels nicht, sondern werden in jede neue Beziehung übernommen.

6. Sie werden, wenn der Partner nicht die Erwartung erfüllt, einfach eingeblendet, um die körperliche Erregung zu steigern.

7. Sexualphantasien verstärken die ursprüngliche Problematik, indem zum Beispiel ein junger Mann seine Kontaktschwäche immer mehr durch Flucht in erotische Traumbilder kompensiert. Die Traumbilder schwächen seine reale Begegnungsfähigkeit, und die geschwächte Begegnungsfähigkeit wiederum verursacht eine verstärkte Flucht in den Traum....

8. Die Pornoindustrie verdankt ihren Boom den sexuellen und erotischen Tabus, die tief in den Seelen der Menschen verankert sind, und den daraus resultierenden inneren Komplementärbildern. Könnten die inneren Komplementärbilder bei den Menschen durch Beseitigung ihrer Ursachen abgebaut werden, würde die Pornoindustrie sich sehr schnell überleben.

Doch nicht nur die Pornoindustrie, sondern auch viele Illustrierte und Zeitschriften sowie die Werbung machen sich das in der patriarchalen Gesellschaft vorherrschende Defizit zunutze und animieren durch entsprechende Ausgleichsangebote zum Kauf. Ihre hohen Umsätze zeigen auf, wie groß der Mangel an Kontakt, Liebe, Erotik und Genuß in unserer Gesellschaft geworden ist.

Krieg

Wie wir gesehen haben, müssen in der patriarchalen Gesellschaft die sexuellen Energien verdrängt werden und finden dann zum Beispiel in der Umkehrung des Lebenstriebes als Mord, Krieg und Totschlag ihren perversen Niederschlag. So entspricht etwa der Schuß aus dem Gewehr symbolisch der Ejakulation, nur mit dem Unterschied, daß die Kugel Tod und der Same Leben bringt. Man muß schon mit Blindheit geschlagen sein, um die vielen Phallussymbole beim Militär übersehen zu können: Pistolen, Gewehre, Kanonenrohre, Düsenjäger, Atomraketen..., sie bedeuten die Umkehrung des Lebenstriebes in noch potenzierterer Form. Sie symbolisieren die verdrängten sexuellen Energien, die im kollektiven Unbewußten schlummern. Sie sind ein Gleichnis für das gigantische Lebenspotential, das aber nur in der pervertierten Form einer vielfachen Overkillkapazität zum Ausdruck kommt. Den effektivsten Beitrag zur Abrüstung, den jemand leisten kann, ist daher bei sich selbst abzurüsten, aufzuhören mit den geistigen Bombergeschwadern, d. h. durch die alten patriarchalen Meinungen und Einstellungen das Lebendige (Triebe, Gefühle, Gedanken) in sich, in seiner inneren Welt, in seiner inneren Natur, ständig zu bedrohen.

Insbesondere viele Frauen sind sich der katastrophalen Folgen der verdrängten Sexualität auf allen Lebensgebieten (Karriereterror, Krieg etc.) nicht bewußt. Sie plädieren für die Eintracht und den Frieden, haben aber gleichzeitig eine ablehnende

Haltung der Sexualität gegenüber. Daraus folgt, daß die Frauen, die ihren Maßstab in Frage stellen und sexuell freier und aktiver werden, mehr für den Frieden tun als sich sexuell verweigernde Frauen, die mit und auf großen Transparenten für den Frieden demonstrieren. Daher zeugt die Aufforderung der Feministinnen, sich den Männern zu verweigern, solange sie an dem allgemeinen Wahnsinn mitwirken, von tiefer Unwissenheit um die psychischen Gesetzmäßigkeiten. Man will mit der Ursache die Wirkung bekämpfen! Ein solches Unterfangen ist vergleichbar mit der Vorgehensweise eines Debilen, der Feuer mit Benzin zu löschen versucht!

Um Mißverständnissen vorzubeugen, sei in diesem Zusammenhang *ausdrücklich* betont, daß mit diesen Aussagen *keine Schuldzuweisung* an die sich verweigernden oder frigiden Frauen verbunden ist. Das sexuelle Desinteresse ist ja – wie an anderer Stelle ausführlich dargestellt – nur die Reaktion auf die alte Sexualmoral und auf das mangelnde Einfühlungsvermögen von Männern, die durch die Moralmaßstäbe ebenfalls sexuell fehlgeleitet wurden. *Männer wie Frauen sind also Opfer einer frühkindlich verinnerlichten lebensfremden Ideologie,* die in der menschlichen Natur mit ihren lebendigen Regungen den Erzfeind sieht. Daher ist es absurd, dem einen oder dem anderen Geschlecht die Schuld an Krieg und Gewalt in die Schuhe schieben zu wollen. Übrigens, auch der ›Krieg auf unseren Straßen‹ hat seine Wurzeln in der verdrängten Sexualität. Auch hier finden wir sexuelle Energie in Form von schnellen Sportwagen (Phallussymbole) manifestiert. Der Verkehrsrowdy, der mit 100 km/h durch die Stadt rast, dokumentiert unbewußt auf pervertierte Art seine sexuelle Potenz. Und wer hat das nicht schon mal erlebt? Man befindet sich auf der Autobahn und sieht im Rückspiegel ein raketenähnliches Gebilde drohend aufblinken. Daraufhin fährt man zur Seite, und röhrend zieht der andere vorbei – und ist bald darauf nur noch ein Punkt am Horizont. Er hat für einen Augenblick zum Ausdruck gebracht, daß er potenter ist! Es fragt sich nur, ob er diesen Status auch in der Realität halten kann!

Vergewaltigung

Die Tatsache, daß zwischen Opfer und Täter im Unbewußten eine komplementäre Verflochtenheit besteht, hat bisher in das Bewußtsein der Öffentlichkeit kaum Eingang gefunden. Die moderne Kriminalwissenschaft weiß darum, wenn es um solche unbewußten Entsprechungen geht. Das Opfer kann die Tat so sehr bewirken wie der Täter. Ein spezieller Zweig, die Victimologie, versucht das Verhalten des Opfers zu erkunden, das zum Verbrechen führt. Der Täter und sein Opfer bilden eine Art Zweiersekte, einen Zwei-Personen-Geheimbund, dessen herausragende Eigenschaft es in diesem Falle ist, die aktive Beteiligung des Opfers unbemerkt zu lassen. (Michael Lukas Moeller)[13]

Worin besteht nun die komplementäre Verflochtenheit, zum Beispiel zwischen einem Triebtäter und einer Frau, die er als Opfer ausgewählt hat? Je mehr eine Frau ihre Sexualität und ihren Lebenstrieb in sich unterdrückt bzw. vergewaltigt, um so größer ist ihre Disposition, einem Mann zum Opfer zu fallen, der sie sexuell vergewaltigt. Das, was innen sich abspielt, wird zum äußeren Ereignis, es begegnet ihr in diesem Manne ihr eigenes verdrängtes Triebpotential. Sie hat dieses Potential unbewußt projiziert, genauso wie umgekehrt der Täter in ihr eine Projektionsfläche fand, um seine angestaute, destruktive Sexualität auszuagieren. Der Täter lebt das aktiv aus, was sie passiv in sich vollzogen hat. Der Täter gleicht sie paradoxerweise aus. Er stellt, wenn auch auf pervertierte Art und Weise, die »Harmonie« wieder her.*

Nun wird aber nicht jede Frau, die ihre Sexualität unterdrückt gleich vergewaltigt. Es müssen also mehrere Faktoren zusammenkommen, um eine solche Disposition zu begründen. Insbesondere muß ihr sexuelles Minuspotential dem sexuellen Pluspotential des Täters entsprechen. Sie müssen sich auf derselben Wellenlänge oder Frequenz befinden.

Eine Frau, die keine innerseelische Disposition mitbringt, vergewaltigt zu werden, kann tausendmal nachts durch einsame Straßen gehen, ohne behelligt zu werden. Ist eine unbewußte

---

* Es soll hier keineswegs der Täter in Schutz genommen werden. Seine Tat ist frevelhaft und rechtswidrig. Sie verletzt die Lebensrechte und Menschenwürde des anderen.

Bereitschaft jedoch gegeben, kann sie zu jeder Tages- und Nachtzeit zum Opfer werden; denn die Disposition will geweckt werden.

Unseres Erachtens kann nur ein psychotherapeutisches Verfahren und eine daran anknüpfende Ausbildung der erotischen Anlagen sowohl die Disposition des Opfers als auch die Disposition des Täters löschen. Nur wenn die Energien nicht mehr blockiert, gestaut oder unterdrückt sind, nur wenn ihr freier Fluß gewährleistet ist, wird das Opfer davor bewahrt, erneut in einen negativen Sog gezogen zu werden, und es besteht für den Täter keine Gefahr mehr rückfällig zu werden.

Libidinöse Besetzung von Haustieren und materiellen Gegenständen

Sabine L. hat nach ihrer Scheidung von Thomas ein Appartement bezogen. Kurz darauf legte sie sich einen Boxerhund – den sie Rolfi nannte – zu. Sabine liebte Rolfi über alles. Er durfte sogar in ihrem Bett schlafen. Eines Tages jedoch wurde Rolfi von einem Auto überfahren. Acht Tage nach diesem Schicksalsschlag lernte Sabine Fred kennen und bald auch lieben.

Tiefenpsychologisch betrachtet wurde Sabines libidinöse Energie von Thomas auf den Boxerhund Rolfi verlagert. Solange Sabine Rolfi hatte, war ihre seelische Energie in diesem Ersatzpartner gebunden. Erst als der Hund tödlich verunglückte, wurde dieses seelische Energiepotential wieder frei. Dies hatte zur Folge, daß vom Unbewußten her nunmehr eine Bereitschaft bestand, einen neuen Partner anzuziehen.

Wir haben im Zusamenhang mit den Abwehr- und Anpassungsmechanismen auch die Verschiebung erwähnt. Eine solche Verschiebung wird notwendig, wenn die entsprechende Energie oder das Bedürfnis mit dem innerseelischen Maßstab nicht zu vereinbaren ist. So wünscht sich zum Beispiel manche Frau (unbewußt) auch deshalb einen Hund, um ihre überschüssige Zärtlichkeit, die in ihrer Partnerschaft nicht ausgelebt werden kann, ableiten zu können. Die Energie wird verschoben. Eine Liaison mit einem zusätzlichen menschlichen Freund, erscheint ihrem Unbewußten als zu »gefährlich«. Indem sie sich jedoch einen Hund anschafft, kann sie legal, d. h. ohne den Maßstab »Treue«

zu verletzen, ihre Energie ausleben. Auf diese Art und Weise werden Millionen Hunde und andere Haustiere zu Ersatzpartnern, weil das Tabu weitere menschliche Beziehungen nicht zuläßt.

Manche Menschen kompensieren ihre schwache Partner- und Beziehungsfähigkeit mit einer überdimensionierten Tier-»liebe«. In diesen Kreisen wird dann auch meist die Auffassung vertreten, daß ein Tier besser als ein Mensch sei. Da die Betreffenden jedoch vorwiegend die Beziehung zum Tier pflegen, intensiviert sich ihre Schwäche, menschliche Begegnungen einzugehen und eine Partnerschaft mit einem arteigenen Geschöpf aufzubauen. Die Isolation, die zur Tierhaltung trieb, wird dadurch sogar noch verstärkt. Erschwerend kommt hinzu, daß zum Beispiel viele potentielle Partner durch die überdimensionierte Tierliebe der oder des Betreffenden abgeschreckt werden. Sie haben keine Lust neben dem Lumpi, dem Batzi oder dem Hasso nur mehr oder weniger geduldet zu sein oder sich an einen Lebensstil, der weitgehend von diesem Tier geprägt ist, anzupassen. Häufig ist auch, daß eigene Persönlichkeitsanteile auf Haustiere projiziert werden. So kann ein Vogel im Käfig den eigenen eingezwängten Drang nach Freiheit und Unabhängigkeit symbolisieren. Ein innerlich freier Mensch kann es auf die Dauer nicht verantworten, daß ein Tier, dessen Element die Unbegrenztheit der Luft ist, in einem engen Käfig eingesperrt ist. Auch wird er das Tier nicht besitzen wollen. Er erfreut sich der Vögel in der freien Natur. Häufig wird auch Lebensenergie auf materielle Gegenstände projiziert bzw. verschoben. So wird libidinöse Energie auf sogenannte Sammlerstücke, zum Beispiel in antiken Möbeln, in alten Bauernschränken oder alten Uhren gebunden sein. Daraus ergibt sich die paradoxe Situation, daß jemand allgemein verstanden und akzeptiert wird, wenn er leidenschaftlich alte Uhren oder verstaubte Briefmarken liebt, aber auf Ablehnung stößt, wenn er außer seinem Partner noch einen anderen Menschen liebt.

Die Liebesenergie, die in Haustieren und materiellen Gegenständen gebunden ist, fehlt den Mitmenschen (und den Haustieren nützt sie wenig, da Hunde von Hunden und Katzen von Katzen »geliebt« werden wollen). Würde dieses gigantische Potential an Liebesenergie wieder frei und aus seinem fehlgeleiteten Zustand befreit werden, könnte die Menschheit einem paradiesischen Zeitalter voller Liebe und Glück entgegengehen. Voraussetzung hierfür ist, daß in jedem einzelnen von uns die alte

Sexualmoral von einer neuen Ethik abgelöst wird. Erst dann besteht kein Grund mehr, seine Liebesenergien zu verdrängen, zu projizieren oder zu verschieben, sie können mit den Mitmenschen ausgetauscht werden und zu der Entfaltung von mehr *Menschlichkeit* führen. Plegt der Mensch die arteigene Liebe also von Mensch zu Mensch, wird auch die Liebe zum Tier realer, da letzteres nicht mehr als Ausgleich für mangelnde Erfüllung in der Partnerschaft benutzt wird.

Die sexuelle Not der Männer

Ein Mann, der im Vollbesitz seiner sexuellen Kräfte ist, hat, wenn er nicht zu Prostituierten gehen will, keine andere Wahl als eine Ehe bzw. eine feste Zweierbeziehung einzugehen. Nur in einer solchen Gemeinschaft hat er, sofern es sich bei seiner Frau oder Lebensgefährtin um einen ihm gemäßen Partner handelt, weitgehend die Gewähr, daß sein Sexualtrieb befriedigt wird. Selbst wenn die Partnerin mal keine Lust zum Geschlechtsverkehr hat, wird sie ihm auf irgendeine Art und Weise Erleichterung verschaffen. Diese »sexuelle Sicherheit« ist ein bedeutender Faktor, der viele Männer in eine Ehe treibt. Freilich wird eine solche Motivation kaum offen zugegeben. Wer gesteht sich schon ein, daß er sexuell von seiner Auserwählten total abhängig ist? Viel lieber täuscht man deshalb sich und anderen vor, daß man zu jeder Zeit mit fast jeder beliebigen Frau schlafen könnte, wenn man nur wollte! Und welcher Mann gibt schon vor anderen oder gar seiner Partnerin sein Streben nach sexueller Sicherheit zu, wenn ein solches in einer sexualfeindlichen Gesellschaft als unsittlich betrachtet wird? In vielen Fällen hätte ein solches Eingeständnis möglicherweise die Auflösung der Beziehung zur Konsequenz. Aus diesem Grunde gibt der Mann ganz andere Motive vor, die ihn zu dieser Verbindung bewogen hätten, zum Beispiel Liebe – und ist damit über jeden Zweifel erhaben. Was er nicht weiß, ist, daß er sie liebt, weil sie ihn sexuell befriedigt oder die Hoffnung besteht, daß sie ihm wieder sexuell Erfüllung schenken wird. Und seine Liebe hält an, solange die Erinnerung an die schönen Stunden andauert.

Ein Mann, der allein lebt und keine feste Freundin hat, die er besuchen kann, ist sexuell heimatlos. Er steckt damit in einer ähnlichen Situation wie ein Obdachloser, der in der Frühe aufsteht und noch nicht weiß, ob er heute etwas zu essen und zu trinken haben wird, und ob ihm abends ein Dach über dem Kopf gewährt wird oder nicht. Ein alleinstehender Mann kann überall – auf allen Lebensgebieten optimale Sicherheiten erlangt haben – er kann über ein sicheres Einkommen verfügen, aber sexuell ein armer Landstreicher sein. Er irrt getrieben von sexuellem Hunger umher, lebt total im Ungewissen, weiß nicht, wann und ob überhaupt noch einmal in seinem Leben sein Bedürfnis gestillt wird. Fast panikartig sucht er nach einer Partnerin in Cafés und Restaurants, in Tanzlokalen, auf Volkshochschulen, an Skiliften, auf Tennisplätzen und in Schwimmbädern, hin und her gerissen zwischen Hoffnung und Verzweiflung. Und wie oft war er schon »nahe dran«! Wie oft hat er einen ganzen Abend investiert, hat alles gezahlt – versteht sich – und hat dann eine fürchterliche Enttäuschung erlebt! Nach dem Abschiedskuß hat sie ihn abgewehrt, hat stolz ein schroffes »moralisches«: ›Bis hierher und nicht weiter‹ zum Ausdruck gebracht oder ihm die Türe vor der Nase zugeknallt.

Ein solches Nein von ihrer Seite – und das vielleicht an einem Tag, an dem der Trieb ihn besonders drängt, ist Sadismus. Es ist so, als ob man einem Hungrigen eine Wurst vor Augen hält, und wenn er danach greifen will, zieht man sie ihm weg – und das alles aus edlen und hochanständigen Motiven. Zugleich redet man ihm noch ein, daß er schlecht ist, weil er Hunger hat, und weil er die Frau angeblich zu einem sexuellen Objekt degradiert. Und da sie aufgrund ihres innerseelischen Maßstabs sexuelle Bedürfnisse nicht aufkeimen lassen darf, muß es ihr zwangsläufig so erscheinen, und eine gegenseitige Befriedigung ist nicht möglich.

Sehr viel Leid auf beiden Seiten wird auch dadurch verursacht, daß mancher Mann aufgrund seiner sexuellen Not sich mit einer Frau liiert, die zwar überhaupt nicht zu ihm paßt, aber die als einzige seinem Werben nachgegeben hat, die als einzige statt mit dem gewohnten Nein mit Ja geantwortet hat. Da sie seinen Vorstellungen nicht entspricht, bleibt er ständig frustriert; trotzdem fährt er aber immer wieder zu ihr – weil er keine andere Wahl hat. Manchmal versucht er es noch einmal mit diesem oder jenem Mädchen, bis er schließlich aufgibt und seiner Partnerin für immer »treu« bleibt. So zustande gekommene Ehen sind meist sehr unglücklich, da die Frau fühlt, daß er sie nicht voll akzeptiert und deshalb oft mit Depressionen, irgendeiner Sucht oder mit Krankheit reagiert. Diese negativen Reaktionen bestätigen dann wiederum die Auffassung des Mannes, die »falsche«

Frau als Partnerin gewählt zu haben (Gesetz der Bestätigung). In ein solches Schicksalskarussell werden meist Frauen gezogen, die sich bereits in ihrer Kindheit seelisch, zum Beispiel gegenüber einem Geschwister, zurückgesetzt gefühlt haben und diese Situation nun auf einer neuen Ebene wiedererleben. Männer hingegen bringen nach unseren Forschungen unter anderem die Disposition zu einer falschen Partnerwahl mit, wenn sie als Säugling keine Muttermilch erhalten haben oder zu früh abgestillt wurden. Da die künstliche Milch, die Flaschenmilch, nur ein Ersatz für die Mutterbrust darstellt und Ersatz für die arteigene Milch ist, wird die Natur des Kindes verunsichert. Das Kind wagt nicht, eine seelische Eigenart zu entwickeln. Daraus resultiert ein chronisches Ungeborgenheitsgefühl, das im Zuge des Wiederholungszwangs auch später im Erwachsenenalter immer wieder erzeugt wird. Insbesondere besteht dann eine stete Diskrepanz zwischen der jeweiligen Partnerin und dem Traumbild, das sich der Betreffende von einer Frau gemacht hat. Die Partnerin stellt – auf einer neuen Entwicklungsstufe – nur die Vergrößerung der Milchflasche dar (psychoanalytisch ausgedrückt: Die Milchflasche wird auf eine lebende Partnerin übertragen), und die *Traum*frau ist der unerreichbare *Traum* des Säuglings, doch noch reale Muttermilch zu erhalten.

Es ist paradox: Die real existierende Frau, die ihn als Partnerin begleitet, ist nur die Milchflasche aus der Kindheit, und die irreale Frau, die nur vor dem geistigen Auge ersteht, ist die (unerreichbare) Mutterbrust. Weil der Mann seine wahre Natur nicht zu leben wagt, bekommt er der »Lüge« entsprechend eine falsche (»künstliche«) Frau, eine Ersatzfrau.

Zwei Maßstäbe beherrschen das Seelenleben der Frau in der patriarchalen Phase der Menschheit:
1. Eine Frau muß Liebe empfinden, um mit einem Mann schlafen zu können.
2. Sie darf immer nur *einen* Partner lieben – niemals zur selben Zeit zwei, drei oder gar mehrere.

Insofern wurde der Keuschheitsgürtel, der im Mittelalter weit verbreitet war und für den nur einer den Schlüssel hatte, nämlich der Patriarch, verinnerlicht. Die patriarchalisch strukturierten Männer, die von ihrer Frau oder Freundin absolute Treue verlangen, sind daher Verursacher (freilich haben auch sie wiederum diesen lebensfremden Maßstab über die Erziehung und Umwelt nur unreflektiert übernommen) und zugleich Leidtragende dieser Situation.

Die Psychoanalytikerin und Sexualtherapeutin Avodah Offit schreibt in *Das sexuelle Ich*:

»In jedem Fall bedeutet der Glaube, eine Frau müsse ›verliebt‹ sein, um sich sexuelle Lust zu gestatten, immer noch für viele Frauen eine Beengung. Kein Zweifel, dieser Zustand kann das mächtigste natürliche Aphrodisiakum sein, das Menschen kennen. Als Vorbedingung sexueller Lust jedoch wäre dies gewiß eine Beschränkung. Die Menschen ›verlieben sich durchschnittlich zwölfmal im Leben, und das Glück hält gewöhnlich drei bis sechs Monate an. Ein solch kurzes Glück dürfte als Vorbedingung sexueller Erregung kaum ausreichen‹«.

Die beiden Gebote, von denen oben gesprochen wurde, haben weitreichende Folgen:

1. Die Frau muß alle Männer »abblitzen« lassen, die sich für sie während des Zeitraums interessieren, in dem sie mit einem Mann liiert ist. Sie ist bereits »vergeben«!

2. Sollte sie sich wirklich anderweitig verlieben (was aufgrund des Verbots mehr als selten vorkommt), dann muß sie mit dem bisherigen Partner »Schluß machen« oder sich ihm verwehren. In solchen Fällen greift dann die Entweder-Oder-Ideologie des Patriarchats Raum: Ähnlich dem Spruch ›Entweder Atomkraftwerke, oder es gehen die Lichter aus‹, heißt es hier: Entweder der bisherige Partner oder der neue. Zugunsten dieser Ideologie, bzw. um dem Maßstab zu genügen, werden Freundschaften geopfert, oder es werden neue Kontakte im Keime erstickt.

Insofern ist die Entweder-Oder-Forderung ein massiver Angriff gegen die Menschlichkeit und gegen das Leben!

Das Fatale daran ist, daß diejenigen Frauen, die als bloßes Sprachrohr dieses lebensfremden Maßstab fungieren, sich als besonders empfindungsfähig und naturverbunden wähnen – und sogar meist stolz auf ihr gutes Einfühlungsvermögen sind. Und viele Männer – unkundig der psychischen Gesetzmäßigkeiten – glauben es ihnen. Ja, sie wären von ihren Frauen »enttäuscht«, wenn sie sich nicht so verhalten würden, denn diese paranoide Ideologie hat alle Seelen fremdbesetzt – weibliche wie männliche. Besonders augenscheinlich aber wird dieser Wahn bei den Frauen, die einen Partner in der Ferne haben oder heimlich in einen Mann, zum Beispiel in ihren Lehrer oder Chef verliebt sind oder auch bei jenen, die mit einem verheirateten Mann ein

Verhältnis haben. In all diesen Fällen ist es für einen anderen männlichen Bewerber aussichtslos, eine Chance oder auch nur ein klein wenig Zärtlichkeit zu erhalten.

Da es ihr oft allein zu langweilig ist, zieht sie dann häufig mit einer Freundin durch die Stadt, geht in Cafés und Tanzlokale – und teilt »Körbe« aus. Sie genießt es, begehrt zu werden. Sie braucht es als Selbstbestätigung. Da sie nur für den einen empfindet, sieht sie den *Menschen* in demjenigen, dem sie eine Abfuhr erteilt, nicht. Sie sieht nicht den Schmerz in seiner Seele, sieht nicht wie er – um die Frustration zu übertünchen – abends beispielsweise in den Alkohol flüchtet, sieht nicht die Tränen, die er nachts – wenn ihn niemand sieht – ins Kopfkissen weint.

Fallstudie: Als der Partner, in den Sabine »verliebt« ist, wieder einmal am Wochenende bei seiner Familie verweilen mußte, rief sie aus Langeweile einen Bekannten an, und fragte ihn, ob er mit ihr ins Grüne fahren wolle.

Hocherfreut über dieses Angebot und voller Hoffnung sagte ihr Bekannter, Heinz, zu. Nach einem wunderschönen Tag kam es, wie es kommen mußte: Heinz legte den Arm um sie und wurde »zudringlich«. Sie wehrte ab und sagte: ›Heinz, ich muß mit dir sprechen: Ich mag dich sehr gern, und für mich bist du ein guter Freund und Kamerad – wollen wir es dabei belassen, ja?‹ Heinz hingegen kann seine Enttäuschung kaum verbergen. Und es rutscht ihm raus: ›Es tut mir leid, auf eine solche Freundschaft kann ich verzichten. Ich habe keine Lust, nur den Taxichauffeur zu spielen‹.

Sabine am nächsten Tag zu ihrer Freundin: ›Es muß doch möglich sein, mit einem Mann eine Freundschaft zu haben – ohne, daß das *Eine* mit im Spiel ist! Warum kann man sich mit einem Mann nicht einfach nur nett unterhalten und amüsieren?‹

Was Sabine in ihrer Naivität nicht weiß, ist, daß es nur fünf Möglichkeiten gibt, mit einem Mann sich ausschließlich nur geistig auszutauschen:

– wenn der Mann impotent ist;
– wenn die Frau sexuell für ihn nicht attraktiv ist;
– wenn der Mann ein so knechtendes Überich in sich beherbergt, daß es seine Triebenergie schon im Ansatz unterbindet;
– wenn der Mann bereits zwei oder drei Frauen ›hat‹, und seine Bedürfnisse bereits voll gestillt sind (und selbst in einem solchen Fall ist es ungewiß, ob nicht doch Interesse besteht, da das Bedürfnis nach Abwechslung unter Umständen noch danach trachtet, befriedigt zu werden);

– wenn sie geistig ein so hochentwickeltes Niveau hat und ein Gespräch mit ihr so faszinierend und interessant ist, daß er nicht darauf verzichten möchte, und selbst dann käme ihm zusätzlich eine sexuelle Begegnung sehr gelegen.

Manche Frauen gehen sogar soweit und erzählen dem Bekannten, mit dem sie ausgehen, auch noch von ihrer unglücklichen Liebe mit dem verheirateten Mann und weinen sich bei ihm aus und wecken dadurch zusätzlich noch Beschützerinstinkte.

Zu dem Problem, das Sabine angeschnitten hat, äußerte sich Heinz folgendermaßen: ›Ich kann nicht mit einer Frau zusammensein und ihre langen Beine, ihre vollen Lippen, ihren schönen Busen und ihr wunderschönes Haar übersehen. Ich kann nicht so tun, als ob ich ein Geist wäre, der sich schon längst über alle körperlichen Bedürfnisse hinweggesetzt hat. Wenn ich mich nur geistig austauschen darf, dann ist ja mein Körper überflüssig. Dann ist es egal wie ich aussehe, ob ich jung bin oder alt. Jedenfalls ist eine Begegnung mit einer Frau für mich immer körperlich-seelisch- und geistig. Ich kann nicht einfach aus dieser Ganzheit das Körperliche herauslösen und verdrängen. Zudem kann ich es mir als berufstätiger Mensch, dessen freie Zeit ohnehin mehr als beschränkt ist, einfach nicht erlauben, meine Zeit so zu verplempern, wie ich es an diesem Wochenende mit Sabine getan habe. Ich muß zusehen, daß die Bedürfnisse nach Geborgenheit, Liebe, Zärtlichkeit und Sex mit einer Partnerin gestillt werden, die mehr Bereitschaft aufweist und die dasselbe Verlangen hat‹.

Es trafen also im vorliegenden Fall grundlegende Bedürfnisunterschiede aufeinander: Sabine hat das Bedürfnis, sich mit Heinz nur zu unterhalten, während Heinz – wie viele Männer – primär seine körperlichen Bedürfnisse stillen will. Obwohl viele Frauen immer wieder ähnliche Erlebnisse wie Sabine haben, wollen sie diese nicht wahrhaben, sondern hoffen nach wie vor auf einen »Kumpel«, der mit ihnen alles macht, was mit dem Mann ihrer Liebe nicht möglich ist (er wird als bloße Ergänzung mißbraucht – siehe Kapitel: Ergänzungspartner), ohne irgendwelche sexuelle Ambitionen zu hegen.

Sie sehen nicht die Wirklichkeit, projizieren die Schuld auf die Männer, in dem sie diesen Egoismus vorwerfen, ohne ihren *eigenen* Egoismus zu erkennen.

Es ist nicht edler und anständiger, jemanden ›nur‹ zur Unterhaltung und zum eigenen Vergnügen zu brauchen, die Sexualität dabei aber auszuklammern. Derartige Situationen wären nun nicht weiter tragisch, wenn sie nicht eine ungeheure Sexualnot begründen würden. Die Millionen von Frauen, die verheirateten Männern, Männern in der Ferne und ›eingebildeten‹ Liebhabern treu sind, ›fehlen‹ den anderen Männern, und umgekehrt. So ist es keine Seltenheit, daß ein verheirateter gutaussehender, vermögender Mann sich mehrere Freundinnen hält, die alle auf ihn ›warten‹ und sich anderen gegenüber verwehren. Selbst wenn er jede nur einmal im Monat besucht – und sonst in seiner Ehe oder auf Reisen lebt, es genügt, um in jeder die Liebe, die Treue und die Illusion die »Einzige« zu sein, aufrechtzuerhalten.

Die seelische Not der Frauen

Die patriarchale Rollenteilung hat nicht nur zur Folge, daß die Männer selten Partnerinnen finden, die sich mit ihnen erfüllend sexuell austauschen, sondern begründet auch in den Frauen eine ungeheure Not – eine seelische Not. Da die patriarchalen Männer ihr Gefühlsleben auf die Frauen transponiert haben, können sie selbst im seelischen Bereich keine echten Partner sein. Die Frau kann sich mit ihm seelisch nicht austauschen!

Viele Männer zeigen zudem keine Spur von Einfühlungsvermögen für die seelische Situation ihrer Ehefrau. Sie kommen gar nicht auf die Idee, daß die Frau Zärtlichkeit, seelische Wärme und Liebe sucht, um sexuell erregt zu werden. Sie vollziehen den Beischlaf, erreichen ein Minimum an Befriedigung, drehen sich nach Vollendung des Aktes zur Seite und schlafen sofort ein, während ihre Frauen mit dem Gefühl des Verlassenseins, der Ungeborgenheit, der Einsamkeit zurückbleiben. Nun ist aber die Schwierigkeit nicht dadurch bereinigt, indem man einen solchen Mann einfach auffordert: Sei zärtlicher zu deiner Frau! Fühl dich mehr ein! Wenn er keine Gefühle entwickeln kann, wenn er den Drang, Zärtlichkeit und seelische Liebe zu geben, nicht empfindet, kann er die Partnerin damit nicht echt beschenken. Er *spielt* dann nur die Rolle des zärtlichen Liebhabers bzw. setzt Zärtlichkeit gezielt ein, quasi als Mittel zum Zweck, um sein Ziel zu erreichen.

Bevor er nicht mit seinen eigenen weiblichen Persönlichkeitsanteilen in Beziehung tritt, kann er seelisch nicht auf seine Frau oder Freundin eingehen. Er lernt ihr Wesen nicht lieben und schätzen. Aus diesem Grunde fehlt es oft in einer Beziehung ganz einfach an Menschlichkeit.

Die Frau wünscht sich einen Partner, der sie in ihrem Wesen bejaht, akzeptiert und annimmt, von dem sie definiert wird und der sich mit ihr identifiziert.

Gegenseitig ein Zugehörigkeitsgefühl zu empfinden, verleiht Sicherheit und läßt manche Klippen im Leben leichter umschiffen. Es ist wichtig, das Gefühl zu haben, daß der Partner Anteil an den eigenen Sorgen und Nöten nimmt, Freude und Leid mit einem teilt, daß ihm das Schicksal des anderen nicht gleichgültig ist.

Wie beruhigend wirkt es auf manche Frau zum Beispiel, wenn bei der Entbindung ihr Mann oder Freund anwesend ist, ein Mensch, den sie mag und der zu ihr hält. Und wie schön ist es, mit jemandem echt vertraut zu sein, bei ihm alle Masken fallen lassen, ganz man selber sein zu können!

Diese Vertrautheit und die gemeinsame Intimität ist der Dreh- und Angelpunkt einer jeden Partnerschaft. Dies ist die Basis, die man sich mit dem Partner erarbeiten muß, die wachsen muß. Nur ein solches Fundament kann ein gegenseitiges Vertrauen schaffen. Ist ein solches nicht gegeben, ist jede Partnerschaft früher oder später einmal zum Scheitern verurteilt.

Erst auf der Basis der gegenseitigen Vertrautheit kann man gemeinsam etwas unternehmen oder etwas aufbauen, was von Dauer ist.

Andererseits ist aber auch der körperliche Aspekt in einer Partnerschaft von so eminenter Bedeutung, daß jegliche Unzufriedenheit auf diesem Gebiet Harmonie und Glück einer Beziehung aufs äußerste gefährden kann. Wie die unterschiedlichen Positionen von Mann und Frau sich verhärten können, zeigt folgender Fall:

Petra R. lebt seit ihrer Scheidung von Karl R. mit Jochen K. zusammen. Sie hatte damals die Scheidung eingereicht, weil Karl R. ihr zu wenig Zärtlichkeit gab und sie – wie sie sich auszudrücken pflegte – nur als sexuelles Objekt mißbrauchte. Von Jochen K. erwartete sie deshalb mehr Fürsorge, Zärtlichkeit und Einfühlungsvermögen. Auch Jochen K. hatte eine gescheiterte Ehe hinter sich und wollte mit Petra R. einen neuen Anfang wagen. Beide brachten je ein Kind mit in ihre neue Beziehung, was als gute Voraussetzung für einen Neubeginn empfunden wurde, da dadurch von vornherein in diesem Punkt eine Ausgeglichenheit vorhanden war.

Jochen K. hatte sich erst vor kurzem beruflich verändert und war die ganze Woche über unterwegs.

In diesen Tagen fühlte er sich abends im Hotelzimmer einsam und sexuell frustriert, und er konnte es kaum bis zum Freitag aushalten, um mit seiner neuen Partnerin zu schlafen. Petra R. hingegen sehnte sich an den Tagen, die sie mit den Kindern allein verbrachte, nach Zärtlichkeit und seelischer Wärme. Sie konnte es nicht verstehen, daß Jochen K. sofort nach seiner Ankunft am Freitag mit ihr ins Bett gehen wollte und reagierte darauf oft mit Widerwillen und Abwehr. Als sich solche Situationen wiederholten, wurde Jochen K. während seiner Anwesenheit am Wochenende zusehends unleidlicher, Auseinandersetzungen häuften sich, und einmal kam es sogar zu Handgreiflichkeiten. Petra R. war seelisch total aufgelöst und verzweifelt: ›Ich kam vom Regen in die Traufe – da hätte ich gleich bei meinem Ehemann bleiben können, der hat mich wenigstens nie geschlagen!‹

Bei der Analyse stellte sich heraus, daß Petra R. mit falschen Vorstellungen und Erwartungen in ihre jeweilige Partnerschaft eingegangen war. Sie war – wie übrigens eine große Anzahl von Frauen – der Auffassung, daß ihre Einstellung zur Sexualität richtig sei und daß die Männer genauso wie sie empfinden müßten. Sie erwartete von ihrem Partner, daß er ihr zunächst seelische Liebe und Zärtlichkeit entgegenbringen solle. Erst später sei sie dann auch für die Sexualität bereit. Sie dogmatisierte also ihr Empfinden, ohne sich in das andersartige seelische und sexuelle Erleben des Partners einzufühlen, geschweige denn ihre Unwissenheit über die unterschiedliche sexuelle Anatomie und Physiologie zu beseitigen. Hätte Petra R. gewußt, daß der Sexualtrieb des Mannes sich so elementar wie Hunger oder Durst bemerkbar machen kann, daß viele Männer davon sprechen, daß sich bei ihnen alles anstaut und daß jede Zelle ihres Organismus danach drängt, sich zu entladen, hätte sie vielleicht mehr Verständnis gezeigt. Die Quintessenz des Hitereports[14]: Männer geben Liebe für Sex, Frauen geben Sex für Liebe, drückt genau die Problematik aus, in der Petra und Jochen steckten. Beide kamen nicht zur Erfüllung, weil jeder in den Partner die Erwartung projizierte, daß dieser seine eigenen Vorstellungen und Wünsche befriedigen würde.

Solange Petra den zärtlichen Geliebten und Jochen die leidenschaftliche, heißblütige Sexgespielin erwartete, lebten sie in zwei verschiedenen Welten. Zudem befanden sie sich in einem negativen Regelkreis: Weil sie seine sexuellen Wünsche nicht erfüllte, deshalb war er ungehalten und aggressiv, und weil er ungehalten und aggressiv war, deshalb konnte sie sich ihm sexuell nicht hingeben.

Aus diesem negativen Regelkreis können Petra und Jochen nur aussteigen, wenn beide versuchen, die Andersartigkeit des anderen zu verstehen. Erst wenn sie von ihren verhärteten Positionen abrücken und dem Partner entgegenkommen, besteht die Möglichkeit, in einen positiven Regelkreis überzuwechseln:

Weil er zärtlich zu ihr ist, deshalb hat sie mehr Bedürfnis nach Sex, und weil sie sexuell aktiver ist, deshalb ist er zärtlicher zu ihr . . .

Machtsteigerung bei schönen Frauen

Eine weitere Folgeerscheinung der ubiquitären Hemmung der Sexualität ist, daß Frauen, die von der Natur in bezug auf Attraktivität und Schönheit bevorzugt wurden, dadurch eine schier unglaubliche Macht erhalten. Indem wegen des Treuemaßstabs erfüllende Sexualität zu einer Rarität wird, wird Schönheit und Erotik um so mehr aufs Podest gehoben. Eine schöne Frau – vorausgesetzt, sie hat eine erotische Ausstrahlung – kann in einer patriarchalen Gesellschaft fast alles erreichen. Sie kann, wenn sie nur will, nicht nur jeden Mann – mit Ausnahme von Impotenten und Vollblutspießern – haben, sondern auch über ihn alle ihre Wünsche und Ziele verwirklichen.

Es gibt Männer, die, um ihrer hübschen Freundin etwas »bieten« zu können, Häuser mit Hypotheken belasten, die ihren letzten Groschen für ein Geburtstagsgeschenk für sie ausgeben; die sich – um ihr zu imponieren – ein Auto kaufen, das in keiner Relation zu ihrem Einkommen steht, die ihre mühsam ersparte Eigentumswohnung, die sie ansonsten teuer hätten vermieten können, ihr umsonst überlassen und sich noch dabei genieren, ihr die Heizkosten zu berechnen...

Das ist der Grund, aus dem die verdrängte Sexualität und ihr Gegenpol bzw. Komplementärbild – die schöne, erotisch reizvolle Frau – von Werbepsychologen geschickt für kommerzielle Zwecke genutzt wird. Eine schöne Frau ist immer und jederzeit ein Anreiz, selbst wenn sie nicht real existent ist. Deshalb werden bestimmte Produkte mit erotischen Bildern gekoppelt, um im potentiellen Käufer die Assoziation zu wecken, daß, wenn er das Produkt kauft, damit auch die Chance besteht, ein solches »Superwesen« zu erreichen. Doch nicht nur materielle Opfer werden aufgebracht, sondern auch immense Aufwendungen an Zeit und Arbeit.

Schöne Frauen werden ausgeführt und spazierengefahren, sie können es sich im Gegensatz zu ihren weniger attraktiven Geschlechtsgenossinnen erlauben, den Mann bei einem Rendezvous zu versetzen, können ungestraft stundenlang dummes Zeug schwatzen, und finden selbst als Tennis-Anfängerinnen mit tollpatschiger Balltechnik Partner, die mit ihnen spielen. Und das alles, obwohl sie mit den meisten potentiellen Partnern keine realen sexuellen Beziehungen haben. Allein der Anblick, ihre Nähe, allein die Hoffnung, sie könnte mit ihm vielleicht eines Tages schlafen, treibt den Mann dazu, für sie alles zu tun. Er wechselt ihr die Reifen am Auto, bringt ihren Wagen zum TÜV, fährt sie spät abends in eine weit entfernte Stadt und macht sich selbst und ihr vor, daß er das alles gern tun würde und daß ihm solche Mühen überhaupt nichts ausmachen. Das ist doch selbstverständlich, pflegt er bescheiden zu sagen. Und er empfindet sich dabei als edel, daß er so anständig war und sie nicht mal bedrängte.

Manche Frauen verstehen es, diese Situation zu nutzen und kennen für jeden Eventualfall – von der Autoreparatur über die körperliche Krankheit bis zum schwierigen Rechtsfall – die entsprechenden hilfreichen Männer, ohne auch nur einmal mit ihnen Zärtlichkeiten ausgetauscht zu haben.

Heidrun K. ist eine junge Frau mit einer tollen Figur und einem herben, aber sehr sympathischen Gesicht. Sie erklärte in einem Interview:

›Ich habe viele Freunde, die mir in allen Lebenslagen hilfreich zur Seite stehen würden, falls einmal ein Notfall eintreten sollte! Und dies empfinde ich als sehr beruhigend – es verleiht mir Sicherheit‹.

Was Heidrun K. nicht weiß oder nicht wissen will, ist, daß sie bei einer unvorteilhafteren Figur im Notfall sich selber helfen müßte. Aus diesem Grunde verhindert Schönheit oft den Verselbständigungs- und Emanzipationsprozeß und hemmt so häufig die persönliche Entwicklung!

Männer befinden sich in Anwesenheit von schönen Frauen häufig in einer Art Trancezustand. Ihr Verstand rutscht in den Genitalbereich ab und verliert dadurch die Möglichkeit sich Gehör zu verschaffen. Das ist die Ursache dafür, daß selbst hochintelligente Männer zu Marionetten und Spielbällen ihrer Geliebten werden. Bei allem was sie von sich geben, was sie tun, schielen sie nach ihrer Freundin – ob es ihr gefällt, ob es sie beeindruckt, ob sie dem zustimmt. Nur der leiseste Anflug von Unmut oder Ärger auf ihren Zügen läßt sie darum bangen, ob sie ihm heute nacht noch ihre Liebe schenkt.

Ein derart abhängiger Mann ist gefangen in der Angst, sie zu verlieren, und die vielen bewundernden Blicke, die andere Männer ihr im Lokal, auf der Straße, im Schwimmbad oder auf der Party zuwerfen, bestätigen und verstärken seine Angst. Er weiß oder befürchtet, zu jeder Tages- und Nachtzeit könnte sie einen anderen haben. Sie braucht nur die Hand auszustrecken. Zugleich fühlt er sich aber als glücklicher Sklave – denn er hat das oberste Ziel der Männer in der patriarchalen Gesellschaft erreicht: Er besitzt im Gegensatz zu den ewig Hoffenden eine Frau mit einem göttlichen Körper und stabilisiert sich daran – sein Eigenwert wird gestärkt, sein Selbstvertrauen wächst, er empfindet sich als toller, raffinierter, lässiger Typ, allerdings eben nur unter Verdrängung seines Sklavenstatus innerhalb der Partnerbeziehung.

Um es anders auszudrücken: Die meisten schönen Frauen werden aufgrund dieser Situation in die Rolle einer (seelischen) Sadistin gedrängt. Meist erleben die Männer in ihnen ihre dominanten Mütter aus der Kindheit und müssen sie wie damals (in totaler Abhängigkeit) anbeten, bewundern, ihr Anerkennung zollen.

Sehr früh bemerken junge Mädchen, daß Männer ihnen zu Füßen liegen, erkennen und erfahren ihre Macht. Die attraktive Frau hat es meist nicht nötig, bestimmte Anlagen und Fähigkeiten oder gar Geist zu entwickeln, sie siegt a priori. Veni, vidi, vici (ich kam, ich sah, ich siegte) heißt ihr Motto. Aus diesem Grunde kommt es sehr selten vor, daß die erotisch ansprechende Frau sich selbst, d. h. ihre Einstellungen, ihre Ziele, ihr Verhalten in Frage stellen muß. Die einzigen Nachteile, mit denen sie aufgrund ihres attraktiven Äußeren rechnen muß, sind, daß sie häufiger als die Mauerblümchen bei Fahrten ins Ausland von Zollbeamten kontrolliert, bei den Meldebehörden öfter ihre Körpergröße überprüft und beim Stadtbummel öfter nach der

Uhrzeit oder nach bestimmten Straßen gefragt wird und daß sie sich bei Arztbesuchen meist entkleiden muß.

Durch diese Umstände verliert sie wertvolle Lebenszeit, die sie anderweitig konstruktiver hätte verwenden können.

Krankheiten

Über die psychischen Ursachen von gynäkologischen Erkrankungen:
Nach unserem Konzept sind alle Krankheiten psychisch bedingt. Deshalb heißt es auch bei Erkrankungen im gynäkologischen Bereich folgende Fragen aufzuwerfen:
1. *Warum* bin ich krank?
2. *Wo* bin ich krank?
(an welchem Organ zeigt sich die Krankheit)
3. *Wie* bin ich krank?
(welche Symptome hat die Krankheit ausgebildet)
4. *Wann* wurde ich krank?
(zu welchem Zeitpunkt in meiner Lebensgeschichte zeigten sich die ersten Krankheitssymptome)
5. *Wozu* bin ich krank?
(welchen Sinn und Zweck hat die Krankheit für mich)
Georg Groddeck[15] schreibt hierzu:

»Die Frage: wozu? wurde zu lange aus unserm ärztlichen Denken ausgeschaltet. Trotz des bösen Rufes aller Teleologie forsche man doch einmal, zu welchem Zweck ein Mensch lungenkrank oder herzkrank wird, warum das Es ihn verschwinden läßt oder ihm jede Treppe verbietet, wozu es ihm den After verschließt, so daß er nichts ausgeben kann, oder ihm Speise und Trank durch die Gedärme jagt, so daß tausenderlei, was dem Verstand harmlos, dem Unbewußten giftig erscheint, rasch beseitigt wird. Das Es will unter Umständen, daß der Mensch mager, schwach, oder daß er fett bleibt.

Hunger und Durst, Appetitlosigkeit, die inneren Sekretionen verwendet das Es zu bestimmten Zwecken, die man oft erforschen kann. Es wirkt gleichsam verstandesgemäß auf Fettansatz, Wachstum, Charakter ein. Ärztliche Pflicht ist es, nachzusuchen, was das unbequeme Fettsein mit den Gefahren der Schlaganfälle, der Herzverfettung und Wassersucht, diese Ma-

* Unbewußte

125

gerkeit und Schwindsucht ausdrücken wollen. Das Ubw spricht nicht nur im Traum, es spricht aus der Gebärde, aus dem Zucken der Stirn, aus dem Klopfen des Herzens, aber ebensogut mit der leisen Mahnung der harnsauren Diathese, der Sympathicusreizbarkeit, ebensogut schließlich mit der eindringlichen Stimme der Erkrankung«.

Ferner ist festzustellen, ob es sich um eine akute oder chronische Krankheit handelt.

Durch eine akute Krankheit drückt das Unbewußte einen aktuellen Konflikt aus, mit einer chronischen Erkrankung ein Problem, das permanent besteht.

Beim »Unbewußten« heißt es sich vor Augen führen, daß es sich hierbei um ein *individuelles* Unbewußtes handelt. Was zum Beispiel dem einen Schuldgefühle bereitet, kann für einen anderen total irrelevant sein.

Wir wollen nun etwas in das weite Feld der Gynäkologie einsteigen und dabei den Soorpilz (Scheidenpilz) ausführlich abhandeln, um exemplarisch die verschiedenen Möglichkeiten aufzuzeigen, die einer solchen Krankheit zugrunde liegen können.

Soorpilze sind Scheidenparasiten, die sich oft durch starkes Brennen, Juckreiz und weißlichen, geruchlosen, salbenartigen Ausfluß von oft käsiger Beschaffenheit bemerkbar machen. Nach herkömmlicher medizinischer Ansicht werden sie meist durch Geschlechtsverkehr, in einigen Fällen auch in Saunas, Schwimmbädern oder Toiletten übertragen.

Nach dem psychosomatischen Konzept hingegen muß eine ganz bestimmte psychische Disposition vorliegen, damit es zu einer solchen Erkrankung kommen kann. Diese psychische Disposition schafft dann erst die körperliche Bereitschaft, die beim Soorpilz in einer Abstumpfung der Scheidenmilchsäure zu suchen ist, auf deren Grundlage schließlich die Erreger erst eindringen können.

Die Zellen der Scheide stehen unter Östrogenwirkung und enthalten reichlich gespeichertes Glykogen, das in der Scheide zu Milchsäure umgewandelt wird. Die Scheidenschleimhaut, die querverlaufende Falten bildet, ist drüsenlos, wird aber dennoch von einem weißlichen Scheidensekret benetzt. Dieses entsteht unter anderem durch Zerfall der abgeschilferten Scheidenepithelien. Die gesunde Scheide enthält stets Milchsäurebakterien (Döderlein-Stäbchen)[16]. Sinkt der Säuregehalt der Scheide, wird diese Abwehrfunktion der Scheidenflora geschwächt, und es kann dann – wie oben angeführt – zu einer Soorpilzerkrankung kommen.

Äußere Ursachen (exogene Faktoren)

Daß die meisten Menschen, die vom Soorpilz infiziert wurden, diese Erkrankung nicht mit sich und ihrer Situation (mit ihrem Leben) in Beziehung bringen, zeigt der Fall von Martha L.

Martha L. nach der Diagnose beim Frauenarzt:

›Ich könnte mir die Haare ausraufen. Wo habe ich mir bloß diesen Pilz geholt? War es in der Sauna oder im Schwimmbad? Oder war der See, in dem wir gebadet haben, schon so verseucht? Oder war es die unsaubere Toilette in der Eisenbahn? Oder nein! Ich glaube es war die Bikinihose, die ich vor kurzem im Kaufhaus anprobierte‹.

Martha L. bleibt bei ihren Fragen bei *äußeren* Situationen und Umständen stehen. Weder die Sauna, noch das Schwimmbad, noch der See, noch die unsaubere Toilette, noch die Bikinihose können letztendlich eine Pilzinfektion verursachen, wenn nicht die innerseelische Disposition und die damit synchron verlaufende körperliche Erkrankungsbereitschaft vorliegen. Sie müßte sich vielmehr fragen: Warum wurden andere Frauen, die gleichzeitig ebenfalls die Sauna besucht hatten, nicht krank? Oder: Warum habe ich gerade das Kaufhaus ausgesucht, in dem Badebekleidung auf den Leib anprobiert werden darf? Und warum habe ich gerade den Bikini ausgesucht, der infiziert war? Durch solche Fragen wird sehr schnell evident, daß eine besondere innere Affinität mit dem entsprechenden äußeren Krankheitsauslöser bestehen muß.

Die äußeren Medien sind also nur Erfüllungsgehilfen, damit sich die Krankheit realisieren kann, damit die Disposition geweckt wird. Sie stehen als äußere Symbole für eine innere Wirklichkeit. So kann zum Beispiel ein verseuchter See ein Gleichnis für die Verdrängung darstellen, die das Unbewußte (=der See innen) der betreffenden Person verseucht haben.

Solange Patient und Arzt alles auf den »Zufall« zurückführen und ausschließlich in den äußeren Erscheinungsformen die Ursachen sehen, bilden beide ein Komplott, mit dem sie die Frage nach dem Warum und nach dem Sinn und Zweck der Erkrankung abwehren können. Ein solcher Umgang mit dem Phänomen »Krankheit« ist für die bisherige Bewußtseinshaltung bequemer. Der Patient braucht sein Weltbild, seine Normen und Ideale und vor allem seinen Lebensstil nicht in Frage zu stellen.

Er kann so weiterleben wie bisher. Er kann so tun, als ob alles, außer seinem Symptom, in Ordnung wäre. Nach dieser Ideologie gilt es nur, die richtigen Tropfen oder Tabletten zu verschreiben, um die Gesundung herbeizuführen. Daß dies ein Trugschluß ist, zeigen die vielen chronischen Erkrankungen sowie die mannigfaltigen Symptomverschiebungen, die durch bestimmte Arzneimittel verursacht werden.

Psychische Ursachen
Selbstbestrafungstendenz   Eine der häufigsten psychischen Ursachen für den Soorpilz ist die Selbstbestrafungstendenz des Unbewußten. Hier ist insbesondere ausschlaggebend, welche Normen und Maßstäbe die betreffende Frau im Unbewußten beherbergt. Je strenger das Überich, desto größer die Gefahr der Bestrafung bereits bei kleinen Übertritten. Die Bestrafung erfolgt nach dem archaischen *Schuld-Sühne-Prinzip*. Der Übertritt über das (relative) Gebot oder Verbot bedingt Schuld, und diese Schuld schreit nach Sühne.

Hier gilt es also sich zu fragen, gegen welche Norm oder gegen welches Verbot habe ich verstoßen? Meist sind bestimmte Lebensbereiche durch Erziehung und Umwelt tabuisiert worden. Wagt nun jemand auf einem solchen Lebensgebiet zu *leben*, muß dies vom Unbewußten her geahndet werden. Hier wird deutlich, daß das Unbewußte individuell geprägt ist. Es ist falsch programmiert worden. Nicht die Natur fungierte als Vorbild und gab das Programm ab, sondern es wurde im Gegenteil ein Antinaturprogramm installiert, das patriarchale Programm, welches ständig von der Neurose genährt wird und welches sich immer wieder selbst bestätigt, so daß es für viele, die den Wirkungsmechanismus nicht durchschauen, ein aussichtsloses Unterfangen ist, jemals aus diesem circulus vitiosus auszubrechen.

So kann zum Beispiel im Unbewußten einer Frau in frühester Kindheit der Maßstab eingepflanzt worden sein, daß Arbeit, Fleiß und Keuschheit (bzw. Hemmung in der Erotik) ein anständiges, braves Mädchen auszeichnen, während Vergnügen, Wohlleben und erotische Freuden verabscheuenswert sind. Eine Frau, die so geprägt wurde, wird daher kaum glückliche Stunden erotischen Genusses unbeschwert genießen können. Ihr Unbewußtes wird sie für solche Übertritte strafen, auch wenn dies vom Gesichtspunkt des Lebens aus noch so absurd erscheinen mag. Die Schuld, die mit der »Verfehlung« oder mit der »Abweichung« (»vom rechten Weg«) einherging, schwächt das Abwehrsystem und damit den physiologischen Ablauf im körperlichen Organismus. Sie schafft damit die Disposition für pathogene Keime.

Ist nun eine derart geprägte Frau an Soorpilz erkrankt, so ist anzunehmen, daß auch der Partner mit dieser Erkrankung verflochten ist. Nicht nur, daß er manchmal Überträger ist oder umgekehrt über sie infiziert wurde, sondern es besteht auch eine Verflechtung im Unbewußten. Denn: Warum zieht er eine Frau an, die an einer Pilzerkrankung der Scheide leidet? Oder warum hat die Frau, mit der er schon seit langem liiert ist, gerade zu *diesem* Zeitpunkt *diese* Erkrankung? Warum tauchte eine solche Symptomatik nicht schon früher auf, oder warum nicht irgendwann in ferner Zukunft? Da der Partner aufgrund der durch den Pilz verursachten Entzündungen der Eichel und der Vorhaut (Balanitis, Balanoposthitis) sich einer gleichzeitigen Behandlung mit einem Antimykoticum unterziehen muß, wird auch sein Genuß auf dem erotischen Lebenssektor beeinträchtigt. Ganz abgesehen davon, daß während der Behandlung aufgrund der gegenseitigen Ansteckungsgefahr Geschlechtsverkehr untersagt wird. Es muß also auch im Unbewußten des Mannes eine Tendenz bestehen, die Wohlleben sowie Freude in der Erotik verbietet.

Ein Mann mit einer natürlichen Einstellung zur Erotik und Sexualität, d. h. ohne Hemmungen, Ängste und Schuldgefühle auf diesem Sektor hat keine Affinität mit solchen Erkrankungen. Er zieht solche Situationen nicht an.

Bei der Selbstbestrafungstendenz, ausgelöst durch Vergnügen und Wohlleben, ist ferner noch zu beachten, daß die Strafe hier manchmal nicht aufgrund des Schuldgefühls beim sexuellen Akt als solchem erfolgt, sondern aufgrund eines schlechten Gewissens anderer Personen gegenüber.

Christine L.: ›Ich lebe in einer therapeutischen Gemeinschaft. Da wir uns in einer Aufbauphase befinden, fällt eine Menge Arbeit an. Um diese bewältigen zu können, muß jeder seinen Teil dazu beitragen. Ausgerechnet in dieser Zeit habe ich nun einen neuen Partner kennengelernt, mit dem ich mich auf Anhieb gut verstand. Wir erlebten wunderschöne Stunden voller Liebe und Zärtlichkeit. Dabei hatte ich allerdings immer Schuldgefühle der Gruppe gegenüber. Die Stimme des Gewissens machte sich bemerkbar: Die anderen arbeiten und schuften, während du dich vergnügst und das Leben in vollen Zügen genießt. Schließlich wurden unsere nächtlichen Freuden durch die Pilzerkrankung stark beeinträchtigt, so daß ich mich wieder mehr der Gruppe zuwenden konnte‹.

Wie die Reaktion des Unbewußten von der individuellen Prägung abhängig ist, zeigt auch der Fall von Bettina S.:

Bettina S.: ›Eigentlich bin ich über die Scheidenpilzerkrankung gar nicht so verärgert. Mein Mann möchte täglich mit mir schlafen, das ist mir zu viel. Ich finde, es reicht, wenn man zweimal in der Woche miteinander schläft. Insofern bin ich beinahe froh darüber, daß wir durch den Pilz gezwungen sind, eine Pause einzulegen‹.

Bei der Analyse stellte sich heraus, daß Bettina S. durch die in ihrem Elternhaus häufig zitierte Feststellung von Luther: »In der Woche zwier schadet weder ihm noch ihr« beeinflußt war. Sie hatte davon ausgehend Bedenken, ob sich nicht der häufig erfolgte Coitus schädlich auf ihre Gesundheit auswirken könnte. Der Übertritt ihres innerseelischen Maßstabes bewirkte die Strafe, die zugleich aber auch einen Zweck verfolgte. Die Frage »wozu bin ich krank« konnte von Bettina S. leicht beantwortet werden: Um Schonung zu erhalten.

Seitensprung Heinz (32) ist seit sechs Jahren verheiratet und hat ein Kind. Seit etwa zwei Jahren ist das gegenseitige sexuelle Begehren innerhalb der Ehe erloschen. Die gemeinsame Sexualität ist zu einem Pflichtritual erstarrt, das für beide Seiten nur noch wenig Erfüllung bringt. Heinz L.: ›Da wir uns jedoch seelisch und geistig verstehen und einige Klippen des Schicksals gemeinsam gemeistert haben, wollen wir zusammenbleiben. Ein Seitensprung allerdings wäre für meine Frau etwas Unverzeihliches‹

Deshalb entwickelte Heinz große Schuldgefühle gegenüber seiner Frau, als er auf einer Bahnreise Nadine O. kennenlernte, deren Wesen ihm auf Anhieb sympathisch war. Kurze Zeit später kam es zum ersten Intimkontakt, bei dem sich Heinz eine Pilzinfektion holte. Aufgrund dieser Erkrankung suchte Heinz einen Arzt auf, der ihn darauf aufmerksam machte, daß auch seine Ehefrau sich einer Behandlung unterziehen müsse. Daraufhin konnte Heinz L. nicht mehr umhin – er mußte seiner Frau den Seitensprung gestehen. ›Wäre ich doch damals nicht ›schwach‹ geworden, dann hätte ich jetzt nicht dieses Malheur!‹, meinte er verzweifelt. Und die Stimme seines Gewissens in ihm sagt: Das ist die Strafe für deine «Schlechtigkeit». Psychoanalytisch betrachtet, sieht die Situation jedoch etwas anders aus. Auch in diesem Fall wurde die Selbstbestrafungstendenz des Unbewußten wirksam. Heinz L. war von Schuldgefühlen geplagt und zog daher unbewußt die Strafe herbei: Mit dieser entsprechenden Disposition begegnete er einem Partner, der die Potenz in sich trug, ihm die Strafe zu liefern. Dabei trachtete sein Unbewußtes danach, daß die Sache auch wirklich aufflog. Aufgrund der Strafe zeigte er dann Reue und gelobte, nicht mehr zu sündigen, ohne sich die Frage zu stellen, ob nicht das Gebot oder der Maßstab selbst eine Sünde wider die Natur darstellt.

Dieses Beispiel steht für viele. Immer wieder werden diese Maßstäbe durch das Schicksal scheinbar bestätigt, weil deren Wirkungsmechanismen nicht entlarvt werden, und weil man glaubt, die Strafe käme vom Kosmos oder von Gott! Dies erklärt auch, warum viele brave und anständige Menschen oft vom Schicksal so hart geprüft werden: Je stärker die Schuldgefühle, um so größer die Möglichkeit der Bestrafung!

Angst Ebenso wie Schuldgefühle schwächen auch Ängste das Abwehrsystem und schaffen daher eine Krankheitsbereitschaft.

Angst vor einer Schwangerschaft Viele Frauen, die sich mit den herkömmlichen Empfängnisverhütungsmitteln nicht anfreunden können, leben in ständiger Angst vor einer Schwangerschaft, dadurch wird die Qualität der erotischen Begegnung empfindlich beeinträchtigt. Wenn Angst und Unsicherheit aktualisiert werden, läßt die geschwächte Abwehrlage die Erreger eindringen, unter anderem auch den Soorpilz.

Bindungsängste entstehen meist aufgrund traumatischer Erfahrungen in der Vergangenheit; aufgrund des Unvermögens, sich mit einem Partner auseinanderzusetzen; aufgrund von Überengagement auf anderen Lebensgebieten, so daß für die Beziehung keine Zeit und Energie mehr bleiben; aufgrund von Abgrenzungsschwäche sowie aufgrund der mangelnden Fähigkeit, seine seelische Eigenart und seine Rechte in einer Beziehung zum Ausdruck zu bringen. Es ist die Angst, sich selbst in einer Zweierbeziehung nicht mehr leben zu können, sich verleugnen zu müssen.

Angst vor Vereinnahmung Ähnlich der Bindungsangst gelagert ist die Angst vor Vereinnahmung durch den Partner.

Marion U.: ›Mein Partner ist wie eine Klette. Ständig tanzt er um mich herum, dauernd braucht er mich. Fortwährend stehe ich unter Erwartungsdruck. Ich habe das Gefühl, in dieser Beziehung nicht mehr atmen zu können‹.

Es war daher nicht verwunderlich, daß Marion kurze Zeit später an Soorpilz erkrankte. Der stete Druck schwächte ihren Organismus, ihr Unbewußtes signalisierte über das Symptom: Abwehr gegenüber dem Partner (sogenannter Krankheitsgewinn).

Überforderung Uschi A. ist eine junge Frau von 28 Jahren und seit fünf Jahren verheiratet. Vor zwei Jahren lernte ihr Mann eine andere Frau kennen, Uschi A. bot er daraufhin an, eine »offene Ehe« zu führen. Dabei gab er ihr zu verstehen, daß es ihm sehr gelegen käme, wenn sie sich einen Freund zulegen würde. Einige Zeit später begegnete sie Peter S., mit dem sie in bestimmten Intervallen ein Rendezvous hatte. Obwohl sich Uschi A. jedesmal freute, wenn sie Peter S. treffen konnte, fühlte sie sich bald überfordert: ›Ich werde einfach nicht fertig damit, zwei Männer zu haben. Ich bin gefühlsmäßig total zersplittert. Ich weiß jetzt, ich kann mich nur einem Mann hingeben. Ich brauche wieder eine klare Linie in meinem Leben‹.

Da Uschi A. den Maßstab in sich trug, nur einem Manne ihre Liebe schenken zu können, mußte sie sich zwangsläufig durch die veränderte Situation überfordert fühlen. Insofern wurde der Maßstab durch ihr Erleben wiederum scheinbar bestätigt.

Weitere Ursachen, die den psychischen Nährboden für eine Soorpilzerkrankung abgeben, können sein:
– Abwehr gegenüber dem Partner, zum Beispiel wenn der Partner nicht mehr geliebt wird, jener aber nach körperlicher Vereinigung drängt.
– Unsicherheit dem Partner gegenüber, zum Beispiel ob jener auch noch zu einem hält, wenn kein Geschlechtsverkehr möglich ist. Das Unbewußte prüft hier über den Soorpilz, ob der Mann nicht doch nur das »Eine« will.
– Verdrängter Drang zur Untreue. In solchen Fällen schafft das Unbewußte – wie Georg Groddeck in seinem Buch vom Es zum Ausdruck gebracht hat – die Bereitschaft für eine Erkrankung im gynäkologischen Bereich, um endlich einmal von einem anderen Mann als vom angetrauten ›betastet‹ zu werden. Über den Frauenarzt kann sie dann auf legale Weise ihren »Seitensprung« begehen – ohne sich »schuldig« zu machen.
– der Maßstab »Warten bis die Zeit reif ist«

Stella L. hat seit drei Monaten eine Beziehung mit Fred K. Obwohl sie Fred sehr gerne mag, hat Stella jeden Ansturm ihres Freundes abgewehrt. ›Fred, gib mir doch noch ein bißchen Zeit, ich bin noch nicht soweit, um mit dir schlafen zu können‹, sagte sie des öfteren. Doch Freds Drängen wurde stärker und stärker. Aufgrund dieser vehementen Bedrängnis mußte das Unbewußte einen Ausweg suchen: Der Weg aus der Klemme war der Weg über den Scheidenpilz. Über diese Erkrankung konnte Stella L. nochmals »Aufschub« bekommen.

Daß ein solcher Maßstab ebenfalls lebensfremd ist, muß nicht besonders erwähnt werden. Stella L. will erst Triebe und Gefühle zulassen, wenn der Zeitpunkt ›richtig‹ ist. Damit vergewaltigt sie die Äußerungsformen des Lebens. Triebe und Gefühle kommen und gehen. Sie können nicht geplant oder auf einen bestimmten Zeitpunkt festgesetzt werden.

Wie bei jeder Erkrankung gilt es auch beim Soorpilz, die Folgeerscheinungen zu betrachten. Jedes Antimykoticum enthält Hinweise für die tägliche Hygiene. Während der Behandlung sollen zum Waschen des Genitalbereiches nur bestimmte Waschlappen und Handtücher verwendet werden, die zudem täglich gewechselt werden müssen. Ferner empfiehlt sich auch, nur kochbare Wäsche zu tragen.

Die Erkrankte wird also nicht nur durch den Soorpilz zu Enthaltsamkeit, sondern auch zu Sauberkeit und Hygiene gezwungen. Dieser Zwang zu Sauberkeit und Hygiene ist jedoch ein Gleichnis für die seelische Szenerie, bzw. ein *Ersatz* auf der materiellen, sichtbaren Ebene, weil im seelischen Bereich keine Reinigung vollzogen wurde.

Aufgrund der Anpassung an die Norm muß individuelle Lebensenergie und Eigenart verdrängt werden. Die Verdrängung wiederum bewirkt eine Pervertierung bzw. Verschmutzung der Lebensenergien. Da wir jedoch im Zeitalter des Materialismus leben, wird die erforderliche Reinigung nur in der materiellen Welt vollzogen. Der Scheidenpilz ist jedoch ein grellrotes Signal, den alten Maßstab in bezug auf Sexualität und Liebe in Frage zu stellen! Denn: Wenn dieser Maßstab Schuld und Angst erzeugt, und primär Schuld und Angst – wie wir gesehen haben – die Disposition für den Scheidenpilz schaffen, muß er durch einen neuen wirklichkeitsadäquaten Maßstab ersetzt werden, durch einen Maßstab des Lebens, der Leben zuläßt.

Eine ausführliche und detaillierte Psycho-Gynäkologie würde

den Rahmen dieses Buches sprengen. Aus diesem Grunde sollen die folgenden Erkrankungen nur gestreift werden.

Entzündungen der weiblichen Geschlechtsorgane Zum Schutz des Geschlechtskanals gegen Entzündungserreger ist der Scheideneingang durch die kleinen und großen Schamlippen verschlossen. Ferner dienen die saure Scheidenflüssigkeit, die basische Absonderung der Gebärmutterhalsdrüsen, der doppelte (innere und äußere) Muttermundverschluß und schließlich der Eileitersekretstrom, der durch die Flimmerbewegung und Muskelkontraktion Bakterienkeime gebärmutterwärts zurückspült, der *Abwehr* von Krankheitserregern.[16)]

Bei dieser Abwehr handelt es sich um eine physiologische, also *natürliche* Abwehr im Gegensatz zu einer *neurotischen* (psychischen) Abwehr, die durch einen irrealen Maßstab verursacht wird. Dieser Maßstab, integrierter Bestandteil der landläufigen Moral, läßt körperliche Triebe nicht oder nur zu ganz bestimmten Zeiten oder nur unter besonderen Voraussetzungen und Rahmenbedingungen zu. Insofern werden die lebendigen Triebe abgeblockt. Ein freier Fluß dieser körperlichen Energien ist nicht mehr möglich. Nun basiert aber gerade eine natürliche Abwehr auf einer natürlichen Funktion sowohl des Trieblebens als auch der damit korrelierenden Geschlechtsorgane, d. h. eine natürliche Abwehr ist abhängig von einem natürlichen Gebrauch dieser Organe. Ähnlich wie Muskeln, die nicht mehr gebraucht werden, degenerieren die Geschlechtsorgane, wenn sie nicht eingesetzt werden. Das sexuelle Verlangen läßt nach, oder anders ausgedrückt, die libidinöse Energie ist reduziert. Diese Frauen sprechen dann davon, daß sie das Sexuelle nicht mehr brauchen. So gibt es zwei Ursachen von Unterleibsentzündungen: Die Entzündung, die aufgrund der Degeneration und damit der Schwächung der Geschlechtsorgane Eingang finden kann, und die Entzündung, die dadurch entsteht, daß starke Triebenergien abgewehrt werden. Sie wenden sich gegen den Organismus und manifestieren sich in pervertierter Form gerade an den Organen, die auf der körperlichen Ebene dem Sexual- und Triebleben entsprechen. Und wenn wir uns unter diesem Gesichtspunkt die klassischen Merkmale einer Entzündung, nämlich Dolor (Schmerz), Calor (Hitze), Rubor (Rötung) und Tumor (Schwellung) vor Augen führen, so wird klar, daß der Schmerz nichts anderes ist als pervertierte Lust, die Hitzeentwicklung, die Rötung und die Schwellung nichts anderes sind als die Erhitzung, starke Durchblutung und Schwellung wie sie bei einer sexuellen Erregung zu verzeichnen ist. Insofern sind also Entzündungen der weiblichen Geschlechtsorgane umgekehrte (pervertierte) sexuelle Erregungen, die aufgrund eines irrealen Maßstabs abgewehrt werden.

Die neurotische Abwehr (siehe Anpassungs- und Abwehrmechanismen) zerstört also die natürliche Abwehr, so daß einer Invasion der Erreger Vorschub geleistet wird. Es ist erstaunlich, daß diese Symbolsprache der Natur, die an Deutlichkeit und Prägnanz unübertroffen ist, bisher so wenig Beachtung fand: Die *Erreger* der Scheidenentzündung sind ein Gleichnis und zugleich ein Ersatz für die sexuelle *Erregung*, die nicht aufkeimen darf und den natürlichen *Erreger* der Außenwelt – also den Mann – nicht empfangen will. Irgendwie muß ja die Energie ausgelebt werden, wenn nicht physiologisch, dann eben pathologisch (pervertiert). Nun wird mancher einwenden, daß Entzündungen der Geschlechtsorgane auch bei Frauen auftreten, die ihre Sexualität ausleben. Dies ist sicher richtig. Bei näherer psychoanalytischer Betrachtung fällt jedoch auf, daß die Betroffenen dabei Schuldgefühle aufweisen, so daß die Selbstbestrafungstendenz des Unbewußten, die bereits beim Soorpilz ausführlich behandelt wurde, zum Tragen kommt. Häufig werden auch Schwierigkeiten und Probleme, die in der Partnerschaft nicht gelöst werden können, auf den Unterleib projiziert. Unter anderem können seelische Konflikte, wie zum Beispiel Entscheidungsschwierigkeiten zwischen zwei Männern oder das permanente Gefühl der Ungeborgenheit auslösendes Moment für Entzündungen sein. Der Unterleib der Frau ist der Spiegel ihrer Seele. Da die Vagina auf der körperlichen Ebene als Symbol für seelische Wärme, Liebe, Zärtlichkeit, Heimat und Geborgenheit fungiert, können entsprechende Mängel in letzteren Bereichen krankheitsauslösend wirken.

Gebärmuttermyom Die Gebärmutter besteht in der Hauptsache aus sogenannter glatter oder Eingeweidemuskulatur. Wie fast jedes Gewebe, so kann auch die Gebärmuttermuskulatur wuchern. Dabei entstehen weitaus am häufigsten gutartige Muskelgeschwülste, die man Gebärmuttermyome nennt.

Charakteristisch ist die Altersabhängigkeit der Gebärmuttermyome. Sie entwickeln sich nur unter dem Einfluß von Follikelhormon, also nur im geschlechtsreifen Alter der Frau. Vor dem 25. Lebensjahr sind Muskelgeschwülste der Gebärmutter recht selten. Nach Ausbleiben der Regelblutung entstehen keine Myome mehr; sie gehen jetzt vielmehr aus Mangel an Follikelhormon zurück und schrumpfen zusammen.

Man hat das hormonabhängige Myomwachstum mit den Veränderungen der schwangeren Gebärmutter verglichen und gesagt, daß die Gebärmutter »ins Kraut schießt, anstatt Früchte zu tragen[16]«. Dieser Vergleich macht bereits deutlich, daß es sich beim Gebärmuttermyom um einen nicht zugelassenen, also verdrängten Kinderwunsch handeln kann.

Häufig treten aber auch Myome nach der Trennung von einem Partner auf, wenn auf diesen eigene Persönlichkeitsanteile projiziert wurden, oder wenn in einer Zweierbeziehung eine dritte Person als Fremdkörper empfunden wird. Christina L., die seit sechs Monaten an einem Gebärmuttermyom leidet: ›Ich habe mit Joseph K. seit einem Jahr ein festes Verhältnis. Wir verstehen uns in fast allen Lebenslagen – vom Bett angefangen bis in die Parteiversammlung, wenn es darum geht, eine bestimmte politische Position zu vertreten. Nur eines stört mich an dieser Beziehung: Es ist Thomas, der 4-jährige Junge, den Joseph nach der Scheidung von seiner früheren Ehefrau zu sich nahm. Ich finde zu diesem Kind einfach keinen Draht. Er ist verwöhnt, ungezogen und will ständig im Mittelpunkt stehen. Er lehnt mich ab, genauso wie ich ihn nicht akzeptieren kann‹.

Jolanda O. (Gebärmuttermyom, diagnostiziert vor vier Monaten): ›Ich liebe Stefan über alles. Tag und Nacht muß ich an ihn denken. Obwohl er sagt, daß auch er mich innig liebt, bleibt er bei seiner Ehefrau. Diese Frau überschattet unsere Beziehung, ist wie ein Fremdkörper in unserem Intimbereich‹.

Doch nicht nur das Kind des Partners, die Ehefrau des Freundes, die Freundin des Ehemannes, die Mutter oder der Vater des Partners etc. können als Fremdkörper empfunden werden, sondern auch der Hund oder die Katze des Partners, ja sogar materielle Gegenstände wie das Auto oder das Segelschiff des Partners, manchmal auch dessen Hobby (Fußball, Briefmarkensammeln).

Störungen der Regelblutung (Dysmenorrhoe) Störungen des Menstruationszyklus können durch Veränderungen an Scheide, Gebärmutter, Eileiter und Eierstöcken zusammenkommen; außerdem sind die Hirnanhangdrüse und das Sexualzentrum im Zwischenhirn mehr oder weniger an der zyklischen Regelblutung beteiligt.[16]

Im Gegensatz zu den anderen gynäkologischen Erkrankungen existiert hier eine umfangreiche Literatur, da die Dysmenorrhoe zu den »klassischen« psychosomatischen Krankheiten zählt. So schreiben Walter Bräutigam und Paul Christian in *Psychosomatische Medizin*[17]: »Häufig spielt dabei eine Art negative Lernerfahrung in Bezug auf Weiblichkeit, speziell auch in Hinsicht Menstruation eine Rolle. Junge Mädchen übernehmen das Verhalten ihrer Mutter im Hinblick auf die Menstruation. Nachfragen bei Patientinnen mit Dysmenorrhoe ergaben, daß auch deren Mutter und andere weibliche Familienmitglieder die Menstruation nicht nur als lästig, sondern auch als *schmerzhaft* erlebten, ja daß die erste Periodenblutung häufig als Krankheit dramatisiert wurde. Durch die schmerzhafte Erfahrung wird die nächste Regelblutung schon mit ängstlicher Spannung erwartet. Diese Anspannung ist automatisch mit einer Vasokonstruktion und dadurch mit zusätzlichen ischämischen Schmerzreizen verbunden. Zugleich führt sie aber auch zu einer Einengung der Wahrnehmungsfähigkeit und Konzentration auf alle schmerzverdächtigen Reize (K.H. Lukas)«.

Ferner werden Störungen der Regelblutung auch festgestellt bei unerfülltem Kinderwunsch und umgekehrt bei Furcht vor einer ungewollten Schwangerschaft. Aber auch andere seelische Konflikte und Ängste können das Menstruieren der Frau beeinflussen. Insbesondere Unsicherheit und Belastungen im partnerschaftlichen und sexuellen Bereich werden über die Störung der Regelblutung widergespiegelt.

Amenorrhoe Bei der Amenorrhoe, dem krankhaften Fehlen der Menstruationsblutung, heißt es zwischen einer primären und einer sekundären zu unterscheiden.

Das Auftreten einer primären Amenorrhoe wird bei zwei verschiedenen Persönlichkeitsfaktoren beschrieben[17]:

1). Beim Typus des infantilen Mädchens mit herabgesetzter Libido, Kontaktunfähigkeit; das Mädchen, das nicht Frau werden kann oder will (»Dornröschen«) und

2). Beim Typus einer Frau mit einem männlichen, »phallischen« Selbstbild. Oft handelt es sich dabei um ein Mädchen, das als Junge erwartet wurde und für die Eltern nur als Ersatz für den (noch) nicht geborenen Sohn dienen mußte. Wurde es in eine solche unnatürliche Rolle gedrängt, so muß diese zwangsläufig mit seiner Weiblichkeit kollidieren.

Bei der sekundären Amenorrhoe sind es insbesondere situative Einflüsse, die zu einem vorübergehenden Aussetzen der Regelblutung führen – wie etwa die Auswirkung von Schreckmomenten, von Angst, Streß oder aber auch von Ortsveränderung, von Verlust von nahestehenden Personen und anderes.

Fluor albus (Ausfluß) Der normale Scheideninhalt macht die Scheide innen feucht, schlüpfrig und durch seinen bemerkenswerten Milchsäuregehalt außerdem sauer und dadurch keimabtötend. Die Wichtigkeit dieser sauren Scheidenbarriere liegt darin begründet, daß die Außenwelt über Scheide, Gebärmutter und Eileiter mit der Bauchhöhle in Verbindung steht.

Die Scheidenflüssigkeit kann aus den verschiedensten Gründen verändert oder vermehrt sein. Fließt sie verstärkt in die äußere Scham ab, benetzt sie die Schamlippen und erzeugt Flecken in der Wäsche, spricht man von Ausfluß. Oft kommt es dabei zu Juckreiz und Brennen, oder es stellt sich ein übler Geruch ein. Manche Frauen haben so starken Ausfluß, daß sie immer eine Binde tragen müssen.[16]

Betrachtet man das Phänomen Ausfluß psychosomatisch, so müssen wir drei Arten von Fluor unterscheiden:
a) den Libidofluor
b) den Abwehrfluor
c) den Gewissensfluor

Der *Libidofluor*, der sowohl zervikal wie vaginal entsteht, ist direkter Ausdruck ungestillter sexueller Wünsche. Ein äquivalentes Symptom beim Mann ist der sogenannte »Sehnsuchtstropfen«, der ebenso durch Sekretion der Cowperschen Drüsen (dem Äquivalent der Bartholinischen Drüsen der Frau) bei nicht erfüllten sexuellen Wünschen entsteht. (B. Perez-Gay)[18] An Libidofluor leiden meist Frauen, die in ihrem Unbewußten einen Traummann beherbergen. Sie suchen als Ausgleich für ihre eigene Unsicherheit, Angst und Unselbständigkeit (meist sind auch Sexualität und reale Männer angstbesetzt) einen Traumpartner, der sie versorgt, ihnen Sicherheit gibt, und durch den sie Anerkennung und Achtung in der Umwelt erwerben. Da sie aber nur Partner anziehen können (Gesetz der Anziehung), die ihre innere Konfliktsituation außen widerspiegeln, verstärkt sich damit meist nach einer Phase von beiderseitigem Scheinglück die Problematik. Die Tendenz zur Flucht in den Traum bzw. zum Traummann in der Phantasie wird verstärkt, und die real auftauchenden Männer werden entwertet.

Diese Verunsicherung des männlichen Prinzips in der Psyche der Frau und die dazu synchron verlaufende verunsicherte Partnersituation in der Außenwelt verursacht den Ausfluß. Oder anders ausgedrückt: Das »Krankheitsbild« des Fluor vaginalis ist das Komplementärbild zum Traummann. Dies wird deutlich, wenn man sich vor Augen führt, daß der Traum die Kompensation von Unsicherheit und Angst ist. Unsicherheit und Angst aber werden nicht eingestanden und müssen daher körperlich in Form des Ausflusses zum Ausdruck kommen. Über diese Krankheit, die den Gegenpol zum Traum darstellt, wird die Betroffene »ausgeglichen« (Gesetz des Ausgleichs). Zugleich zeigt sie über ihr körperliches Symptom, daß der Traummann nur *Schein* ist, denn: mit dem Fluor albus tut sie so, als ob (zum Schein) sie immer in ihrem Schritt naß und insofern bereit wäre. Die physiologische Nässe der Vagina bei sexueller Bereitschaft hat sich pervertiert in den pathologischen Ausfluß. Im Zusammenhang mit dem Libidofluor ist noch zu erwähnen, daß besonders auch Frauen daran leiden, die Partner in der Ferne haben. (Das Unbewußte könnte aufgrund der innerseelischen Problematik einen Partner, der in der Nähe wohnt, nicht zulassen.) Die Sehnsucht wird mit dem Libidofluor somatisch ausgedrückt.

Der *Abwehrfluor*. Uschi K. ist mit Lorenz K. zehn Jahre verheiratet. Seit etwa drei Jahren leidet sie an chronisch rezidivierendem Fluor albus, und ebensolang verspürt sie eine tiefe Abneigung gegenüber ihrem Ehemann. Der eheliche Beischlaf wird von ihrer Seite nur selten und wenn, dann nur mit großem Widerwillen zugelassen. Beim letzten Verkehr wurde ihr Ausfluß so intensiv, daß ihr Mann den Beischlaf unterbrechen mußte, weil die ätzende Schärfe des Fluor ihm Schmerzen bereitete. Im Falle von Uschi K. wird deutlich, wie über den Fluor der Partner abgewehrt werden soll.

Beim Abwehrfluor ist zu bemerken, daß damit entweder die Sexualität als solche abgewehrt wird, oder aber der sexuelle Kontakt mit dem Partner erscheint so unbefriedigend, daß die Ablehnung über den Körper ausgedrückt wird. Über das Symptom sagt die Kranke: Komme mir nicht zu nah. Insofern beklagt sich das Unbewußte über den Umweg »Ausfluß« und setzt – wie immer – gleichzeitig ein Gleichnis, das es zu dechiffrieren gilt.

Der *Gewissensfluor*. Als eine weitere, auch aus der Abwehr entstehende Form des Fluor ist der sogenannte Gewissensfluor anzusehen. Patientinnen, die dieses Symptom entwickeln, können zwar ein befriedigendes sexuelles Erleben zunächst zulassen, entwickeln aber aus einer Überich-Problematik heraus, d. h. aus einem zu strengen Gewissen, das die konfliktfreie Befriedigung letztlich doch verhindert, sozusagen zur Strafe einen ausgeprägten Fluor. (B. Perez-Gay)[18]

Ferner erscheint Ausfluß häufig auch als sekundäres Begleitsymptom, dem zunächst eine andere funktionelle Störung zugrunde liegt. So kann zum Beispiel ein erhöhter Parasympathikotonus, also eine Störung des vegetativen Nervensystems (sogenannte vegetative Dystonie), bei jeder unspezifischen Streßsituation zu einer Hypersekretion der Zervixdrüsen, die sympathisch und parasympathisch innerviert sind, führen. In solchen Fällen ist dann bei jeder Aufregung mit starkem Ausfluß zu rechnen. Ein Zusammenhang zwischen erhöhter Zervixsekretion und Entgleisung des vegetativen Nervensystems zeigt sich nicht selten auch bei Frauen, die in Erschöpfungszuständen eine erhöhte Zervixsekretion entwickeln. Hier kann insbesondere die Doppelbelastung von Erwerbs- und Hausarbeit von entscheidender Bedeutung sein. Doch nicht nur die widersprüchlichen Verhaltensanforderungen in diesen beiden Lebensbereichen, sondern auch der allgemeine Wandel der Frauenrolle in unserer Gesellschaft ist für viele Frauen mit Schwierigkeiten verbunden. Die alte traditionelle Frauenrolle kann nicht mehr praktiziert werden, weil keine Identifikation mehr besteht, aber neue Lebensformen als Frau sind meist noch nicht gefunden, geschweige denn umgesetzt worden. Insbesondere kann der *Madonna-Hure-Konflikt*, der an anderer Stelle bereits angeführt wurde, nicht bewältigt werden.

Einerseits ist man mit der alten Rolle unzufrieden, andererseits aber wird an den alten Moralvorstellungen festgehalten, um weiterhin als anständige Frau zu gelten. Da die fremdbestimmte Empfindung für die eigene gehalten wird, wird die »Madonnenprägung« nie in Frage gestellt; obwohl das Schicksal ständig die Irrealität dieser Maßstäbe aufzeigt, werden alle Ereignisse entsprechend dem kollektiven Wahn interpretiert. Wenn das Ideal »Geborgenheit und Liebe bis ans Lebensende« bei einem einzigen Mann an der Wirklichkeit zerbricht, wird mit Frustration, Traurigkeit und Depression reagiert. Trotzdem bleiben viele Frauen in ihrer Ehe, weil Kinder da sind (die »geordnete« Familienverhältnisse brauchen), weil gemeinsam ein Haus gebaut wurde, weil sonst die Eltern, Schwiegereltern, Bekannten und Verwandten Kopf stehen würden... Da sie aufgrund der alten Maßstäbe »Treue« und »Ehe, bis daß der Tod Euch scheidet« usw. immer im Kreis gehen und keine Alternative finden können, muß die Problematik auf die körperliche Ebene gehievt werden.

Der chronische rezidivierende Ausfluß ist in solchen Fällen ein Gleichnis für den chronischen Auflösungsprozeß von Ehe oder Partnerschaft. Weil auf der bewußten Ebene die Auflösung nicht erfolgt, muß sie ersatzweise an dem Organ symbolisch vollzogen werden, das auf der körperlichen Ebene der Geborgenheit, seelischen Liebe, Intimität und Wärme entspricht. Der Fluor ist insofern dann nichts anderes als der Ausdruck der Ungeborgenheit. Über die körperliche Symptomatik sagt die Natur der betreffenden Frau: Ich fühle mich nicht mehr wohl in der jetzigen Situation. Ich bin seelisch in der Partnerschaft nicht mehr zu Hause. Ich habe seelisch keine Heimat mehr.

Michael Balint schreibt hierzu in *Der Arzt, sein Patient und die Krankheit*: »Eine funktionelle Krankheit bedeutet, daß der Patient ein psychologisches Problem hatte, das er mittels seiner Krankheit zu lösen versuchte. Die Krankheit bietet ihm die Möglichkeit, sich zu beklagen, was er zunächst nicht tun konnte. Die Aufgabe des Arztes besteht in der Klärung des Problems, über das sich der Kranke ursprünglich nicht beklagen konnte und für das er die Krankheit erzeugt hat«. Wenn sich die Patientin immer und immer wieder über den Weg der körperlichen Symptomatik beklagt, so bedeutet das, daß sie seelisch und geistig auf der Stelle tritt.

Hier wird deutlich, daß sie das Problem niemals im Rahmen der alten Maßstäbe, Ideale und Einstellungen lösen kann. Sie muß einen Entwicklungsschritt gehen. Sie muß Moral, Anstand und Konvention in Frage stellen. Sie muß es wagen, darüber hinwegzuschreiten. Erst wenn sie auch unkonventionelle Lösungen, wie zum Beispiel freie Partnerschaft, Ergänzungspartner, separate Schlafzimmer, getrennte Wohnungen, Psychoanalyse, Partnertherapie oder auch Scheidung als Möglichkeit in Betracht zieht, kann eine Problembewältigung auf einer bewußten Ebene einsetzen. Dieser bewußte Weg, der in die Praxis umgesetzt werden muß, entbindet von dem Umweg bzw. von dem Fluchtweg »Krankheit«. Je mehr Energie in eine bewußte Bewältigung gesetzt wird, desto mehr wird der Krankheit an Energie entzogen.

Georg Groddeck, der Vater der psychosomatischen Medizin, schreibt in *Psychische Bedingtheit und psychoanalytische Behandlung organischer Leiden:* »In die Verwirrung und Dunkelheit der Frauenleiden würde mehr Ordnung und Licht kommen, wenn man sich entschlösse, im einzelnen Fall zu ergründen, wozu diese Leiden auftreten. Man stößt dann nicht nur auf individuell bedingte Zusammenhänge, sondern lernt die verhängnisvolle Bedeutung unserer Zeitsittlichkeit kennen, die das Weib ausnahmslos zu Heuchelei und undurchführbarer Verstellung zwingt. Dem weiblichen Wesen wird durch die Erziehung das Lustgefühl der Geschlechtlichkeit untersagt, so streng untersagt, daß die moderne Zeit mit der Frigidität des Weibes wie mit einer Naturanlage arbeitet, während der Vergangenheit niemals ein Zweifel kam, daß das Weib geschlechtsbedürftiger ist als der Mann. Dem sinnlos vom Teufel der Heuchelei gemarterten Weibe hilft das Unbewußte. Es schenkt ihm den Schwindel, die Ohnmacht, das Herzweh, die Entstellungen des Körpers, den üblen Geruch, den weißen Fluß, die Eierstock- und Gebärmutterentzündungen, die unberechenbaren Blutungen und schließlich den Krebs; damit hält es die Versuchungen fern, schreckt es alles Begierden Erregende zurück«.

Diese deutlichen Worte schrieb Groddeck bereits 1917. Heute, fast 70 Jahre später, zeigt sich nach wie vor dasselbe Bild. Selbst progressive und emanzipierte Frauen halten an der herkömmlichen Sexualmoral fest. Und selbst dann, wenn sie diese Tabus zu durchbrechen wagen, werden sie entweder über die Selbstbestrafungstendenz des Unbewußten bestraft, oder sie kommen mit einem Mann zusammen, der für eine neue Art zu lieben und zu leben gänzlich ungeeignet ist. Insofern scheint es hier keinen Ausweg zu geben. Daß es doch einen gibt, und welchen, werden wir jedoch an späterer Stelle ausführlich behandeln.

Fazit: Alle psychischen Ursachen der gynäkologischen Erkrankungen lassen sich letztendlich auf eine einzige Ursache zurückführen – auf die alte Sexualmoral mit ihren knechtenden, lebensabtötenden Maßstäben, Geboten und Verboten und vorgeschriebenen Verhaltensweisen, insbesondere aber auf den Maßstab Treue, bzw. auf das falsche, neurotische Verständnis von Treue. Treue kann niemals als Maßstab aufgestellt werden.

Treue kann nur das Ergebnis eines gemeinsamen partnerschaftlichen Wachstumsprozesses sein. Treue wird von beiden Partnern *entwickelt*. Wird sie zur Norm, so werden alle Triebe und Gefühle, die außerhalb der Zweierbeziehung aufkeimen wollen, unterdrückt und abgeblockt. Dieses geknebelte Leben schafft sich dann anderweitig Gehör – über den Weg der Krankheit. Jedes gestörte Verhältnis zur eigenen Weiblichkeit und zur Sexualität muß sich zwangsläufig symbolisch am Körper äußern – und zwar im gynäkologischen Bereich – das diesem Lebensgebiet auf der körperlichen Ebene entspricht. Sonst hätte die Betroffene ja Hepatitis, Endokarditis, Rheuma oder Gallenbeschwerden...

Man kann sogar noch weitergehen und sagen, jeder Erkrankung liegt eine falsche Einstellung und ein falscher, lebensfremder Maßstab auf dem Lebensfeld zugrunde, das von dem entsprechenden Organ oder Organsystem symbolisiert wird.

Hat ein Therapeut diese Tatsache erkannt, kann er durch spezifische Fragen sehr schnell auf den Ursprung des Problems, der immer im seelisch-geistigen Bereich liegt, vorstoßen. In solchen Fällen kommen dann oft Vorstellungen, Ideale, Wünsche und Maßstäbe zum Vorschein, die alle gänzlich der Wirklichkeit des Lebens zuwiderlaufen. So kann zum Beispiel eine Gebärmutterentzündung gekoppelt sein mit einer völlig irrealen, also nicht zu verwirklichenden Vorstellung von Geborgenheit, ein chronisch rezidivierender Fluor albus mit einem völlig falschen Bild von Weiblichkeit und Frausein. Man könnte die Szenerie aber auch noch anders betrachten und sagen, daß letzterdlich Eltern, Erziehung und Umwelt bereits die Disposition für die Amenorrhoe, für die Eierstockentzündung, für die Zyste, für die Trichomonaden, ja sogar für den Gebärmutterkrebs, gelegt haben. Manche Frau wird nun fragen: Was hat denn der Soorpilz, der jetzt mit 38 aufgetaucht ist, mit meinen Eltern zu tun? Da Eltern und Umwelt gewöhnlich die Maßstäbe der alten Sexualmoral jeweils an ihre Kinder übermitteln, wird der Keim für die spätere Erkrankung schon in frühester Kindheit, meist sogar schon pränatal gelegt. Natürlich konnten Eltern und Erzieher nicht anders handeln, da auch sie so programmiert wurden und lediglich dieses Antinaturprogramm weitergegeben haben. Sie waren noch nicht imstande, ihre Fremdprogrammierung zu entlarven. Sie handelten im guten Glauben, daß dieses Programm richtig und gut sei. Ihnen die Schuld für die jetzige neurotische Situation oder Krankheit in die Schuhe zu schieben, hieße weiterhin einer Veränderung der Situation aus dem Wege zu gehen, bedeutete, die Möglichkeit abzuwehren, im Jetzt die Weichen anders zu stellen, hieße die Eltern als Alibi zu benutzen, um auch in der Zukunft im alten Verhaltensmuster verharren zu können.

Wieder andere projizieren ihre ganze Hoffnung auf den Arzt, Heilpraktiker oder Psychotherapeuten. Deshalb sind deren Wartesäle oft überfüllt mit unzähligen »Kindern«, die von »Pappi« oder »Mammi« (Vater- oder Mutterübertragung!) Heilung erhoffen. Indem die Barriere zwischen »Eltern« und »Kind« aufrechterhalten wird, bleibt das Kind aber passiv und unmündig. Zudem bewirkt eine solche Barriere eine Über- und Unterordnung, die letzten Endes für beide Teile keine reale Begegnung und damit keine Partnerschaft zuläßt.

Die Schwierigkeit, eine gleichberechtigte Partnerschaft zwischen Therapeut und Patient zu erreichen, liegt jedoch insbesondere darin, daß der Patient aufgrund einer anachronistischen Schulbildung, welche die Fächer des Lebens (Medizin, Ökologie, Psychologie etc.) ausklammert, nicht über das nötige Grundwissen in Anatomie, Physiologie und Pathologie sowie in Psychoanalyse verfügt, um wirklich den Dialog beginnen und über seinen Körper und über seine Seele mitbestimmen zu können. Aufgrund dieses Defizits muß er seinen Körper und seine Seele dem Therapeuten zur Behandlung überlassen. Und es steht in der Macht des Therapeuten zu entscheiden, was er für den Betroffenen für richtig hält.

Doch genauso wie die Frau erst dann dem Manne gleichberechtigt gegenübertreten kann, wenn sie selbständig zu denken und zu handeln vermag und geistig ihrem Partner ebenbürtig ist, so kann auch der Patient sich aus dem Status seiner Unmündigkeit nur befreien, wenn er die Mühe nicht scheut, selbständig Einsicht in körperliche und seelische Vorgänge und Gesetzmäßigkeiten zu nehmen.

Um nicht gänzlich den Gynäkologen (die Gewinner der Szenerie sind, die aus der alten Sexualmoral resultiert) ausgeliefert zu sein, wäre es also für die Frauen zunächst wichtig, sich Wissen über Aufbau und Funktion ihrer Geschlechtsorgane sowie über psychosomatische Zusammenhänge anzueignen, ferner sich zu informieren, welche Möglichkeiten der Heilung bestehen. Wie will sie mitreden oder mitbestimmen, wenn sie über den zu befindenden Gegenstand nicht Bescheid weiß? Deshalb ist es eine immer wieder neue Aufgabe für Arzt, Patient und Gesellschaft, den Kranken zu einem mündigen Patienten werden zu lassen (Helmut Siefert).

Um dies zu erreichen, ist eines jedoch Grundvoraussetzung: Der Patient muß seine Projektion zurücknehmen, daß der Arzt oder Psychotherapeut ihn gesund machen würde.

Georg Groddeck[19)] meint in *Die Natur heilt*...
»Wir können den Menschen so leiten, daß er alle Störungen in sich selbst und durch sich selbst überwindet. Das ist der Inhalt und die Begrenzung des ärztlichen Tuns, daß wir das Leben leiten, daß wir es zwingen, den Menschen gesund zu machen, genau wie es ihn krank machte. Nicht wir heilen den Menschen, sondern er heilt sich. Niemand soll es glauben und darf es glauben, daß ein Arzt den oder jenen geheilt hat. Es steht nicht in seiner Macht. Die Natur heilt, der Arzt behandelt«.

Und an anderer Stelle schreibt Groddeck:
»Alle Menschen müssen Ärzte und alle Ärzte müssen Menschen sein«.

Um diesem Ziel näherzukommen, heißt es für den Patienten, sich seines Wissensdefizites, und für den Therapeuten, sich seines Eltern-Rollenspiels bewußt zu werden.

So hat zum Beispiel mancher Frauenarzt eine unbewußte Abwehr, seine bisherige Betrachtungsweise und Behandlungsmethode von Krankheiten um den psychosomatischen Aspekt zu erweitern.

Es können verschiedene Gründe für die Abwehr vorliegen:

1. Abwehr gegen das Neue und Unbekannte (Psychoanalyse), Astroanalyse (Aufdecken von Krankheitsursachen über das Horoskop) und Psychosomatik.

2. Abwehr, weil, um das Neue sich anzueignen, wieder beschwerliche Wege des Lernens und Erprobens erforderlich sind.

3. Abwehr aus Angst, das mühsam Aufgebaute und Erworbene aufgeben zu müssen.

4. Abwehr aus Existenzangst. Es bestehen Bedenken, ob nicht bei einer Umstrukturierung zum psychosomatisch orientierten Frauenarzt der Umsatz zurückgeht, ob die teuren Geräte sich noch amortisieren, ob der bisherige Lebensstandard noch aufrechterhalten werden kann...

5. Abwehr aus Angst, den Nimbus zu verlieren, bzw. Angst vor Enttabuisierung.

6. Abwehr aus Zeitmangel. Die Klärung der Symptomwahl sowie die Frage der Konflikt- und Persönlichkeitsspezifität beansprucht so viel Zeit, daß viele Patientinnen abgewiesen werden müßten. (Zudem wird die psychosomatische Vorgangsweise schlechter honoriert als eine Intervention mit Apparaten und Spritzen!)

7. Abwehr aus Angst, nicht mehr als »wissenschaftlich« zu gelten.

Indem mancher Therapeut als Projektionsfläche für oft mehrere hundert Patienten dient, glaubt er unbewußt, ständig an seiner Rolle festhalten zu müssen. Zudem bedürfen viele Therapeuten der Bestätigung und Bewunderung, die ihnen von ihren Patienten entgegengebracht wird. Es müßten also beide ihre Projektionen zurücknehmen – Therapeut wie Patient. Je mehr der Therapeut sein Elternrollenspiel abbaut, desto mehr Patienten zieht er seiner inneren Veränderung gemäß an, die dazu bereit sind, auch aktiv an ihrer Gesundung mitzuarbeiten.

Dieses Herabsteigen vom Podest beinhaltet für den Behandelnden so den nicht unerheblichen Vorteil, sich endlich menschlich geben zu können. Er erschöpft sich nicht mehr im anstrengenden Rollenspiel des großen Heilers und des vollkommenen und allwissenden Menschen. Er entkrampft sich, wird gelöster und freier. Diese positive Entwicklung wird nicht zuletzt noch dadurch verstärkt, daß die große Verantwortung über Leben und Gesundheit, die bisher seelisch belastend wirkte, nun vom mündigen Patienten mitgetragen wird. Und der Behandelnde wird erkennen, daß die Freude, die er bisher aus der Bewunderung und Ehrfurcht seiner Patienten bezog, nur ein Trostpflaster für seine seelische Wunde war, und daß erst jetzt die Freude, die sich aus der gleichberechtigten Partnerschaft zwischen Therapeut und Patient ergibt, glücklich macht. Es ist das Glück, gemeinsam eine Krankheit überwunden zu haben, das Glück, an dem immer wieder aufs neue faszinierenden Schauspiel des inneren Heilungsprozesses der körperlichen und seelischen Natur beteiligt gewesen zu sein und daraus lernen zu dürfen.

Psychische Einflüsse in der Partnerschaft
(Der Partner als Krankheitsauslöser)

Es gibt begnadete Menschen, die mit ihrer bloßen Anwesenheit einen Raum oder eine Gemeinschaft mit ihrer seelischen Wärme erfüllen können, Menschen, in deren Nähe man sich einfach wohlfühlt. Sie brauchen nur da zu sein, ohne viel zu reden oder sich besonders bemerkbar zu machen. Und trotzdem spürt man, daß eine andere »Luft« im Raum weht. Sie verbreiten eine angenehme warme Atmosphäre, in der man sich sicher und geborgen fühlt. Ein solches Empfinden, das dabei aufkommt hat heilende, harmonische Wirkungen. Jeder Mensch hat eine andere Ausstrahlung und erzeugt eine ganz bestimmte Stimmung, die meist von den anderen unterschiedlich, d. h. je nach psychischer Struktur empfunden wird. So kann ein Mann bei der einen Frau ein phantasievoller Liebhaber sein, während er bei einer anderen gänzlich versagt – es herrscht kein Gleichklang der seelischen Schwingungen, sie verstehen sich nicht. So kann ein und dasselbe Verhalten unterschiedlich aufgenommen werden: die Palette reicht von der belustigenden bis zur beleidigenden Wirkung. Wenn bereits der Anblick und Geruch appetitlicher Speisen, ja schon das Klappern von Tellern Speichel- und Magendrüsen anregen zu sezernieren, liegt es auf der Hand, daß der Anblick oder Geruch des Partners, sein Wesen, seine Ausstrahlung noch intensivere psychosomatische Reaktionen hervorruft. Insbesondere auch deshalb, weil die gegenseitigen Einflüsse in einer festen Beziehung nicht nur vorübergehender, sondern lang-andauernder Natur sind. Daher wäre es so wichtig, daß man mit einem Partner zusammenleben kann, mit dem man sich wohlfühlt und bei dem man Empfindungen der Liebe, Wärme, Geborgenheit, Freude und des Glücks erleben kann, also Gefühle, die im »positiven« Sinne psychosomatisch wirksam sind.

Jeder Mensch ruft in seinem Gegenüber andere Erfahrungen, Gefühle, Gedanken, Ideen, Reaktionen, Wahrnehmungen sowie ein anderes Schicksal hervor. So erweckt ein Hilfloser im anderen Mitleid, eine Vaterfigur im anderen möglicherweise eine Blockade, eine kindlich hilflos wirkende Frau den Beschützerinstinkt und ein »süßes« Kind liebevolle Gefühle und den Drang, es zu herzen und zu küssen. Ein Partner kann einen anderen auch materiell in tiefe Armut stürzen oder ihn zum beruflichen

Erfolg führen. Auch kann es sein, daß eine Frau bei einem Manne aufblüht, während bei einem anderen ihre Energien aus scheinbar unerfindlichen Gründen erschlaffen. Mein Mann, so hört man manche Frauen in der Praxis klagen:

– engt mich ein
– hemmt mich
– frustriert mich
– überwacht und kontrolliert mich
– wertet mich ab
– macht mich traurig und depressiv
– macht mich wütend
– setzt mich unter Druck
– projiziert ständig seine Erwartungshaltungen auf mich
– zwingt mir seine Meinung auf
– macht mir Angst
– erzeugt in mir Ärger
– enttäuscht mich
– macht mich nervös
– oktroyiert mir Schuldgefühle auf.

Wieder andere weisen einfach ihrem Partner die Schuld an ihren Beschwerden zu, um selbst exculpiert zu sein und nicht über eigenes Fehlverhalten nachdenken zu müssen. Mein Mann macht mich regelrecht krank, so beschwert sich manche Frau in der Praxis. Wenn er doch nur einmal lieber, netter, zärtlicher, einfühlsamer wäre...

Sicher, der gynäkologische Bereich fungiert als Sammelbecken aller möglichen situativen und neurotischen Konflikte, die in einer Partnerschaft auftreten können. Aber um die Partner-Problematik besser verstehen zu können, müssen wir zunächst den defizitären Anlagen, die bereits im Kapitel »Das Gesetz des Ausgleichs« aufgeführt wurden, die entsprechenden Gefühle gegenüberstellen:

Defizitäre Anlage	Gefühl
Defizit an Durchsetzungs-fähigkeit	Gefühl von Ärger, Aggression
Defizit an wirtschaftlichen Fähigkeiten	Gefühl von Neid
Defizit an Ausdrucksfähigkeit	Erstickungsgefühl
Defizit an eigener Identität und an Geborgenheit	Depressive Gefühle, sich ungeborgen fühlen

Defizit an Selbstverwirklichung (sich selbst nicht leben können)	Haßgefühle
Defizit an der Fähigkeit, sein eigenes Wesen zu zeigen	Gefühl der Abhängigkeit
Defizit, Schönheit und Ästhetik zu schaffen	Ekelgefühle
Defizit nach eigenem Konzept und nach eigenen Vorstellungen leben zu können	Ohnmachtsgefühle (oder Gefühl unter Druck zu stehen)
Defizit an Sinnfindung	Gefühl der Sinnlosigkeit
Defizit an eigenen Lebensrechten	Schuldgefühle
Defizit an Freiheit und Unabhängigkeit	Gefühl von Nervosität, Aufregung und Unruhe (auch Spannungsgefühl)
Defizit im Zeigen von Verantwortung und in der Fähigkeit, Hintergründe aufzudecken, die alten Maßstäbe und Ideale aufzulösen und Alternativen zu entwickeln.	Angstgefühl, Unsicherheitsgefühle.

Jede defizitäre Anlage verursacht eine Gefühlsreaktion, die schließlich wieder spezifische körperliche Reaktionen hervorrufen kann. So ist zum Beispiel die Angst, wie jedes Gefühl, immer ein psychosomatisches Gesamtgeschehen. Angst kann also nie isoliert, d. h. ohne gleichzeitige körperliche Reaktion in Erscheinung treten. So kann sie neben dem subjektiven Angsterlebnis durch vielgestaltige Veränderungen gekennzeichnet sein, die etwa den Kreislauf in Form von Pulsbeschleunigung, Blutdruckerhöhung und Hautdurchblutung, die Atmung, die Schweißdrüsen, die Magen-Darm-Tätigkeit, den Tonus der Muskulatur, das Blasensystem und nicht zuletzt die Geschlechtsorgane betreffen.

So betrachtet wird auch klar, daß permanenter Ärger zum Beispiel Entzündungen verursachen, daß jedes Gefühl unter irgendeinem Druck und Zwang zu stehen, auf der körperlichen Ebene Spasmen (Verkrampfungen) erzeugen kann, daß mit dem Gefühl von Unruhe und Spannung Unfälle oder Nervenleiden einhergehen können. Man könnte sogar soweit gehen und die Krankheiten einteilen in Krankheiten, die durch Druck und

Erwartungshaltungen, Hektik, Traurigkeit, Sehnsucht, Depression, Überforderung, Schein, Angst, Haß, Ärger, Zwang entstehen.

Da es sich bei den oben angeführten Gefühlen um Gefühls*reaktionen* handelt, also um Gefühle, die nicht a priori vorhanden sind, sondern erst durch Defizite und Hemmungen entstehen, kann man dabei von *passiven* Auslebensformen von ursprünglich realen Gefühlen sprechen. Wer etwa seine eigene Identität gefunden hat und Identität, zum Beispiel in seiner Umgebung oder im Beruf schaffen kann, fühlt sich geborgen. Ist er dazu nicht imstande, entsteht anstelle des Gefühls der Geborgenheit das Gefühl der Ungeborgenheit. Viele Menschen, insbesondere die Kindrollenspieler, verbringen ihr ganzes Leben damit, immer nur auf Vorgegebenes und auf bestimmte äußere Situationen gefühlsmäßig zu reagieren.

Wenn sich zum Beispiel jemand über eine Person ärgert, weil diese in der Diskussion am Vorabend alles an sich gerissen und sich rigoros durchgesetzt hat, so ärgert er sich letztendlich über sich selbst, d. h. darüber, daß *er* sich nicht richtig einbringen und in Szene setzen konnte. So reagieren viele permanent nur mit Ärger, Haß, Neid, Wut, Aufregung oder mit Angst und verschleudern wertvolle Lebensenergie, die konstruktiv eingesetzt werden könnte. Werden jedoch diese Gefühlsreaktionen, die eigentlich aufzeigen wollen, daß etwas fehlt (z. B. Durchsetzungsstärke oder Freiheit) verdrängt, so manifestieren sie sich auf der körperlichen Ebene. Ärger, Wut, Haß etc. sitzen dann in den Organen oder Organsystemen. Man zeigt dann symbolisch am eigenen Körper, was man bewußt nicht zu zeigen wagte, weil man zum Beispiel als braver und anständiger Mensch nicht hassen darf. Denn welcher Kindrollenspieler wagt schon gegenüber seinem Partner oder gar gegenüber seinem Vorgesetzten seinen Ärger oder seinen Haß auszudrücken. So machen diese Gefühlsreaktionen zum einen krank, wenn sie zu einem seelischen Dauerzustand werden, zum anderen aber auch, wenn sie nur verdrängt werden. Wichtig ist also, deren Signalfunktion zu erkennen und zuzulassen, um dann den entsprechenden Mangel bei sich selbst beheben zu können. Ist eine Frau durchsetzungsschwach und stellt diesen Mangel nicht ab, ist sie nicht nur, wie wir bei der »Anziehung des Gegenpols« gesehen haben, gefährdet, den Aggressor anzuziehen, sondern auch für Ärger und Streit und schließlich auch für Entzündungen (ein Unglück kommt selten allein!) aller Art, insbesondere im Genitalbereich, disponiert. Ihre Entzündung ist insofern nichts anderes als ihre pervertierte Durchsetzungsenergie – ein unerlöster Ausdruck ihrer Individualität.

Viele Frauen machen aber nun – und damit sind wir wieder beim Ausgangspunkt – in einem solchen Fall ihren Partner für ihre Beschwerden verantwortlich[*], ohne zu erkennen, daß ein Partner mit seinem überdimensionierten Durchsetzungsvermögen sie nur ausgleicht, ihr Defizit nur auffüllt und daß sie ja diesen Mann nur aufgrund eben dieses Mankos angezogen hat, daß der Partner nur als äußerer Verstärker und Bewußtmacher ihrer inneren Problematik auftritt. Sich von diesem Manne zu trennen, kann letztendlich keine Lösung sein, wenn sie selbst die entsprechende mangelnde Fähigkeit nicht ausbildet. Sie würde nur wieder einen ähnlichen Partner anziehen. Es ist wie verhext, sie wird einfach die Entzündung nicht los. Bleibt sie beim bisherigen Partner, werden die permanenten Aggressionen somatisch ausgetragen, wechselt sie zu einem neuen Partner, zeigen sich nach kurzer Besserung wieder dieselben Beschwerden, trennt sie sich vom Partner und lebt allein, bleibt die Entzündung ihr ständiger Begleiter, ja verstärkt sich sogar meist nach dem Wegfallen des äußeren Aggressors, weil die Krankheit nun voll die Ausgleichsfunktion übernehmen muß.

Die Aggression, die vom anderen ausgeht oder bei der Person selbst entsteht, hat immer destruktiven Charakter. Ähnlich ist es bei den anderen Gefühlen. Eine Depression, die der Partner auslöst, kann verinnerlicht werden, oder man kann auf das Verhalten des Partners selbst depressiv reagieren, wobei im ersteren Fall die Depression des anderen eine Reaktion auf eigenes Verhalten sein kann. *In diesem Fall wird dann der Betroffene über die Reaktion des anderen, ein Opfer dessen, was er selbst (unbewußt) ausgelöst hat!* Daß man den Partner nicht für die eigenen »schlechten« Gefühle und die damit im Zusammenhang stehenden körperlichen Beschwerden verantwortlich machen kann, zeigt auch der Fall von Gabi M.

Gabi M.: ›Ich halte es bei Manfred einfach nicht mehr aus. Bei diesem Mann habe ich ständig Schuldgefühle, weil ich immer gegen irgendeinen seiner Maßstäbe verstoße. Ich glaube, daß ich auch nicht zuletzt deshalb krank geworden bin‹.

---

* allerdings nicht in dem Sinne, daß sie die ablaufenden Mechanismen bewußt erkennen, sondern unbewußt, indem sie sagen: Weil der Partner so gemein ist und mir solche Sorgen bereitet; das macht mich ganz krank.

Bei Schuldgefühlen gilt es immer zu unterscheiden zwischen subjektiven Maßstäben und Idealen des Partners, die aus seiner persönlichen Lebensgeschichte erwachsen und Maßstäben und Idealen, die Bestandteil des patriarchalen Systems sind. Im ersten Falle kann der andere sich in Szene setzen, wenn man sich nicht gleichberechtigt fühlt und daher glaubt, man müsse den persönlichen Maßstäben und Idealen des anderen entsprechen, und wenn man sich der eigenen Lebensrechte nicht bewußt ist. Im zweiten Fall ist die Situation etwas schwieriger zu meistern, da der Partner ja die allgemein herrschenden Normen verkörpert. Hier kann der andere einen so lange hemmen und einem Schuldgefühle aufoktroyieren, solange man sich mit den Maßstäben, Idealen, Normen, Geboten und Verboten der patriarchalen Gesellschaft *identifiziert*. Der Partner ist dann lediglich der äußere Repräsentant des eigenen inneren Maßstabs. Es ist also nicht der Partner, der einen hindert, sondern das eigene Überich. Indem man von außen in der eigenen Lebendigkeit und Entwicklung gehindert wird, wird meist unter großen Schmerzen bewußt, daß dieser Maßstab oder dieses Ideal der Wirklichkeit des Lebens zuwiderläuft und daher nicht lebbar ist. Solange dieser Maßstab zum Beispiel nicht als neurotisch in allen Erscheinungsformen entlarvt und nicht durch einen neuen Maßstab ersetzt wird, muß der Betroffene unter Schuldgefühlen leiden. Denn er kann die Argumente des anderen nicht entkräften, der andere bleibt im Recht. Und wie stellt sich die Situation bei Erwartungshaltungen dar? Als Beispiel der Fall von Tina L.

Tina L.: ›Ich weiß nicht mehr, was ich machen soll. Edwin, mein Mann, hat kaum mehr Zeit für mich und unsere zwei Kinder. Ich möchte so gerne mit ihm gemeinsam ins Grüne fahren, möchte mit ihm mal ausgehen, Bekannte besuchen... Edwin hat jedoch zu all dem keine Lust. Er geht seine eigenen Wege und pflegt seine eigenen Interessen und Hobbies. Außerdem wünsche ich mir von ihm mehr Zärtlichkeit und Liebe. Manchmal habe ich das Gefühl, als ob ich deshalb auch unter Vaginalverkrampfungen leide, weil ich mit Edwin keine Erfüllung mehr finde‹.

Erwartungen entstehen aufgrund bestimmter Defizite im eigenen Persönlichkeitssystem. Jedes Defizit treibt zur Projektion auf den Partner – der Partner soll stellvertretend das leben, wozu man selber aus den verschiedensten Gründen nicht imstande ist oder soll einem das geben, was man zum Auffüllen des eigenen Defizits braucht: Der Partner soll einen ausgleichen. Kann der Partner jedoch solchen Erwartungen, die auf ihn projiziert werden, nicht entsprechen, besteht die Gefahr, daß der eigene Körper diesen Ausgleich herbeiführen muß. Die Projektion muß vom Partner zurückgenommen werden und wird bei Mangel an anderen Projektionsflächen dann auf die körperliche Ebene verlegt: Defizit → Projektion → Versagung → Somatisierung.

Die geistige Fixierung (Verkrampfung) von Tina L. in bezug auf Zärtlichkeit und Familienleben zeigte dann ihr Körper an in Form von Verkrampfungen der Vagina (Vaginalspasmen).

Derselbe Mechanismus kann auch dann einsetzen, wenn es sich umgekehrt verhält, wenn also der Partner einen Erwartungsdruck auf einen ausübt. Dieses Gefühl, ständig unter Druck zu stehen, bedingt dann die entsprechenden körperlichen Beschwerden. Im Falle von Tina L. kann man nun nicht – wie es leider aufgrund der Unwissenheit um die seelischen Mechanismen immer wieder wohlgemeint geschieht – einfach sagen: Laß los! Hab keine so hohen Erwartungen mehr! Dies würde nur bewirken, daß die Erwartungen, die aufgrund der Defizite entstehen, immer wieder verdrängt werden. Vielmehr ist das eigene Defizit aufzufüllen, so daß solche Erwartungen an den Ehemann gar nicht mehr aufkeimen. Daher gibt es für Tina L. zwei Lösungsmöglichkeiten ihrer Probleme: Die eine ist, daß sie sich selbst mehr zu realisieren versucht, eigene Erwartungen und Ziele verwirklicht und daher nicht mehr auf den Partner projizieren muß. Die andere Lösung ist die, wenn sie an ihrem Mann festhalten will, daß sie sich einen zusätzlichen Freund zulegt, der ihre Defizite besser auffüllen kann, als der Ehemann dies vermag.

Beide Möglichkeiten werden jedoch meistens abgewehrt, weil dann wiederum Maßstäbe übertreten werden müßten. Im ersten Fall der Maßstab bzw. das patriarchale Mutterideal, daß die Mutter Tag und Nacht für ihre Kinder da sein muß. Im zweiten Fall der Maßstab der ehelichen Treue. Das ist der Grund dafür, weshalb die meisten Frauen ihren Körper als Projektionsfläche vorziehen, weil die Krankheit sie der Mühen enthebt, die mit dem Auffüllen eigener Defizite bzw. mit der Selbstverwirklichung und mit der Infragestellung von alten Normen verbunden sind.

So »erfreut« sich der Ausweg »Krankheit« paradoxerweise großer Beliebtheit, obwohl ständig darüber geklagt und lamentiert wird. Wie anhaltende, immer wiederkehrende emotionale Zustände und bestimmte Stimmungslagen krank machen können und wie schwierig es ist, die komplementäre Verflochtenheit zwischen zwei Partnern in bezug auf die Krankheit zu lösen, zeigt auch der Fall von Doris und Ralf A.:

Ralf A. hatte lange nach einer zu ihm passenden Frau gesucht. Da er jedoch seine ideale Partnerin nicht fand, machte er Zugeständnisse und heiratete schließlich Doris, nicht zuletzt deshalb, um versorgt zu sein und endlich »Heim und Geborgenheit« zu finden. Da er sich mit Doris jedoch nicht voll identifizieren konnte, war der Keim zur Auflösung dieser Verbindung bereits von Anfang an gelegt. Ralf zu einem Freund: ›Ich habe den Eindruck, diese Frau ist nicht meine Anima[*]‹.

Die Enttäuschung und Frustration, nicht mit der Verkörperung der inneren Animafigur verbunden zu sein, sondern mit einer »fremden« Seele, war für ihn ein permanenter negativer Streß. Da er aber der Partnerin keinen Schmerz zufügen wollte, »funktionierte« er zum Schein in ihrem Sinne. Er tat so, als ob er sie lieben würde, tat so, als ob alles in ihrer Partnerschaft in Ordnung sei – und belog damit sich und die Partnerin, meist ohne sich dessen bewußt gewesen zu sein. Nur gelegentlich log er bewußt, zum Beispiel dann, wenn er ein Rendezvous mit einer anderen Frau verabreden wollte.

Diese künstliche Fassade in der Partnerschaft ließ eine eigenartige Stimmung aufkommen, eine Atmosphäre, die von Lüge und Schein bestimmt war. Diese Atmosphäre und das Gefühl, nicht die Richtige für Ralf zu sein, bedingte eine somatische Reaktion. Doris' Körper äußerte sich mangels anderer Möglichkeiten über den Weg eines ausgeprägten Fluors. Dadurch verstärkte sich wiederum die Problematik, da Ralf in dieser Hinsicht sehr empfindlich war, Doris daraufhin um so mehr vernachlässigte und von nun an intensiver nach anderen Frauen Ausschau hielt.

Dieser Fall zeigt, daß die pathologische Hypersekretion des Fluor albus von Doris ein *Ergebnis* der Lebensgeschichte der *beiden* Partner ist. Der Fluor mußte als zwangsläufige Folge der gelebten komplementär zueinanderstehenden psychischen Strukturen von Doris und Ralf auftreten. So kann der Ausfluß nicht nur das Komplementärbild zum Traummann sein – siehe Seite 138, sondern auch zur Traumfrau.

---

[*] Anima: Das Seelenbild der Frau im Unbewußten des Mannes

154

Die Vorstellung der Traumfrau des Partners verunsicherte Doris in ihrer eigenen Weiblichkeit, und diese Verunsicherung manifestierte sich symbolisch im Bereich der Vagina. Doris wußte keinen anderen Ausweg aus ihrer verfahrenen partnerschaftlichen Situation als den Ausweg über die Krankheit. Sie konnte den partnerschaftlichen Konflikt bewußt nicht bewältigen. Es war aussichtslos für sie. Sie war orientierungslos, sah keine Alternativen, konnte keinen Weg zu einer Lösung beschreiten.

Was könnte sie tun?

Zunächst muß sie sich fragen, warum sie einen Mann angezogen hat, der sie als Frau nicht voll akzeptiert. Es ist also von großer Bedeutung, den lebensgeschichtlichen Hintergrund bei beiden Partnern aufzudecken und die komplementäre Verflochtenheit offenzulegen.

Wenn sie von ihrem Mann als Frau nicht voll angenommen wird, ist zu vermuten, daß sie selbst sich nicht in ihrer Weiblichkeit voll annehmen kann. Denn auch hier tritt der Partner nur als äußerer Verstärker und Bewußtmacher der eigenen Problematik auf. Die Lösung kann also nicht darin liegen, zu warten, bis der Partner lieber, netter oder zärtlicher wird oder sie innig lieben kann (wie es viele Frauen erwarten) – das ist bei einer solchen Problematik meist eine aussichtslose Hoffnung –, sondern nur in der eigenen Identitätsfindung und damit auch im Finden zu einer eigenen Art von Weiblichkeit. Kann sie ihre seelische Eigenart und ihre Weiblichkeit (innen) akzeptieren und ist sie dann imstande, sie auch auszudrücken, kann sich auch ein Partner (außen) mit ihr identifizieren – entweder der bisherige Partner, der vielleicht inzwischen mit Hilfe einer Psychotherapie sein Verhalten geändert hat oder ein neuer Partner, der dieses Problem nicht mehr einbringt.

Es ist für eine Partnerbeziehung lebenswichtig, daß alle Gefühle zum Ausdruck kommen und ausgelebt werden können. Nur auf diese Art und Weise ist es möglich, sich gegenseitig wirklich kennenzulernen; wahrzunehmen, wie der andere fühlt, und welche Gefühle man durch das eigene Verhalten auslöst. Ehrliche Rückmeldungen sind die beste Möglichkeit zur Selbsterkenntnis und geben zugleich die Chance, Korrekturen im eigenen Denken und Verhalten vorzunehmen. Nur so kann eine echte Harmonie in der Partnerschaft erarbeitet, nur so kann eine gesunde tragfähige Basis gefunden werden.

Werden die Gefühle verdrängt, so gärt und brodelt es im Unbewußten, und die Atmosphäre wird vergiftet, das Stimmungs-barometer innerhalb der Partnerschaft sinkt. Man fühlt sich nicht mehr wohl, man freut sich nicht mehr auf den Partner, nicht mehr auf das Zuhause, es ist nicht mehr so, wie es früher war, die Liebe beginnt zu schwinden. Es ist ein Teufelskreis, man verdrängt die negativen Gefühle, um den Frieden und die Harmonie in der Partnerschaft aufrechtzuerhalten, und man verliert gerade das, was man unter allen Umständen halten und bewahren wollte. Werden hingegen auch die negativen Gefühle, die ursprünglich als für die Beziehung gefährdend angesehen wurden, ausgedrückt und gemeinsam besprochen und bearbeitet, so bewirkt diese gemeinsame Problembewältigung ein Erfolgserlebnis und läßt schließlich eine tiefe und feste Beziehung entstehen, auf die beide Partner zu jeder Zeit bauen können.

Aids

Die Diskussion um Aids erstreckte sich bisher nur auf den rein somatischen Bereich. Wie jede andere Krankheit ist aber auch Aids eine psychosomatische Erkrankung. Es kann nur der sich mit Aids infizieren, der im Unbewußten die Disposition dazu mitbringt. Die Erreger sind lediglich Erfüllungsgehilfen, auf daß diese Disposition geweckt werde. Aids wurde allgemein als eine Erkrankung definiert, bei der es auf dem Boden einer schweren Störung im menschlichen Immunsystem zum Auftreten von Infekten kommt, deren Erreger sich im gesunden Organismus nicht durchsetzen können.

Aids heißt übersetzt erworbenes (Acquired) Immunmangel (Immune Deficiency)-Syndrom. Die Krankheit wurde von Meerkatzen auf den Menschen übertragen.

Als Aids-gefährdet gelten insbesondere die Risikogruppen Homosexuelle und Drogenabhängige. Es sind also bisher vorwiegend die ausgestoßenen Seelen betroffen – diejenigen, die sozial nicht anerkannt sind, die, die in ihrem Rechtsstatus verunsichert sind, die gezwungen sind, ihre wahre Identität zu verheimlichen und zu vertuschen, die in dieser patriarchalen Kultur keine Heimat finden, die aus Frustration ihre Identität in der Flucht bzw. in der Drogensucht zu finden versuchen.

Ausgestoßenheit, Einsamkeit, Angst, Unsicherheit, Heimlichkeit, Flucht und Sucht schwächen die natürliche Abwehrkraft des körperlichen Organismus. Die geschwächte Abwehrkraft aber läßt Erreger leichter eindringen u. a. auch das LAV/HTLV-III-Virus, das Aids auf der somatischen Ebene verursacht und als negativer Verstärker fungiert.

Inzwischen ist dieses Aids-Virus auch in heterosexuelle Kreise eingebrochen und löste damit ein allgemeines Unbehagen aus. Presse, Rundfunk und Fernsehen stürzten sich auf dieses neue Phänomen und verursachten durch ihre sensationellen Berichte teilweise Angst und Panik in der Bevölkerung. Doch je mehr die Angst hochgepeitscht wird, desto größer ist die Gefahr, daß Aids zu einer Massenseuche wie Pest und Syphilis wird.

Beachten wir jedoch auch, in welcher Zeitströmung, in welcher politischen und sozialen Situation wir uns derzeit befinden, so wird klar, daß es nicht von ungefähr kommt, wenn gerade spezifisch zum jetzigen Zeitpunkt das Aids-Virus einen fruchtbaren Nährboden vorfindet. Noch nie in der Geschichte fühlte sich die Menschheit (in ihrer Gesamtheit) so bedroht wie heute. Unterdrückung, Angst und Unsicherheit herrschen in der derzeitigen Weltlage vor.

Apropos Unterdrückung! Bei fast allen Aids-Patienten liegt neben einer Verminderung der absoluten Lymphozytenzahl eine Umkehrung des Verhältnisses zwischen T-Helfer und T-Suppressor-Zellen (Unterdrücker-Zellen) vor. Insofern ist Aids u. a. auch ein Gleichnis für die nunmehr fast ubiquitäre Szenerie auf dem Planeten Erde, wo die Unterdrückung und Fremdbestimmung so überhandgenommen hat, daß die Helfer nicht mehr nachkommen, die Mißstände und das Elend zu beseitigen.

Wie jede Krankheit ist auch Aids die passive Form eines aktiven Entwicklungsprozesses. Statt vorwärts zu schreiten, ist jedoch eine gegenteilige Bewegung zu beobachten: Regression. Moralisten nutzen die Gunst der Stunde und mahnen zu Treue oder gar zur Keuschheit. Sie fühlen sich in ihrer Weltanschauung bestätigt und sind überzeugt, Aids sei die gerechte Strafe für einen frevelhaften Lebenswandel.

Da es für den einzelnen sehr schwierig ist, sich gegenüber solchen Argumentationen seelisch abzugrenzen, leisten die Moralisten dadurch weiter der Krankheit Vorschub. Die Schuldgefühle schwächen weiter das Immunsystem, ziehen einem archaischen Muster gemäß die Strafe, u. a. Aids an.

Unseres Erachtens ist Aids im Gegenteil ein Aufruf an die Menschheit, von einer vorschnellen Verurteilung und Diffamierung anderer seelischer Eigenart Abstand zu halten und statt dessen mehr Toleranz zu üben.

Je mehr Andersgläubige, Andersdenkende und Andersliebende in ihrem Sosein angenommen werden, desto mehr kommt die Menschheit in einen positiven Regelkreis, desto mehr wird die seelische Energie der Mitmenschen gestärkt und Erkrankungen vorgebeugt.

Hier drängt sich die Frage auf: Können die Menschen in den Randgruppen sich nicht gegenseitig aufbauen, bestätigen und stärken? Können sie nicht gegenseitig ihre seelische Energie zum Fließen bringen und dadurch ihre Resistenz gegenüber eindringenden Erregern erhöhen?

Warum konnte das Aids-Virus z. B. auch in der Bhagwan-Sekte Eingang finden, wo sich doch deren Mitglieder gegenseitig so viel Zärtlichkeit schenken? Die alleinige Ursache liegt sicher nicht in dem häufig wechselnden Geschlechtsverkehr, sondern ist unseres Erachtens auch in der Verleugnung der Identität, die mit jedem Guru- oder Führerkult verbunden ist, zu suchen. Die seelische Eigenart, die Individualität wurde aufgehoben zugunsten der Gemeinschaft, was symbolisch sowohl in der Vermögensverteilung und in der Namensveränderung als auch in der Einheitskleidung zum Ausdruck kam. Zudem wurde der Zärtlichkeitsaustausch zur Norm erhoben und rituell durchgeführt. Insofern waren es häufig nicht echte Gefühle, nicht echte seelische Zuneigung und seelische Wärme, die dem anderen entgegengebracht wurden. Der Mitmensch wurde nicht um seiner Eigenart willen angenommen, sondern weil es eine »alternative« Norm so vorschrieb.

Daraus entstand das Paradoxon, daß an echter Zuneigung Mangel bestand, obwohl gerade das Gefühl und die Zärtlichkeit ideologisch auf's Podest gehoben wurde.

Fazit: Die Devise »Zurück zur Treue« ist bei aufgeschlossenen, lebendigen Menschen verbunden mit der Verdrängung von Trieben und Gefühlen, mit der Verdrängung von neuen Kontakten und Erfahrungen, ist verbunden mit einer Erstickung des Lebens, die – wie Fritz Zorn in seinem Buch »Mars« exemplarisch aufgezeigt hat – zu Krebs disponiert. Der stete Partnerwechsel hingegen erhöht das Risiko, an Aids zu erkranken. Insofern hat – sarkastisch formuliert – das Individuum die Qual der Wahl: Entweder Krebs oder Aids. Entweder man stirbt als anständiger Bürger allgemein anerkannt und geachtet an einem Karzinom, weil man immer und zu jeder Zeit die gegen das

Leben gerichteten patriarchalen Normen eingehalten hat, oder man fällt dem LAV/HTLV-III-Virus zum Opfer und stirbt daher isoliert, allgemein geächtet und ausgestoßen (als Gleichnis für die geächtete und ausgestoßene Seele).

Wo ist der Ausweg aus dem Dilemma?

Er liegt wie immer im Löschen der Disposition, also in der Überwindung von Angst- und Schuldgefühlen, sowie im Ausleben der erotischen Anlagen auf einer *erwachsenen* Ebene. (Wir werden darauf im vierten Teil dieses Buches noch ausführlich zu sprechen kommen!) Weder die zur Pflicht erklärte Treue noch deren Gegenreaktion »wahllose Sexualkontakte mit stets wechselnden Partnern« können dem einzelnen echte, gewachsene Geborgenheit und seelische Wärme vermitteln.

Statt zurück zur alten Sexualmoral, zu stickiger Konvention und Prüderie sollte daher das Motto heißen: »Vorwärts zu einer neuen Ethik«, deren oberstes Richtmaß die Natur des Menschen und das Lebendige ist.

Vierter Teil:
Schritte
zur neuen Sinnlichkeit

Die kleinen Leute von Swabeedoo
(Ein Märchen)

Vor langer, langer Zeit lebten kleine Leute auf der Erde. Die meisten wohnten im kleinen Dorf Swabeedoo und nannten sich Swabeedoo-dahs. Sie waren sehr glücklich und liefen herum mit einem Lächeln bis hinter die Ohren und grüßten jedermann.

Was die Swabeedoo-dahs am meisten liebten, war, einander warme weiche Pelzchen zu schenken. Ein jeder trug über seiner Schulter einen Beutel, und der Beutel war gefüllt mit weichen Pelzchen. Sooft sich Swabeedoo-dahs trafen, gab gewöhnlich der eine dem anderen ein Pelzchen. Nun ist es besonders schön, jemandem ein warmes weiches Pelzchen zu geben: es sagt dem anderen, er sei etwas Besonderes, es ist seine Art zu sagen: Ich mag dich. Und selbstverständlich ist es sehr erfreulich, ein solches Pelzchen zu bekommen. Wenn man dir ein Pelzchen anbietet, wenn du es nimmst und fühlst, wie warm und flaumig es an deiner Wange ist, und du es sanft und leicht in deinen Pelzchen-Beutel zu den anderen legst, dann ist es wundervoll. Du fühlst dich anerkannt und geschätzt, wenn dir jemand ein weiches Pelzchen gibt, und du möchtest ihm ebenfalls etwas Schönes tun. Die kleinen Leute von Swabeedoo gaben gerne weiche Pelzchen und bekamen gerne weiche Pelzchen. Und ihr gemeinsames Leben war ohne Zweifel sehr glücklich und froh.

Außerhalb des Dorfes, in einer kalten, dunklen Höhle, wohnte ein großer grüner Kobold. Er wollte eigentlich nicht alleine wohnen, und manchmal war er einsam. Aber er schien mit niemandem auszukommen, und irgendwie mochte er es nicht, warme weiche Pelzchen auszutauschen. Er hielt es für einen großen Unsinn.

Eines Abends ging der Kobold in das Dorf und traf einen kleinen freundlichen Swabeedoo-dah. »War heute nicht ein schöner Swabeedoo-dah Tag?« sagte die kleine Person lächelnd. »Hier, nimm ein warmes weiches Pelzchen, dieses ist ein besonderes, ich habe es eigens für dich aufbewahrt, weil ich dich so selten sehe«. Der Kobold schaute um sich, ob niemand anderer ihnen zuhörte. Dann legte er seinen Arm um den kleinen Swabeedoo-dah und flüsterte ihm ins Ohr: »Hör mal, weißt du denn nicht, daß, wenn du alle deine Pelzchen weggibst, sie dir dann an einem deiner schönen Swabeedoo-dah Tage ausgehen?« Er bemerkte einen erstaunten Blick und Furcht im Gesicht des kleinen Mannes, und während der Kobold in den Pelzchenbeutel hineinschaute, fügte er hinzu: »Jetzt, würde ich sagen, hast du kaum mehr als 217 weiche Pelzchen übrig. Sei lieber vorsichtig mit dem Verschenken!« Damit tappte der Kobold auf seinen großen grünen Füßen davon und ließ einen verwirrten und unglücklichen Swabeedoo-dah zurück.

Der Kobold wußte, daß ein jeder der kleinen Swabeedoodahs einen unerschöpflichen Vorrat an Pelzchen besaß. Gibt man nämlich jemandem ein Pelzchen, so wird es sofort durch ein anderes ersetzt, so daß einem sein ganzes Leben lang niemals die Pelzchen ausgehen können. Doch der Kobold verließ sich auf die gutgläubige Natur der kleinen Leute – und noch auf etwas anderes, das er bei sich selber entdeckt hatte. Er wollte herausfinden, ob es auch in den kleinen Swabeedoo-dahs steckt. Auf diese Weise belog der Kobold den kleinen Mann, kehrte zurück in seine Höhle und wartete.

Es dauerte nicht lange. Der erste, der vorbeikam und der den kleinen Swabeedoo-dah grüßte, war ein guter Freund von ihm, mit dem er schon viele weiche Pelzchen ausgetauscht hatte. Dieser stellte mit Überraschung fest, daß er nur einen befremdenden Blick erhielt, als er seinem Freund ein Pelzchen gab. Dann wurde ihm empfohlen, auf seine abnehmenden Pelzchenvorräte zu achten, und sein Freund verschwand ganz schnell. Und jener Swabeedoo-dah bemerkte am selben Abend noch drei anderen gegenüber: »Es tut mir leid, ich habe kein warmes weiches Pelzchen für dich. Ich muß aufpassen, daß sie mir nicht ausgehen.«

Am nächsten Tag hatte sich die Neuigkeit im ganzen Dorf verbreitet. Jedermann hatte plötzlich begonnen, seine Pelzchen aufzuheben. Man verschenkte zwar immer noch welche, aber sehr vorsichtig. »Unterscheide!« sagten sie. Die kleinen Swabeedoo-dahs begannen einander mißtrauisch zu beobachten und verbargen ihre Beutel mit den Pelzchen während der Nacht vorsichtigerweise unter dem Bett.

Streitigkeiten brachen aus, wer die meisten Pelzchen hatte, und schon bald begannen die Leute, weiche Pelzchen für Sachen einzutauschen, anstatt sie einfach zu verschenken. Der Bürgermeister von Swabeedoo stellte fest, daß die Zahl der Pelzchen begrenzt sei, rief die Pelzchen als Tauschmittel aus, und schon bald zankten sich die kleinen Leute darum, wieviel ein Mahl oder eine Übernachtung im Hause eines jeden kosten soll. Es gab sogar einige Fälle von Raub wegen Pelzchen. An manchen dämmrigen Abenden war man draußen nicht mehr sicher, an Abenden, an denen die Swabeedoo-dahs früher gern in den Park und auf den Straßen spazierengingen und einander grüßten, um sich warme, weiche Pelzchen zu schenken.

Das Schlimmste von allem – an der Gesundheit der kleinen Leute begann sich etwas zu ändern. Viele beklagten sich über Schmerzen in Schulter und Rücken, und mit der Zeit befiel mehr und mehr kleine Swabeedoo-dahs eine Krankheit, bekannt als Rückgraterweichung. Sie liefen gebückt umher und (in den schlimmsten Fällen) bis zum Boden gebeugt. Ihre Pelzchen-Beutel schleiften auf dem Boden. Viele Leute im Dorf fingen an zu glauben, daß das Gewicht des Beutels die Ursache der Krankheit sei, und daß es besser wäre, sie zu Hause einzuschließen. Binnen kurzem konnte man kaum noch einen Swabeedoo-dah mit einem Pelzchen-Beutel antreffen.

Zuerst war der Kobold mit dem Ergebnis seiner Lüge zufrieden. Er hatte herausfinden wollen, ob die kleinen Leute auch so fühlen und handeln würden wie er, wenn er selbstsüchtige Gedanken pflegte – und er fühlte sich erfolgreich, so wie die Dinge liefen. Wenn er nun in das Dorf kam, grüßte man ihn nicht länger mit einem Lächeln und bot ihm keine weichen Pelzchen an. Statt dessen starrten ihn die kleinen Leute mißtrauisch an, so wie sie auch einander anstarrten. Und ihm war es auch lieber so. Für ihn bedeutete dies, der Wirklichkeit ins Auge zu schauen. »So ist die Welt«, pflegte er zu sagen.

Mit der Zeit ereigneten sich aber schlimmere Dinge. Vielleicht wegen der Rückgraterweichung, vielleicht auch deshalb, weil ihnen niemals jemand ein weiches Pelzchen gab (wer weiß es?), starben einige der kleinen Leute. Nun war alles Glück aus dem Dorf Swabeedoo verschwunden – und es betrauerte das Dahinscheiden seiner kleinen Bewohner.

Als der Kobold davon hörte, sagte er zu sich selbst: »Mein Gott, ich wollte ihnen nur zeigen, wie die Welt wirklich ist. Ich habe ihnen nicht den Tod gewünscht!« Er überlegte, was man jetzt machen könnte, und er erdachte einen Plan.

Tief in seiner Höhle hatte der Kobold eine geheime Mine mit kaltem stacheligen Gestein entdeckt. Er hatte viele Jahre damit verbracht, die stacheligen Steine aus dem Berg zu graben, denn er liebte deren kaltes und prickelndes Gefühl – und er blickte gern auf den wachsenden Haufen kalter stacheliger Steine, im Bewußtsein, daß sie alle ihm gehörten – er entschloß sich, sie mit den kleinen Swabeedoo-dahs zu teilen. So füllte er hunderte von

Säcken mit den kalten, stacheligen Steinen und nahm sie mit ins Dorf.

Als die Leute die Säcke mit den Steinen sahen, waren sie froh und nahmen sie dankbar an. Nun hatten sie wieder etwas, das sie einander schenken konnten. Das einzig Unangenehme war, daß es nicht so viel Spaß machte, kalte stachelige Steine zu verschenken, wie warme, weiche Pelzchen. Einen stacheligen Stein zu geben, war gleichsam eine Art, dem anderen die Hand zu reichen – aber nicht so sehr in Freundschaft und Liebe. Auch einen stacheligen Stein zu bekommen, war mit einem eigenartigen Gefühl verbunden. Man war nicht ganz sicher, was der Geber meinte, denn schließlich waren die Steine kalt und stachelig. Es war nett, etwas von einem anderen zu erhalten, aber man blieb verwirrt und oft mit zerstochenen Fingern zurück. Wenn ein Swabeedoo-dah ein warmes weiches Pelzchen bekam, sagte er gewöhnlich »waw«, wenn ihm aber jemand einen kalten stacheligen Stein reichte, gab es gewöhnlich nichts anderes als ein »Agx«.

Einige der kleinen Leute begannen wieder, einander warme, weiche Pelzchen zu geben, und jedesmal, wenn ein Pelzchen geschenkt wurde, machte es dem Schenkenden und dem Beschenkten wirklich sehr viel Freude. Vielleicht war es nur deshalb so ungewöhnlich, von jemandem ein warmes weiches Pelzchen geschenkt zu bekommen, weil so viele kalte Steine ausgetauscht wurden. Das Schenken von Pelzchen wurde nie mehr Mode in Swabeedoo. Nur einige wenige der kleinen Leute entdeckten, daß sie fortfahren konnten, einander warme weiche Pelzchen zu schenken, ohne daß ihre Vorräte ausgingen.

Die Kunst, Pelzchen zu verschenken, wurde nicht von vielen gepflegt. Das Mißtrauen steckte tief in den Leuten von Swabeedoo. Man konnte es aus ihren Bemerkungen hören:
Weiche Pelzchen? Was steckt wohl dahinter?
– Ich weiß niemals, ob meine weichen Pelzchen auch wirklich geschätzt werden!
– Ich habe ein weiches Pelzchen gegeben und bekam dafür einen kalten stacheligen Stein. So dumm bin ich nie wieder!
– Man weiß nie, wie man dran ist: jetzt ein weiches Pelzchen und im nächsten Augenblick einen stacheligen Stein.
– Gibst du mir keinen stacheligen Stein, dann geb ich dir auch keinen! Okay?
– Ich möchte meinem Jungen ein warmes weiches Pelzchen geben, aber er verdient es nicht.

– Manchmal frage ich mich, ob mein Großvater noch Pelzchen auf der Bank hat!

Wahrscheinlich wäre jeder Bürger von Swabeedoo gern zurückgekehrt zu jenen Tagen, als das Schenken und Geschenktbekommen von warmen weichen Pelzchen noch üblich war. Manchmal dachte solch ein kleiner Mann bei sich, wie schön es doch wäre, von jemandem ein warmes weiches Pelzchen zu bekommen. Und in Gedanken ging er hinaus und begann jedem ein Pelzchen zu schenken, wie in alten Tagen.

Aber meistens hielt es ihn stets davon zurück. Gewöhnlich war es einfach dies, daß er hinausging und sah –

»WIE DIE WELT WIRKLICH WAR«

An einem kühlen Maimorgen gab mir ein sehr nettes Mädchen eine Papierrolle, die mit einem warmen weichen Pelzchen umwickelt war. Auf dem Papierröllchen war die Geschichte von den kleinen Leuten aus Swabeedoo zu lesen. Ich weiß leider nicht, wer sie das erstemal aufgeschrieben hat.

Geliebt werden – um seiner selbst willen

Wir gehen gewöhnlich noch viel zu sehr von der Vorstellung aus, daß wir »an sich« liebenswert seien und uns daher auch jeder Mensch sympathisch finden und gernhaben müsse. Aber im Grunde sind wir immer nur für *einen* Menschen liebenswert, weil wir etwas haben, was dieser zu der Befriedigung seiner Bedürfnisse braucht, und eben das an uns schätzt. Werden wir abgelehnt, bedeutet dies nichts anderes, als daß sich die Bedürfnisse auf der einen und die Bedürfnisangebote auf der anderen Seite nicht entsprechen[3]. Viele, die um ihrer selbst geliebt werden wollen, sind sich noch nicht oder nur wenig bewußt, daß sie etwas anbieten müssen, um etwas zu bekommen. So ist zum Beispiel Karin L. fast jeden Tag depressiv und empfängt in dieser Stimmungslage abends ihren Mann. Dieser jedoch verläßt deshalb meist fluchtartig die Wohnung und sucht eine Kneipe auf, was bei seiner Frau nur die Depression verstärkt. Deren depressive Gefühle stammen aus ihrer Vergangenheit. Sie hat als Kind

– aus der Überzeugung heraus, nicht geliebt zu werden – das gleiche Reaktionsmuster gezeigt und behält dieses im Erwachsenenalter bei, indem sie immer wieder aufs neue diese Gefühle reproduziert und so ihre Vergangenheit im Jetzt wiederholt. Die bei Karin L. auftretende Problematik ist kein Einzelfall, viele Menschen können nur pervertierte Anlagen anbieten, betonen aber, daß sie um ihrer selbst willen geliebt werden wollen. Indem sie jedoch vor allem Krankheiten, Depressionen, Tränen, exzessives Rauchen und Trinken, Haßgefühle, Ärger, Aggressionen, Hysterie, Nervosität, Machtspiele, Sadismus etc. anbieten, werden sie nicht, wie es ihren Vorstellungen entspricht, geliebt. Anstatt kritisch mit sich zu Rate zu gehen, reagieren sie nur wieder auf die alte, ihnen vertraute Art und Weise, was verstärkte Ablehnung zur Folge hat.

Eine ähnliche Entwicklung ist auch bei Frauen zu beobachten, die nachdrücklich unter Beweis stellen wollen, daß sie kein Sexualobjekt mehr für Männer seien, indem sie bewußt ihr Äußeres vernachlässigen bzw. sich so kleiden, daß Männer nicht mehr visuell angesprochen werden. Margit S.: ›Ich habe Lippenstift, Nagellack, Reizwäsche und hohe Schuhe in die Ecke gefeuert, denn ich habe keine Lust mehr, diesen Zirkus noch länger mitzumachen‹.

Sie hoffen darauf, daß ein Mann erscheint, der sie so mag, wie sie sind; nur ein solcher würde es ehrlich meinen und wäre imstande, sie wirklich zu lieben. Wenn dann sich die Männer mehr und mehr von ihnen distanzieren und sich weiterhin vor allem für Frauen engagieren, die schön gekleidet und geschminkt sind, sehen sie sich in ihrem negativen Urteil bestätigt, daß die Männer es einzig und allein nur auf den Körper der Frau abgesehen hätten. Aus dieser Haltung kann sich Ablehnung, sogar ein Haß gegenüber dem anderen Geschlecht entwickeln, der durch verschiedene Umstände immer wieder neu entfacht werden kann. Bleiben die Frauen jedoch nicht in dieser Entwicklungsphase stecken, kann dies ein Schritt zu ihrer wahren Natur und Identität bedeuten: Die Frau, die unter der traditionellen Frauenrolle zu leiden beginnt, versucht sich langsam aus den Zwängen und Erwartungshaltungen der Umwelt zu lösen, zum Beispiel aus der Erwartungshaltung, daß sie schön und modisch gekleidet auszusehen habe. Indem sie daraufhin ihr innerseelisches Schönheitsprinzip ausklammert und verdrängt, beginnt für sie ein Wandlungsprozeß. Diese Transformations- oder Übergangsphase ist für sie notwendig, um sich selbst zu finden, einen neuen Inhalt anzusammeln, zu einem neuen Frausein vorstoßen zu können. Entsprechend dieser Entwicklungsphase bevorzugt die Betroffene dann meist auch düstere Farben. Sie entwickelt eine Vorliebe für Kleidung vom Flohmarkt, für Ausgeflipptes und Skurriles; es ist ihr gleichgültig, ob es den Männern gefällt oder nicht. Diese Aufmachung symbolisiert nach außen, was sich im Innern abspielt: Alles ist im Wandel und in Auflösung begriffen. Auch ihre zeitweise militante Haltung gegenüber Männern ist in dieser Phase ein Selbstschutz, um nicht Gefahr zu laufen, ihren männlichen Teil wieder auf den Partner zu projizieren. So kann sie ihren männlichen Teil in sich ausbilden, kann mehr und mehr ihre gegengeschlechtlichen Persönlichkeitsanteile integrieren, kurzum: Sie lernt sich durchzusetzen, aktiv zu werden, Initiative zu ergreifen und selbständig zu handeln. Sind diese »männlichen« Eigenschaften entwickelt, kann sie diese für sich und auch für den Partner positiv einsetzen. Hat die Frau ihre gegengeschlechtlichen Anteile ausgebildet, so ist auch der Mann daran gehindert, seine weiblichen Persönlichkeitsanteile voll auf die Frau zu projizieren, oder anders ausgedrückt: Je mehr die Frau ihren männlichen Teil in sich entwickelt, um so eher gibt sie dem Mann die Chance, an seine eigene »Weiblichkeit« heranzukommen. Er kann seine weiblichen Persönlichkeitsanteile nicht mehr auf die Partnerin projizieren, weil sie sich nicht mehr in die ursprüngliche, einseitige Rolle zurückdrängen läßt. Wenn H. E. Richter schreibt, daß die Frauen in einer Art Naturschutzpark all die Wärme, Liebe, Geborgenheit, Schönheit usw. kompensatorisch produzieren müssen, die bei dem fortschreitenden Technisierungsprozeß immer mehr in den Hintergrund geraten sind, so bedeutet dies nichts anderes, als daß diese Energien im Patriarchat häufig gar kein Eigenleben haben. Sie werden dazu verwendet, um Frustration, Ärger und Mißerfolg im Berufsleben auszugleichen, können aber nicht mehr um ihrer selbst willen leben. Ihre Lebenskraft wird verbraucht, um Hemmungen und Blockaden auf anderen Lebensgebieten zu kompensieren. Je weniger Anerkennung und Erfüllung der Beruf bietet, desto mehr wird von der Partnerbeziehung verlangt.

Wärme, Geborgenheit, Liebe, Schönheit und Erotik werden erwartet und dringend gebraucht. Diese Energien können nicht frei fließen, sondern stehen unter Druck. Der Partner wird dann nur deshalb geliebt, weil er die Frustration in Elternhaus, Schule, Universität oder Beruf egalisieren kann. Die persönliche Eigenart des Betreffenden rückt dabei in den Hintergrund, und der Partner wird austauschbar. Indem die Frau nun ihr wirkliches Wesen entdeckt und sich neue Inhalte aneignet, entwickelt sie ihre individuelle Weiblichkeit, die so lange von der patriarchalen Rolle als Frau überlagert war. Gleichzeitig kann sie auch dem neuen Inhalt gemäß ihre wiederentdeckte Schönheit ausbilden. Sie macht sich ihrem eigenen Geschmack und dem eigener Typ entsprechend zurecht. Dieses Eigene und Individuelle hatte, solange sie unter dem Diktat der Norm stand, nur wenig Möglichkeit zum Durchbruch.

Man könnte es so sehen: Die verschiedenen Modetrends, die ihren persönlichen Geschmack jahrelang fremdbesetzt hielten, zeigten ihr, welche Variationen und welche Möglichkeiten es gibt. Es waren verschiedene Muster bzw. Creationen vorgegeben, von denen sie auswählen kann, was ihr gefällt und was ihr am besten steht. Insofern fungierte das jeweilige Modediktat als Bewußtmacher des eigenen Geschmacks. Ohne die professionellen Modemacher und ohne Kosmetikindustrie wären sicher weniger Vorstellungen entwickelt worden, auf welche Art und Weise die Frau ihr Äußeres verschönern kann. Die Fertigkeiten und Erfahrungswerte, die daraus resultieren, können nun als Basis für eine neue Entwicklungsphase dienen. Die neue Frau kann diese Fähigkeiten bewußt einsetzen und damit ihre Weiblichkeit vorteilhaft zur Geltung bringen. Indem sie sieht, wie auch die Natur sich schön macht, in den buntesten Farben erblüht und betörende Düfte verbreitet, kann sie sich allmählich wieder mit Gott Eros aussöhnen. Vorher, in der patriarchalen Phase, war es ein mehr unbewußtes Reizen und Verführen, indem sie das ihr aufgepfropfte Programm in Mode und Kosmetik erfüllte. Sie schminkte sich, weil man sich eben schminkt, und sie kleidete sich der Mode gemäß, ob diese nun für ihren Typ vorteilhaft war oder nicht. Sie absolvierte ein vorgegebenes Ritual und war sich oft des ursprünglichen Sinnes und Zwecks dieser Tätigkeit nicht mehr bewußt. Es war Formsache, nicht mehr Ausdruck des Inhalts.

Jetzt, in einer neuen Entwicklungsphase, entwickelt sie die Fähigkeit aktiv zu reizen und zu verführen. Make up und Kleidung dienen dabei nur als Verstärker dieser erotischen Fähigkeiten, die sie nun zur Verfügung hat. Insofern wird die »tote« Erotik, die eine Form ohne Inhalt war, durch eine »lebendige« Erotik ersetzt, bei der die Form Ausdrucksmittel von lebenden, d. h. sich in Entwicklung befindenden inneren Anlagen ist. So zieht eine junge Frau in der neuen Entwicklungsphase zum Beispiel einen Minirock nicht deshalb an, weil er in Mode ist, sondern weil er ihr steht, sie Freude daran hat, ihre schönen Beine zu zeigen, und weil die Jahreszeit entsprechend ist. Und sie kann, wenn sie Lust hat, ihren Freund verführen und »anmachen«, indem sie den Rock zurückstreift und ihm aufregende Einblicke gewährt. Sie zieht aber den Minirock nicht an, wenn er sie unvorteilhaft aussehen läßt, wenn es kalt ist oder wenn die Situation unpassend ist.

Da sie ihre männlichen Persönlichkeitsanteile nicht mehr als fremd und negativ erlebt, kann sie unter anderem auch ihre körperlichen Triebe bejahen und daher auch das »Triebhafte« der Männer. Sie fühlt sich nicht mehr als Objekt, sondern als vollwertige Partnerin, die sich mit dem Mann körperlich, seelisch und geistig austauscht. Sie hat sich mit dem Männlichen in sich und in der Außenwelt ausgesöhnt, das alte Feindbild ist abgebaut und verschwunden.

Ihr neuer Inhalt findet eine neue Form, da sie fähig ist, ihre persönliche Eigenart auch in ihrem äußeren Erscheinungsbild zum Ausdruck zu bringen. Es setzt nun eine positive Verstärkung des Schicksals ein: Männer beginnen sich wieder für sie zu interessieren. Es ist aber ein *anderer Typus* von Mann. Der neue Mann liebt ihren Inhalt *und* ihre Form, fühlt sich von ihrer Eigenart angezogen, der sie nach außen einen formalen Ausdruck verliehen hat. Indem sie gelernt hat, die richtigen Signale auszustrahlen, findet sie die ihr gemäßen Empfänger. Nachdem sie ihre Eigenart entwickelt hat und sich damit von der pauschalen Art als Frau zu leben gelöst hat, ist sie nicht mehr austauschbar. Aus diesem Grunde gibt es in dieser neuen Art der Partnerschaft zwischen Mann und Frau auch keine Verlustängste und keine Konkurrenzkämpfe. Da jeder in körperlicher, geistiger und seelischer Hinsicht seine Eigenart ausgebildet hat, steht seine Einzigartigkeit neben der Einzigartigkeit des anderen. Diese Einzigartigkeit steht jedoch im Gegensatz zu der im Patriarchat verbreiteten Tendenz, der »Einzige« für den anderen sein zu wollen. Dieser Drang resultiert aus der kindlichen Situation, in der man nicht als gleichberechtigter Partner von den Eltern akzeptiert wurde, und diese Hemmung im Eigenwert kann dann später nur kompensiert werden, wenn man für den Partner der »Einzige« ist. Für den anderen jeweils der Einzige zu sein, bedeutet jedoch häufig Isolation als Paar und bedingt auch eine negative Einschätzung der Mitmenschen. Wenn zum Beispiel ein Mann bei einer Frau der Einzige sein will, muß er notgedrungen alle anderen männlichen Wesen, mit denen sie in Kontakt steht, als Konkurrenten sehen, die es auszubooten gilt. Hat er dies schließlich geschafft, muß er jedoch seelisch ständig auf der Lauer liegen, ob ihm nicht doch noch ein anderer seinen hart erkämpften »Besitz« wieder streitig macht. Verlustängste, meist mehr unbewußt als bewußt, gehören genauso zu einer derart strukturierten seelischen Grundstimmung wie der Konkurrenzkampf, zu dem sie in steter Wechselbeziehung stehen. Diese Symptomatik macht deutlich, daß der einzelne hier noch nicht zu seiner Eigenart steht und sie nicht zu schätzen weiß. Er ist sich ihrer noch nicht bewußt. Erschwerend kommt hinzu, daß der stete Konkurrenzkampf gerade den Prozeß des Findens der eigenen Identität und der Entdeckung des anderen unterbindet. Das Konkurrenzdenken trübt den Blick für die Wirklichkeit.

Da jeder Mensch andersartig ist, gibt es real gesehen gar keinen Konkurrenten. Wenn beide Partner ihre Eigenart entwickeln, kann sich gleichzeitig auch eine gemeinsame Eigenart, eine Identität als Paar bilden. Diese Identität als Paar ist ebenfalls einzigartig, weil sie aus zwei einzigartigen Wesen besteht, sie ist etwas Lebendiges und Gewachsenes. Die Partner lieben sich um ihrer Eigenart willen. Sie sind sich nahe und vertraut. Sie können jetzt auf ihre Beziehung bauen und sich echt vertrauen. Im Gegensatz zu früher, als sie nur darauf vertrauen konnten, daß das Überich des Partners so stark ist, daß er die Norm Treue nicht zu durchbrechen wagt. Hatte er dennoch den Mut dazu aufgebracht, konnte man ihn unter Berufung auf die Norm maßregeln und ihm Schuldgefühle einpflanzen. Die wirklichen Umstände, die zur Untreue führten, blieben aber verborgen. Die Chance, etwas mehr über den Partner und über sich selbst zu erfahren, wurde – wieder einmal – vertan. Aus all dem bisher Gesagten folgt, daß man erst dann jemanden wirklich um seiner selbst willen lieben kann, wenn derjenige seine körperliche, seelische und geistige Eigenart entwickelt hat und dies auch zu zeigen imstande ist. Die Ausbildung seiner persönlichen Anlagen befreit ihn davon, im ewigen Ritual sein Reaktionsmuster der Vergangenheit zu wiederholen und das komplementäre Reaktionsmuster dazu in der Außenwelt zu suchen. Oft ist man überrascht, wenn offenbar »glückliche« Ehen nach einigen Jahren – scheinbar aus heiterem Himmel – auseinanderbrechen, oder wenn manche Menschen einen dem äußeren Anschein nach ganz unpassenden Partner wählen. In solchen Partnerschaften stimmen die Reaktionsmuster der beiden Partner überein, was von diesen schon meist bei der ersten Begegnung unbewußt wahrgenommen wurde. Erfolgen aber bei einem der beiden oder bei beiden Veränderungen und zeichnen sich eigenständige Entwicklungen ab, treten anstelle der ursprünglichen »Harmonie« Spannungen und Schwierigkeiten zutage. Hat ein Mann, der gerne die Beschützerrolle spielt (= eine Reaktion aus der Vergangenheit) zum Beispiel ein noch recht junges und unselbständiges Mädchen geheiratet, so ist zu erwarten, daß seine Partnerin im Verlauf ihrer Entwicklung selbstbewußter und eigenständiger wird. So »paßt« sie allmählich nicht mehr in sein Persönlichkeitssystem, widersetzt sich sogar seinen Forderungen und nimmt ihm die Möglichkeit, seinem Reaktionsmuster entsprechend zu agieren. Aus der einst harmonischen Beziehung erwachsen Spannungen und Streitigkeiten, die keiner der beiden Partner »verstehen« kann, und deren Ursachen dem anderen angelastet werden. Da keiner der beiden Betroffenen jemals seine individuelle Eigenart wie auch die des anderen erkannt und realisiert hat, konnte sich auch keine reale Liebesbeziehung entwickeln.

Solche und ähnliche Partnerschaften können dennoch recht gut, ja unter Umständen (wenn sich die Rollen auf den verschiedenen Ebenen ergänzen) lebenslang funktionieren. Vermutlich handelt es sich bei vielen sogenannten glücklichen Ehen oft um ideal aufeinander abgestimmte »Doppelsysteme«, vereinfacht dargestellt etwa mit dem Symbol-Ich »Krankenschwester – Leidender« oder »absoluter Herrscher – Sklavin[20]«. Durch innere Fixierung an das benötigte Rollenbild des ergänzenden Partners wird die Entwicklung beider zum realen Selbst hin verhindert.

Schritte zur neuen Sinnlichkeit

1. Schritt: Seelische Analyse und Reinigung bzw. Auflösung der alten Sexualmoral im Inneren der Seele.

Es ist jedoch ein recht schwieriges Unternehmen, von der erotischen Fremdbestimmung zur Selbstbestimmung der erotischen Anlage zu gelangen. Denn: Von allen Seiten wird die alte Sexualmoral immer wieder bestätigt: Im Film, im Fernsehen, im Radio, in Zeitungen und Zeitschriften, im Theater, in der Oper, in der Musik, in der Literatur... Die alte Sexualmoral wird gelehrt, vertont, verfilmt – und es entsteht der Eindruck, daß die Unterdrückung des Lebendigen wirklich naturgemäß, gesund – bezeichnenderweise wird dann von einer »gesunden« Einstellung zur Sexualität und zum Leben gesprochen – und normal sei (tatsächlich aber ist man nur normal, d. h. der Norm entsprechend programmiert!).

Sich von der Fremdprogrammierung in Sexualität und Erotik zu befreien, ist z. B. schwieriger als ein Austritt aus der Kirche, da das sexuelle Bedürfnis grundlegender ist und nicht allein von der Person selbst dauerhaft befriedigend gestillt werden kann. Richtet sich jemand nicht mehr nach der alten Sexualmoral, so hat dies entscheidende Auswirkungen auch in der Partnerschaft. Oft weigert sich der Partner, die Beziehung unter solchen Umständen dann noch aufrechtzuerhalten. Und so mancher, der ursprünglich bereit gewesen wäre, den Schritt zu wagen, machte dann einen Rückzieher – aus Angst vor Partnerverlust und Einsamkeit. Gerade dann gilt es jedoch, Konsequenz zu zeigen und den Gesetzen des Lebens zu vertrauen. Sollte der Partner wirklich aufgrund der eigenen innerseelischen Veränderung die Beziehung auflösen, hatte seine Liebe ohnehin wenig Inhalt. In einem solchen Fall kann man sicher sein, daß man nach dem Gesetz der Anziehung einen neuen Partner anzieht, welcher der seelischen Entwicklungsphase mehr entspricht und mit dem sich neue Möglichkeiten auftun.

Wer im Begriffe ist sich zu befreien, zieht einen Partner an, der ebenso im Befreiungsprozeß steckt, also einen Gleichgesinnten, oder was in der Übergangsphase manchmal möglich ist, einen, der so extrem auf die alten Moralmaßstäbe pocht, daß der Bewußtwerdungsprozeß bei dem um Befreiung Ringenden noch intensiviert wird.

Die erotische Anlage traf auf die Normen, Gebote, Verbote und Tabus der Eltern, des Milieus, der Kultur und der Zeitepoche und mußte daran angepaßt werden. Gemäß den Anpassungs- und Abwehrmechanismen wurde diese Anlage sublimiert, verschoben, projiziert, verdrängt, symbolisch ausagiert, verleugnet usw. Aufgrund dessen ist die erotische Energie im Wachstum bereits in den Kinderschuhen steckengeblieben und wurde von Konvention und Moral total überlagert. Insofern hatte bisher kaum jemand Zugang zu seiner wirklichen erotischen Anlage. Kaum jemand weiß, wer und wie er erotisch sein könnte. Dieser eigene Persönlichkeitsanteil ist ihm fremd geblieben. Es heißt also zunächst die erotische Energie aus ihrer Verschüttung (=aus der Sublimierung, Projektion, Somatisierung etc.) zu befreien, es gilt die Fremdbestimmung der erotischen Anlage in allen Erscheinungsformen und Nuancen bewußt zu machen. *Beispiel:* Grit C. lebte seit Jahren mit Tim S. zusammen. Tim litt darunter, daß Grit nur wenig Interesse an Sexualität und Erotik zeigte. Eines Tages lernte er Birgit kennen, die es von Anfang an verstand, ihn in ihren Bann zu ziehen. Als Grit von dem »Verhältnis« erfuhr, war sie außer sich vor Enttäuschung und Wut. Sie begann Birgit zu hassen. Grit: ›Dieses raffinierte Luder hat mir meinen Freund ausgespannt. Sie hat es nur darauf angelegt ihn zu verführen. Und Tim fällt dann auf solche plumpen Maschen rein!‹ *Lösungsmöglichkeit:* Grit muß sich bewußt werden, daß Birgit ihr nur ihre eigene verdrängte erotische Anlage vorlebt. Insofern müßte sie Birgit für diese Bewußtmachung dankbar sein. Jetzt hat sie selbst die Möglichkeit, ihr Problem, das schon immer latent im seelischen Untergrund geschwelt hat, aktiv anzugehen. Jetzt kann sie ihre Anlage aus der Projektion zurückholen und hat dadurch den ersten Schritt zu ihrer Befreiung gemacht. Wichtig ist also bei der seelischen Analyse und Reinigung, sich vor Augen zu führen, welchem Anpassungs- und Abwehrmechanismus man bisher erlegen war. In diesem Zusammenhang müssen insbesondere auch Imitation und Identifikation beachtet werden. *Man muß sich also fragen:* Was habe ich von meinem Vater, von meiner Mutter oder von anderen wichtigen Bezugspersonen nur imitiert?

Was ist nur Identifikation mit der jeweiligen Männer- oder Frauenrolle? Welche Defizite an Fähigkeiten sind durch die persönliche Familien- und Umweltsituation entstanden, und welche Defizite sind auf die patriarchale Rollenteilung zurückzuführen? Insbesondere muß auch bewußt werden, daß die Individualität in der patriarchalen Gesellschaft vorwiegend darin bestand, auf welche Art und Weise der einzelne die vorgeschriebene Rolle als Mann oder als Frau zu erfüllen vermochte und nicht so sehr darin, seine menschliche Natur individuell auszudrücken. Auch mußten die eigenen Bedürfnisse zugunsten der pauschalen Rolle zurückgestellt werden. Aus diesem Grunde kommt es dann auch oft in einer Rollenpartnerschaft zu Konflikten und Krisen, wenn sich das Eigene, das Individuelle nicht mehr länger unterdrükken läßt, wenn das Leben sich gegen die Norm zu wehren beginnt. Sich zu wehren bedeutet dabei meist mit Aggression, Haß oder Wut zu reagieren. Solche Reaktionen sind ein Hinweis dafür, daß noch Leben in dem Betreffenden vorhanden ist, daß er den Puppenmantel sprengen will, daß er Schmetterling, d. h. Individuum werden will.

Zu seiner Individualität vorzustoßen, setzt voraus, daß die Maßstäbe, Normen, Gebote, Verbote, Ideale und Normen hinterfragt und schließlich durchbrochen werden; setzt voraus, daß jemand seine körperlichen, seelischen und geistigen Reaktionen auf die Norm erkannt und gesehen hat, auf welche Art und Weise seine Reaktionen mit den Reaktionen des Partners verflochten waren bzw. welche Reaktionen er beim anderen ausgelöst hat. Die nächste Frage lautet also: Was habe ich bisher mit meiner im Entwicklungsprozeß steckengebliebenen Anlage erwirkt?

Wer bisher seine erotische Anlage nur milieu-, kultur- oder zeitepochenspezifisch auslebte, ging mit dieser Anlage den Schicksalsweg bzw. hatte damit ein ganz spezifisches Schicksal, er zog ganz bestimmte Partner an, erwirkte ganz bestimmte Ereignisse. Dabei ist es wichtig festzustellen, ob jemand mit dieser Anlage den Weg der Hemmung (des Kindrollenspielers) oder den Weg der Kompensation (des Elternrollenspielers) beschritten hat. In der Hemmung ist der Betreffende mit dieser Anlage von den Idealen der Kultur und Zeitepoche gehemmt, d. h. er schafft es nicht, diesem Ideal zu entsprechen. In der Kompensation gelingt es ihm, die Norm zu verkörpern – er ist »oben« und anerkannt. Da sowohl der Gehemmte als auch der Kompensator von der Norm fremdbestimmt sind und nach dieser Norm leben, kommen beide nicht an ihre wirkliche erotische Anlage heran. Sie können nicht das Wesen dieses Persönlichkeitsanteils bzw. dieser Energie erfassen und nicht die tausend Möglichkeiten erkennen und leben, die mit dieser Energie verbunden sind. Sie können beide nur die patriarchale Art von Erotik erleben und sind daher entfernt von ihrem eigenen Selbst. Deshalb sind die meisten Menschen erotisch unerfüllt und ständig auf der Suche nach mehr Glück. So kann zum Beispiel die wirkliche erotische Eigenart des Gehemmten verfälscht worden sein durch Scham, Angst, Minderwertigkeitskomplexe, Schuldgefühle... und des Kompensators durch Prestigedenken, Leistungsfetischismus, Machtstreben, Prahlerei, Statussymbole... Der Gehemmte und der Kompensator müssen sich davon freimachen, der Norm entsprechen zu wollen. Sie müssen – wenn sie unter ihrem Schicksal leiden – die Norm in Frage stellen und schließlich über die Norm hinwegschreiten. Sie müssen transzendieren zu einer neuen erweiterten Sicht der Wirklichkeit. Voraussetzung hierfür ist aber, daß die Betroffenen sich eingestehen, daß sie gehemmt sind, daß sie aufhören, diese Hemmung als »natürlich« und »normal« anzusehen. Insbesondere ist die schmerzhafte Einsicht notwendig, daß die wirkliche erotische Anlage durch die Fremdbestimmung total verkümmert ist, und daß daher ein schweres Stück Arbeit erforderlich ist, um diese Anlage aus ihrem verschütteten Zustand zu erlösen, und ihr volles Potential zu erschließen.

2. Schritt: Die Überwindung von Schuldgefühlen durch Umpolung.

Veraltete und eingeübte Maßstäbe aufzugeben ist jedoch schwieriger und problematischer, als sich, oberflächlich betrachtet, vermuten läßt. Denn warum halten sonst so viele Menschen trotz Unglück, Krankheit, Zwietracht, Krieg und Leid an den alten Maßstäben fest?

Warum klammern sie sich an diese, obwohl das Leben ihnen bisher nicht oder nur wenig von all dem gab, was sie sich so sehr wünschten; und sind überzeugt, daß das Glück auf allen Lebensgebieten innerhalb des Rahmens der alten Normen und des alten Moralkodex doch noch zu erreichen wäre?

Zunächst können viele nicht akzeptieren, daß jedes Unglück die Wirkung auf die Ursachen, auf die Normen und Ideale der Vergangenheit ist, da sie den Zusammenhang nicht zu erkennen wagen. Wenn etwas nicht gesehen werden darf, bewegt sich das Denken – und sei der Intelligenzquotient noch so hoch – im Kreis. Die Normen und Ideale, die Elternhaus, Milieu, Gesellschaft und Kulturkreis bestimmten, in denen der einzelne lebte und lebt, wurden zum großen Teil – allerdings in individuell verschieden starker Ausprägung – in der Kindheitsphase unbewußt verinnerlicht. Sie in ihrer Relativität zu erkennen, sie gegebenenfalls aufzugeben oder zu übertreten bewirkt im Erwachsenen, auch wenn sie für die derzeitige Lebenssituation nicht mehr relevant sind, Unsicherheit, Angst und Schuldgefühle.

Anstatt daher die eigenen realen Anlagen zu entdecken, zu entfalten und das Recht auf freie Entwicklung der Persönlichkeit mit Inhalt zu füllen, wird häufig in übernommenen Verhaltensmustern und Wertvorstellungen verharrt bzw. werden die Anlagen nur pervertiert (verdreht) und verdeckt ausgelebt. *Das Ausleben der realen Lebensprinzipien schädigt keinen Men-*

schen, nur das Ausleben der pervertierten, verschütteten Anlagen hat in den zwischenmenschlichen Beziehungen negative Auswirkungen, die nur durch Gebote, Verbote und durch Kontrollen in Schach gehalten werden können.

Weshalb bleiben trotzdem Schuldgefühle bei Verstößen gegen patriarchale Konventionen und Sitten bestehen? Ein Grund mag darin liegen, daß fast alle Menschen nach Anerkennung streben und die moralische Qualität »gut« mit der Einhaltung der Rollennormen gleichsetzen. Die vorgegebene Rollenerwartung zu erfüllen bedeutet, ein »guter« Mensch zu sein, die Nichterfüllung wird mit »böse« assoziiert. Auch will zum Beispiel ein Kindrollenspieler dem Elternrollenspieler nicht »weh« tun; denn wenn er nicht im Sinne des Maßstabs funktioniert, den der Elternrollenspieler aufstellt, fügt er jenem psychische Schmerzen zu oder erzeugt Mißstimmung und Ärger.

Hierzu ein Beispiel:

Die Mutter von drei erwachsenen verheirateten Söhnen hat den Maßstab aufgestellt, daß *jedes* Weihnachtsfest immer gemeinsam gefeiert werden müsse. Erwin, einer der drei Söhne, und seine Frau empfinden jedoch das »gemeinsame« Weihnachten als Zwang. Sie kostet es große Überwindung, die Feiertage im Kreise der Familie zu verbringen. Nur widerwillig entsprechen sie der durch die Mutter aufgestellten Norm. Lange diskutieren Erwin und Angelika darüber, ob sie diese nicht einmal durchbrechen und Weihnachten nach ihrem eigenen Geschmack und auf ihre eigene Art und Weise verbringen könnten. Erwin jedoch meint, er könne das seiner Mutter nicht *antun*, und er habe ihr gegenüber Schuldgefühle. Also fahren sie wie alle Jahre wieder Weihnachten zur Mutter. Beide – der Elternrollenspieler und der Kindrollenspieler – wollen *gut* sein. Die Mutter meint es »gut« – wenn sie den Maßstab »Weihnachten gemeinsam« aufgestellt hat, und ihr Sohn Erwin will ein »guter Junge« sein und beugt sich – wenn auch widerwillig – dem fremden Maßstab. Erwin begibt sich damit in die für den Kindrollenspieler so typische masochistische Haltung. Er dachte nur daran, daß er seiner Mutter wehtun könnte, nicht aber, daß er, indem er im Sinne des Maßstabs seiner Mutter funktioniert, seine Wünsche verdrängen muß und damit sich selber, seiner eigenen Natur, wehtut. Er muß einen fremden Maßstab *erleiden*. Seine Mutter verfügt über ihn. Sie bedarf notwendig zur Erfüllung ihres Ideals seiner Person. Sie bedenkt nicht, daß sie ihren Maßstab pauschaliert und andere damit vergewaltigt und daß die Zuwendung und menschliche Wärme, die ihr an diesen Tagen von Erwin und Angelika entgegengebracht werden, nicht echt sein können. Ihr Maßstab ist eine *Form ohne Inhalt*. Erwin wird sich solange immer wieder wehtun, solange er nicht ein Recht darauf empfindet und vor allem durchsetzt, Weihnachten nach eigenen Vorstellungen zu verbringen.

Nicht seine Mutter verursacht als Person seinen Schmerz, sondern der Maßstab in ihr, dessen Durchsetzung sie über die in Erwin geweckten Schuldgefühle erzwingt. Doch steht es jedem frei, die alten, nicht mehr relevanten Zwänge abzuschütteln und ein eigenes Leben zu leben. Die Selbstbestimmung beginnt dort, wo die Fremdbestimmung (das Skript) abgeschüttelt wurde.

Um von der Fremdbestimmung zur Selbstbestimmung zu gelangen, sind jedoch wichtige Entwicklungsprozesse aktiv zu durchlaufen. Insbesondere ist es notwendig, die Schuldgefühle umzupolen, da der einzelne sonst ständig in der Phase der Auflehnung und des Kampfes gegenüber alten Maßstäben und deren Repräsentanten steckenbleibt. Entstehen zuerst Schuldgefühle, wenn er entsprechend seiner Eigenart und *nicht* im Sinne der ursprünglichen, patriarchalen Maßstäbe und Ideale lebt, so treten bei einer Umpolung Schuldgefühle auf, wenn er *nicht* seine Eigenart entfaltet und sich noch nach einem fremden Muster ausrichtet. Er hat nun ein Schuldgefühl gegenüber seiner eigenen Natur, nicht mehr dem pauschalen Maßstab gegenüber. Eine solche Umpolung ist jedoch nur möglich, wenn der bisherige Maßstab ad absurdum geführt werden kann.

Derjenige, der diesen Prozeß vollzieht, muß wissen und empfinden, warum eine Rollennorm spezifisch für ihn keine Gültigkeit mehr hat – und warum er bei Übertretung oder Mißachtung keine Schuldgefühle mehr zu haben braucht. Er muß erkennen, welche familiären oder gesellschaftlichen Umstände damals diesen Maßstab bei ihm entstehen ließen und welche Wirkungen dieser Maßstab gezeitigt hat. Aufgrund dessen kann er absehen, was ihm die Zukunft bringen würde, wenn er weiter nach dieser Richtlinie leben würde. Er kann aber nur dann den alten Maßstab in sein seelisches Archiv legen, wenn er einen neuen Maßstab, eine neue ethische Richtung, die *seiner Natur* und der *menschlichen* Natur sowie jeweils seiner Entwicklung entspricht, gefunden hat. Dieses neue Ziel kann ohne Veränderung und ohne seelische Schmerzen angestrebt werden, weil es nicht mehr statisch ist, und deshalb dem Leben nicht mehr zuwiderläuft. Damit hat der einzelne die Symbolebene des Erwachsenen erreicht; es ist die Symbolebene, wo keine oder nur noch wenig psychische Schmerzen ertragen werden müssen. Die Symbolebene des Erwachsenen tut nicht mehr weh, da man sich zum Beispiel nicht mehr unterdrücken, maßregeln oder hemmen läßt. Langsam wird nun damit begonnen, das Schicksal selbst zu gestalten. In diesem Stadium wird erkannt, daß die patriarchale Phase des Menschen und der Menschheit eine notwendige, wichtige Entwicklungsphase war, die Bewußtsein brachte; denn nur durch die vorgegebene Norm und durch das Fremde konnte das Eigene erkannt und bewußt werden.

3. Schritt: Eigene Identitätsfindung.

Hatte man vorher nur individuell die Norm verkörpert, so heißt es jetzt, individuell die menschliche Natur respektive die natürliche Anlage auszudrücken. Doch hier taucht die Frage auf: Wie kann man die eigene Natur, das eigene Wesen entdecken?

Nachdem die ersten zwei Schritte bereits absolviert wurden, ist der 3. Schritt leichter zu bewältigen. Es hat sich nun ein Unterscheidungsvermögen zwischen dem, was die Norm diktiert und dem, was das Leben verlangt, herauskristallisiert. Der Betreffende kann jetzt unterscheiden zwischen dem erlernten Gewissen, zwischen der Stimme des Überichs und der Stimme des Lebens.

Je mehr der Betreffende sich von den alten Normen und Idealen gelöst hat, um so deutlicher kann er die Stimme des Lebens in sich wahrnehmen. Jeder Mensch hat die Stimme des Lebens in sich, weil sie Bestandteil und Ausdrucksform seiner Lebendigkeit ist. Sie spricht unabhängig von Schulbildung, Milieu, Nationalität und Kultur zu jedem.

Indem der einzelne auf sein von Konvention und Moral gereinigtes Gefühl hört, bekommt er Zugang zu den Quellen des Wissens, die ihm solange versperrt waren. Mehr und mehr merkt er, daß diese innere Stimme immer weiß, was gut für ihn ist, daß sie immer darauf abzielt, sein Leben zu schützen, seine Lebensqualität zu steigern, seine Wohlgefühle zu vermehren. Er merkt, daß diese innere Stimme unbestechlich ist, sie weiß, was dem Körper zugemutet werden kann, weiß, wann man satt und wann der Durst gelöscht ist, weiß, welche Dosierung richtig ist, weiß, ob der Partner zu einem paßt, weiß, wann man im Leben was verändern müßte...

Die Stimme des Lebens ist der wahre Guru in Inneren unserer Seele. Sie gibt das Richtmaß ab und zeigt den Weg auf. Diesem Guru kann man vertrauen. Langfristig gesehen, hat die innere Stimme immer Recht. Sie mag vielleicht für manchen zu wenig ökonomisch orientiert sein, zu wenig profitorientiert denken, zu wenig Prestige einbringen, doch sie denkt in anderen Dimensionen, zieht andere Kriterien in Erwägung, denkt ökologisch, ganzheitlich. Sie rät zum Beispiel davon ab, sein Leben zu verkaufen, im Sinne der Erbtante zu funktionieren, den Nachkommen ein Vermögen zu hinterlassen... Bei ihr hat immer das Leben Vorrang. Sie entscheidet sich immer dafür, dem Leben mehr Inhalt zu geben, mehr Freude, mehr Freiheit, mehr Gesundheit, mehr Glück. Vor allen Dingen aber hat sie ein Gespür dafür, was dem eigenen Körper, der eigenen Seele und dem eigenen Geist zuträglich ist und was nicht.

Und damit sind wir bei einem ganz entscheidenden Punkt: Die Stimme des Lebens ist die Stimme des eigenen Wesens, der eigenen Natur, der persönlichen Eigenart, der Identität. Das erlernte Gewissen und deren äußere Repräsentanten haben die Stimme des Lebens stets überbrüllt, haben sie unterdrückt, haben sie nicht aufkeimen lassen, haben sie lächerlich gemacht, entwertet, für verrückt erklärt.

Indem die Stimme des Lebens jedoch mit dem Intellekt eine Synthese eingeht und durch eine neue Ethik gestärkt ist, kann sie den inneren und äußeren Einpeitschern der alten Normen und Ideale Paroli bieten. Sie kann das Wahngebäude der anderen entlarven und ad absurdum führen und ihr eigenes Konzept darlegen. Und sie, die früher so ängstlich und eingeschüchtert war, ist plötzlich dankbar für jede Herausforderung, gibt sie ihr doch die Möglichkeit, sich zu artikulieren und in der Selbstbehauptung zu bestätigen. Jede Herausforderung, die sie gemeistert hat, macht sie stärker und sicherer, läßt sie differenzierter werden. Diese Stimme des Lebens muß in alle Lebensgebiete Eingang finden. Nur über sie kann auf dem betreffenden Lebenssektor die eigene Identität gefunden werden und die entsprechende Anlage naturgemäß ausgebildet werden. Hat jemand in allen Anlagen seine Identität entwickelt, so ergeben die vielen Eigenarten eine Gesamtidentität: das eigene Selbst. Dies ist der Weg der Selbstverwirklichung.

4. Schritt: Die Ausbildung von Anlagen.

Es gibt für jeden keinen besseren Weg der Entfaltung und Erfüllung als den der möglichst vollkommenen Darstellung des eigenen Wesens.

Hermann Hesse

Eine Anlage, die in ihrem Entwicklungsprozeß steckengeblieben ist, disponiert zu Krankheit, Projektion, negativem Schicksal, zum Wiederholungszwang... Wenn Krankheit und Leid also auf nicht ausgebildete Anlagen zurückzuführen sind, dann gibt es eigentlich nur eine Medizin der Zukunft, nämlich sich das entsprechende Wissen und die entsprechenden Fähigkeiten anzueignen.

So konnte mancher eine Situation nicht anders bewältigen als über den Weg der Somatisierung, weil er ohnmächtig davorstand, weil er nicht die entsprechenden Fähigkeiten gelernt hatte. Daher erscheint es zunächst ungerecht, daß derjenige, der ohnehin durch Krankheit schon genug bestraft zu sein scheint, auch noch in der Außenwelt mißliche Situationen zu ertragen hat, meist Schwierigkeiten und Konflikte im Beruf, im finanziellen Bereich und in der Partnerschaft. Ja mehr noch! Die Außenwelt fungiert sogar noch als Verstärker der inneren Problematik, so daß man bei einer Krankheit immer auch auf äußere Schwierigkeiten schließen kann.

Es wird jemand mit einem Problem, welches das Schicksal ihm auferlegt, nicht fertig. Da das Schicksal jedoch nichts anderes ist als die Rückmeldung auf seine Maßstäbe und Ideale, auf seine Einstellungen und Gefühle, auf seine Reaktionsmuster, auf seine Ursachen, die er gesetzt hat, kann man sagen, daß er mit sich selbst nicht fertig wird. So widerspiegelt sich die chronische Gastritis von Norbert T., der als Dozent an einer Kunsthochschule unterrichtet, auch auf der seelischen Ebene in Form von Schwierigkeiten in der eigenen Identitätsfindung bzw. der Durchsetzung der eigenen Identität und in der Partnerschaft in Form von Konkurrenzängsten, die er gegenüber dem Chef seiner Frau empfindet, als auch in der beruflichen Sphäre in Form von Eifersucht gegenüber anderen Kollegen.

Norbert T.: ›Es ist zum Verrücktwerden! Weder meine Frau noch meine Studenten identifizieren sich mit mir. Meine Frau definiert mich nicht. Sie nennt mich nicht einmal beim Namen. Niemand interessiert sich ernsthaft für mich, geschweige denn für meine Arbeit. Meine Studenten sind Anhänger einer anderen Kunstrichtung. Sie schwärmen von anderen Dozenten – und ich stehe im Schatten‹.

Norbert T. reagiert also auf diese äußeren Situationen immer wieder mit einer Magenschleimhautentzündung, weil er ohnmächtig dem Problem gegenübersteht, er kann es nicht lösen. Würde er bei seiner Frau oder bei seinen Studenten um deren Gunst kämpfen, so würde dies wenig nützen, da die äußere Situation ja nur eine Widerspiegelung der inneren Szenerie ist. Wenn sich andere nicht mit ihm identifizieren können, liegt es auf der Hand, daß Norbert selbst seiner Identität zu wenig Ausdruck verleiht und insofern auch außen nicht als Idenfikationsobjekt in Erscheinung treten kann.

Er müßte also – um diese Problematik lösen zu können – zuerst eine beschwerliche Reise zu sich selbst unternehmen und müßte schließlich im Anschluß daran lernen, wie er seine seelische Eigenart am wirkungsvollsten durchsetzen kann.

Krankheit und Schicksal sind also Umwege, weil man den realen mühseligen Weg nicht gehen will. Viele schieben Ausreden vor, wie
– ich bin eben nicht redegewandt
– wir waren zu Hause sieben Kinder
– ich komme aus zerrütteten Familienverhältnissen
– ich habe zu wenig Schulbildung usw.
Sie wollen ihre schlechte Ausgangsposition als Alibi benutzen, um etwaige Anstrengungen vermeiden zu können.

Sicher hatten manche Menschen günstigere Bedingungen, dessen ungeachtet hat aber jeder hier und jetzt die Möglichkeit, sich Wissen anzueignen und Fähigkeiten auszubilden.

Um diese Chance zu unterstreichen, haben wir aus diesem Grunde Workshops eingerichtet, in denen man lernt, Anlagen, die in jedem Menschen »angelegt« sind, zu entwickeln. Der einzelne muß befähigt werden, selbständig den realen Weg zu beschreiten, damit er den Umweg über die Krankheit, Schicksal und Leid nicht mehr gehen muß. Stundenlang, tagelang wird mit den Kursteilnehmern geübt, wie man sich durchsetzt und Initiative ergreift, wie man sich abgrenzt und sich vor Entwertung, Angriffen und Verunsicherungen schützt, wie man sich wirtschaftliche Fähigkeiten aneignet, wie man rhetorisch am wirkungsvollsten auftritt, wie man sich selbst bzw. sein Leben managt, wie man seine Gefühle wahrnimmt und zeigt, wie man eigene Pläne und Konzepte entwirft und verwirklicht, wie man

Probleme bewältigt und sich aus mißlichen Situationen befreit usw. Hat der Betreffende sich das Rüstzeug angeeignet (das ihm leider von Elternhaus und Schule nicht mitgegeben wurde), kann er dann im täglichen Leben die ersten Versuche unternehmen, das Gelernte in die Praxis umzusetzen. Will er wirklich den Weg gehen, darf er sich zunächst durch eine mögliche Erstverschlimmerung der Problematik nicht beirren lassen. Es ist logisch, daß diejenigen, die sich an seiner Armut, an seiner Krankheit, an seinem Leid, an seiner Erfolglosigkeit etc. stabilisiert haben, ihn in die alte Rolle zurückdrängen wollen. Es ist klar, daß derjenige, der sich zurücknahm bzw. der – bildlich gesprochen – sein seelisches Land anderen überließ, harte Kämpfe durchfechten muß, um über dieses Land, das von einer fremden Besatzungsmacht belagert ist, wieder selbst bestimmen zu können. Der Fremdbesetzer betrachtet dieses Land als sein eigenes und wird alles versuchen, um es nicht an den ursprünglichen Eigentümer zu verlieren. Er wird den wirklichen Eigentümer als Egoisten bezeichnen, wird ihm Schuldgefühle aufoktroyieren, kurzum wird alle Hebel in Bewegung setzen, um den Aufstand gegen ihn niederzudrücken.

Hält man sich jedoch vor Augen, daß dieser Fremdbesetzer nur die äußere Widerspiegelung der eigenen falschen Maßstäbe, Einstellungen und Glaubenshaltungen ist, die das seelische Land besetzt hielten, so wird klar, daß man nur über ihn, über den äußeren Repräsentanten endgültig den Ablöseprozeß schafft. Er macht das, was in der Seele irreal ist, bewußt; er macht, indem er den Gegenpol oder die Norm verkörpert, bewußt, wer man wirklich ist und wohin der eigene Weg führen kann. Je sicherer der Betreffende wird, desto weniger Angriffe kommen von außen. Ja, es setzt sogar eine umgekehrte Entwicklung ein: Man wird mehr und mehr von außen auf dem neuen Weg bestätigt und bestärkt.

An diesem Beispiel wird evident, wie schwierig ein solcher Entwicklungsweg sein kann. Es ist daher nicht verwunderlich, daß bei den meisten Menschen eine *Abwehr* besteht, Anlagen und Fähigkeiten auszubilden. Lieber hofft man auf Wunder, auf medizinische Kapazitäten, auf Wundermittel und, wenn das alles nichts nützt, schließlich auf Gurus, Hypnotiseure und Geistheiler, die einen mühelos und blitzartig gesund machen sollen. So wie der Kranke also schnell gesund werden will (indem er etwa die »richtigen« Tabletten· oder Tropfen verschrieben bekommt), so will der Arme schnell reich werden (durch einen

Lottogewinn), will der Einsame sofort den Idealpartner finden (durch eine wunderbare Fügung des Schicksals)... Nie fragt der Kranke, was muß ich selbst tun, um gesund zu werden, nie fragt sich der Arme *warum* und durch welche Umstände der Reiche reich geworden ist, und was er machen kann, um seine wirtschaftlichen Fähigkeiten zu verbessern (abends die Bankakademie besuchen etc.), nie fragt der Einsame, wie er begegnungs- und partnerfähig werden kann. Dies liegt auch daran, weil kaum jemand weiß, welche Fähigkeiten in ihm angelegt sind und daß er diese Fähigkeiten ausbilden müßte – obwohl es so klar auf der Hand liegt, obwohl es das Naheliegendste ist, obwohl es logisch ist.

Wer denkt denn schon daran, daß sowohl alle Krankheiten (innere Reaktionen) als auch alle Schicksalsschläge (äußere Reaktionen) auf nicht ausgebildete Anlagen zurückzuführen sind? Wer glaubt denn schon daran, daß die Ausbildung von Anlagen die beste Krankheits- und Schicksalsprophylaxe ist, daß dadurch der Wiederholungszwang aufgelöst wird, daß also Krankheiten und negative Schicksalsereignisse nie mehr auftauchen, weil sie ganz einfach aufgrund der Fähigkeiten nicht mehr erwirkt werden, weil man nicht mehr gezwungen ist, diese Umwege und Sackgassen aufzusuchen. Erschwerend kommt hinzu, daß sich verhinderte Krankheiten, verhinderte Unglücksfälle und verhindertes Leid schlecht beweisen lassen! Wie viele Jahre und Jahrzehnte voller Leid hätte man sich ersparen können, wenn man von Anfang an seine wirkliche Natur gelebt hätte, und wenn man besser für das Leben vorbereitet worden wäre.

So verbrachte Eleonore H. zehn Jahre in einer unglücklichen Ehe, bevor ihr das Recht auf Abgrenzung und auf Eigenleben bewußt wurde, so konnte Horst A. erst über den teuren und schmerzlichen Umweg der Scheidung zu unabhängigen Finanzen kommen, weil er damals bei der Eheschließung nicht eine Gütertrennung vorzuschlagen wagte, so mußte Uwe L. erst einen Unfall erleiden, aufgrund dessen er seinen alten Beruf nicht mehr ausüben konnte, um den Beruf zu ergreifen, der seinem wirklichen Wesen entsprach.

Da die meisten Eltern selbst nicht für das Leben vorbereitet wurden, können die Kinder sie nicht als Vorbilder für eine reale Wegbeschreitung sehen. Die meisten Menschen haben von ihren Eltern nur deren *zweite* Natur kennengelernt. Statt partnerschaftliche Auseinandersetzung und faires Streiten haben sie nur Aggression, Wut und Haß gesehen, statt Problembewältigung sahen sie zum Beispiel beim Vater nur die Flucht in den Alkohol, statt Pläne zu schmieden und Ziele anzupeilen, lebten die Eltern in den Tag hinein, statt aktive Vorsorge zu betreiben, verließ man sich auf Versicherungen und auf den Staat, statt das Scheinleben zu entlarven, saßen die Eltern vor der Flimmerkiste, die ein Scheinleben frei Haus liefert, statt eigener Sinnfindung sahen sie nur religiöse Rituale – ohne Inhalt, sinnentleert. In der Schule setzte sich diese Szenerie fort. Hier wurden sie nur für das patriarchale System bzw. für Industrie und Wirtschaft vorbereitet, nicht aber für ein erfülltes und zufriedenes Leben. Selten werden in Lehrplänen Sachgebiete berücksichtigt, welche die Lebens- und Glücksfähigkeit des einzelnen besonders fördern können, wie biologische Vollwerternährung, gesundes Bauen und Wohnen (Baubiologie), Gartenbau, Ökologie, Naturheilkunde, Psychosomatik, Tiefenpsychologie, Rhetorik, Schicksalskunde, Erotik oder Erziehung zur Partner- und zur Friedensfähigkeit. Da diese und andere Lebensgebiete kaum angesprochen werden, muß der einzelne den beschwerlichen Umweg über das Schicksal nehmen und leidvolle Lernprozesse absolvieren. Erst wenn er gesundheitlich geschädigt wurde oder lange genug seelischen Schmerz erfahren hat, werden ihm die Folgen einer falschen Ernährung, einer ungesunden Wohnung, eines auf irrealen Einstellungen basierenden Verhaltens bewußt. Selbst in den sogenannten alternativen Schulen bietet man meist kein Programm an, das eine breit gefächerte Ausbildung der wirklichen Anlagen und Fähigkeiten des Menschen ermöglichen würde.

Und wie steht es später mit den verschiedenen psychotherapeutischen Verfahren? Können sie einen Ausweg aus der Misere weisen? Jede Psychotherapie, sofern sie konfliktaufdeckend vorgeht, bringt den Klienten einen entscheidenden Schritt nach vorne, insbesondere aber wird durch diese Bewußtmachung schließlich die Bereitschaft gefördert, sich Wissen anzueignen und Neues zu erproben. Erschöpft sich die Psychoanalyse oder die Psychotherapie jedoch in der bloßen Bewußtmachung des Problems, ohne dem Klienten klarzumachen, daß er jetzt erst am Anfang eines neuen Weges steht, besteht die Gefahr, daß der Klient sich schließlich in einem Niemandsland befindet, in dem er plan- und orientierungslos umherirrt.

Die Psychotherapie kann nur bis zu dem einen Punkt führen, wo Anlagen ausgebildet werden müssen. Ohne Ausbildung von Anlagen und Fähigkeiten, die das bisherige neurotische Verhalten ablösen sollen, kann sich unseres Erachtens nicht dauerhaft Gesundheit einstellen und sich auch die Lebensqualität nicht entscheidend verbessern. Allerdings gilt diese Feststellung auch umgekehrt für denjenigen, der sich zwar Fähigkeiten aneignet, aber ohne vorher einen seelischen Reinigungsprozeß absolviert zu haben. In solchen Fällen werden dann zum Beispiel rhetorische Fähigkeiten dazu verwendet, um andere zu übertrumpfen, wird das Wissen um die Schicksalsgesetze und um die Gesetzmäßigkeiten und Mechanismen der Psyche eingesetzt, um andere zu manipulieren oder um Macht auszuüben, oder es wird die Fähigkeit, ein eigenes Unternehmen aufzuziehen dazu gebraucht, um von anderen anerkannt und bewundert zu werden.

5. Schritt: Die Ausbildung der erotischen Anlagen.

Um die wirkliche erotische Eigenart entdecken zu können, sind vorher verschiedene Voraussetzungen zu schaffen. Insbesondere sind zunächst die Anlagen und Fähigkeiten zu entwickeln, die bisher aufgrund der patriarchalen Rollenteilung auf das andere Geschlecht projiziert wurden. So heißt es für die Frau Initiative, Mut zum kalkulierbaren Risiko und Durchsetzungsvermögen, wirtschaftliche Fähigkeiten, Diskussionsfähigkeit, intellektuelle Fähigkeit, Handlungsfähigkeit, Fähigkeit zur Selbständigkeit, unternehmerische Fähigkeiten, strategische und taktische Fähigkeiten... auszubilden und für den Mann: Empfindungsfähigkeit, Fähigkeit, Gefühle zu zeigen, Fähigkeit, Zärtlichkeit zu geben und zu empfangen, Geborgenheit und seelische Wärme zu vermitteln, pädagogische Fähigkeiten, Sinn für Ästhetik und Schönheit...

Solange der Mann sein Gefühlsleben an die Frau abtritt, um seinem Rollenverständnis zu genügen, erfährt er nie seine wahre eigene Empfindung. Er erfährt seine eigenen (bisher als weiblich apostrophierten) Persönlichkeitsanteile nur von der weiblichen Seite her. Seine Partnerin aber hat eine *andere* Empfindung. Sie kann niemals stellvertretend für ihn empfinden und fühlen. Ebensowenig kann der Mann stellvertretend für die Frau sich durchsetzen, argumentieren, Verhandlungsgeschick beweisen und anderes mehr. Die Durchsetzungsfähigkeit, die eine Frau auf ihren Mann projiziert hat, ist *anders* als ihre eigene, d. h. personenspezifische und geschlechtsspezifische Art. Sie mag vielleicht diese Fähigkeit ihres Mannes bewundern, ihre eigene Art der Durchsetzung kann sie aber auf diese Art und Weise nie kennenlernen.

Sie könnte mit ihrer Art vielleicht genausoviel erreichen, weniger oder mehr erreichen oder etwas anderes bewirken. Sie weiß es nicht – sie bleibt von diesem ihrem Persönlichkeitsanteil getrennt. In der patriarchalen Phase der Menschheit weiß kein Geschlecht, wie es sein könnte, weil beide in ihrer Entwicklung zur Ganzheit steckengeblieben sind. Daraus entsteht das Paradoxon, daß zwei halbe Menschen zusammenkommen, die dennoch zusammen keine Ganzheit ergeben, weil jeder aus der Harmonie gefallen ist und insofern die jeweilige Hälfte nur verfälscht und pervertiert zum Ausdruck bringt. Der harte Westernheld und sein überdimensioniert sentimentales Weibchen mögen hier als Beispiele dienen. Es gilt also für die Frau, ihre bisher als männlich qualifizierten Persönlichkeitsanteile zu entwickeln und sie mit ihrer Weiblichkeit zu vereinen. Aus dieser Synthese entsteht eine Weiblichkeit, die gänzlich anders aussieht als die Welt der Spitzen und Rüschchen, der Wolkenstores und Gartenzwerge, der unreflektierten Emotionalität, der Unbedarftheit, einer gluckenhaften Mütterlichkeit oder einer naiven Lieblichkeit. Solange sich diese Synthese noch nicht vollzogen hat, bleibt sie in ihrer defizitären Situation verhaftet und hat die damit verbundenen Empfindungen, Einstellungen und Ansichten. Sie wird in diesem Stadium niemals ihre erotische Eigenart finden, weil sie ja auf diesem Gebiet nur eine Identität mit dem hat, was zu ihrer *Hemmung* paßt.

Für den Mann hingegen bedeutet das, seine bisher als weiblich qualifizierten Persönlichkeitsanteile zu integrieren, indem er für das Leben zu empfinden beginnt – für *sein* Leben, für das Leben der Mitmenschen, für das Leben der Mitgeschöpfe – für den kleinen Vogel, für die Eidechse, für die Tanne, also für das Leben in ihm und außer ihm. Er wird seine »männlichen« Persönlichkeitsanteile ausleben und auf eine Weise aktiv werden, die nicht mehr fern der menschlichen Natur und der Allnatur ist. Er wird tätig im Sinne des Lebens. Er wird zusammen *mit* der Frau eine neue Welt schaffen.

Erotische Eigenart zu entdecken heißt: Jeder muß die ihm gemäße Form der Erotik selber finden. Jeder drückt seine Individualität, sein Wesen in der Erotik aus und hat daher eine andere erotische Eigenart als sein Mitmensch. Man kann hierfür keine pauschale Regel aufstellen. Daher können wir hier nur Möglichkeiten aufzeigen, auf welche Art und Weise die erotische Anlage ausgebildet werden könnte.

Was ist die erotische Eigenart? Die erotische Eigenart ist die Synthese zwischen der körperlichen und der seelischen Eigenart. Da aufgrund der patriarchalen Ideologie Körper und Seele bisher getrennt waren, konnte es daher bisher noch keine wirkliche Erotik, d. h. keine beiderseitige psychosomatische Liebe geben.

Die erotische Anlage besteht aus einem aktiven und einem reaktiven (passiven) Teil. Es taucht also hier die Frage auf: Wie agiert jemand erotisch, wie reizt und verführt er das andere Geschlecht, wie wirbt er, was strahlt er aus, wie schenkt er Zärtlichkeit, seelische Liebe und Geborgenheit, und wie reagiert er auf die Ausstrahlung, auf das Agieren, auf die Stimulation des anderen? Oder besser: Wie könnte er agieren und reagieren, wenn er seine erotische Anlage zur Verfügung hätte? Wie könnte er bei der Ausbildung der erotischen Anlage vorgehen? Hier gibt es verschiedene Entwicklungsphasen:

<u>Informationsphase</u> In der Informationsphase soll sich der einzelne Anregungen aus verschiedenen Büchern, Filmen, Vorträgen, Gesprächen und Diskussionen beschaffen, um sein Gesichtsfeld zu erweitern. Dabei ist es wichtig, die Spreu vom Weizen trennen zu können, zu erkennen, was dem Leben dient und was neurotisch ist, was real und was irreal ist. Statistiken über das Sexualverhalten des Zivilisationsmenschen zu lesen, mag vielleicht für manchen ganz interessant sein, aber es bringt den ernsthaft Suchenden nicht weiter, weil die Statistik ja nur das neurotische Sexualverhalten widerspiegelt. Ebensowenig sind meist Pornohefte und -literatur dazu geeignet, eine reale Erotik zu entfalten. Allerdings kann gerade neurotische Literatur als Stimulanz für eigene Ideen wirken. Indem man erkennt, was man *nicht* möchte, kommt man den eigenen Vorstellungen näher. Auch am Stammtisch in der Gastwirtschaft wird man kaum neue Eindrücke gewinnen könne. Zu sehr steht hier noch der patriarchale Sex im Vordergrund, meist eine reine Männersexualität, die sich in Leistung, Technik und Turnübungen erschöpft, also den seelischen Pol total ausklammert.

Etwas günstiger kann sich jedoch das Bild gestalten, wenn eine Frau mit ihrer Freundin oder ein Mann mit seinem Freund Erfahrungen austauscht. Allerdings setzt dies voraus, daß man derjenigen oder demjenigen vertrauen kann und daß sich die

Betreffenden ebenfalls bereits auf dem Wege zur erotischen Selbstbestimmung befinden. Ein solcher tabuloser Erfahrungsaustausch kann für beide Teile sehr fruchtbar sein und helfen, aus einem rein subjektiven Bezug heraustreten zu können.

<u>Auswahlphase</u> Unter der Fülle der Informationen kann man nun auswählen, was zum eigenen Wesen paßt. Indem der einzelne sich einen Überblick verschafft hat, welche Möglichkeiten in der erotischen Anlage stecken, erkennt er, womit er sich identifizieren kann, was für ihn eine Bereicherung und Differenzierung bedeuten würde.

So kann zum Beispiel eine Frau ihr Zärtlichkeitsrepertoire erweitern, nachdem sie bei anderen Frauen beobachtet hat, auf welche Art und Weise diese ihre seelische Liebe ausdrücken. Bestimmte Verhaltensweisen ihrer Geschlechtsgenossinnen mag sie ablehnen, andere wiederum gefallen ihr, so daß sie es sich vorstellen kann, diese selbst – vielleicht in etwas abgewandelter Form – zu praktizieren. In dieser Phase ist es wichtig, ein Gespür zu bekommen für das, was mit dem eigenen Persönlichkeitssystem vereinbar ist und was nicht. Männer und Frauen könnten sich gegenseitig so viele schöne Stunden schenken, wenn sie der Erotik aufgeschlossener gegenüberstehen würden und die Bereitschaft mitbrächten, hinzuzulernen. Indem sie nicht darüber sprechen, keine Erfahrungen austauschen, nicht mit offenen Augen durch die Welt gehen, erschöpft sich meist ihr erotisches Verhalten in ein paar leeren Ritualen und Floskeln.

<u>Phase der Entwicklung von eigenen Ideen und Vorstellungen</u>
Zunächst kann man darüber nachdenken, auf welche Art und Weise man seine erotische Eigenart zeigen will.

Da Erotik tiefempfundene Sinnenfreude ist, Freude durch Sehen, durch Hören, durch Riechen, durch Schmecken, durch Berühren, können Ideen und Vorstellungen entwickelt werden, wie man seine körperliche und seelische Eigenart, sein körperliches und seelisches Empfinden am besten ausdrückt und *zugleich* damit bewirkt, daß der Partner erotisch erregt, verführt, erfreut, verwöhnt und geliebt wird.

<u>Optisch reizen</u> Ist zum Beispiel eine Frau in einer erotischen Stimmung und weiß sie um die Tatsache, daß Männer besonders visuell ansprechbar sind, so kann sie selbst Freude daran haben,

ihren Körper zu zeigen. Dabei kann sie ihrer Phantasie freien Lauf lassen. Besonders wichtig ist, daß sie selbst Spaß daran hat, und somit eine ungezwungene Atmosphäre entsteht.

Akustisch reizen   Auf diese Weise kann man seine Gefühle zeigen, indem man dem Partner zärtliche, liebe oder erregende Worte ins Ohr flüstert, kann ihn damit locken, ihn erregen, ihm Sicherheit und Geborgenheit vermitteln, in ihm Gefühle der Freude und des Glücks auslösen. Voraussetzung dafür ist allerdings, daß man wirklich empfindet, was man verbal zum Ausdruck bringt, daß also Inhalt und Form eins sind. Besonders entscheidend dabei ist, *wie* man etwas sagt. Außerdem ist es günstig, auch akustisch für Abwechslung zu sorgen, seinen Wortschatz zu erweitern, die Worte zu variieren, sich neue Möglichkeiten auszudenken. Nur ständig die drei Worte »Ich liebe dich« zu wiederholen, kann Langeweile und Fluchtgedanken hervorrufen.

Große Bedeutung hat die Akustik besonders während der sexuellen Vereinigung. Es gibt Paare, die den Akt in völliger Lautlosigkeit vollziehen. Hier können Schreie des Entzückens und der Wollust ungeahnte Leidenschaften entfachen. Je mehr der eine Partner aus sich herausgeht, um so mehr wagt auch der andere, sich zu entäußern. War vorher die Szenerie dadurch gekennzeichnet, daß man sich gegenseitig in seiner Hemmung verstärkt hat und dadurch nur eine reduzierte Erotik erleben konnte, so wird nachher der Genuß des einen durch den Genuß des anderen gesteigert.

Durch Geruch reizen   Jeder Mensch hat einen ganz spezifischen Geruch. Wäre unser Geruchssinn nicht so stark verkümmert, würde die Chance bestehen, passende Partner schon von weitem zu »wittern«. Im Volksmund sagt man auch heute noch: Den oder die kann ich nicht riechen. Die Schwierigkeit liegt hier insbesondere darin, daß der ureigene Geruch eines Menschen in unserem Zivilisationsgetriebe durch ungesunde Lebensweise, falsche Ernährung und entfremdete Arbeitsverhältnisse sowie durch allerlei Wässerchen und Parfüms ständig verfälscht wird. Otto Mainzer[10] meint hierzu: »Die erotische Wahrnehmung und persönlich-zärtliche Witterung wird von modern-moralischer Kosmetik überlagert. Oft geht dieser Prozeß Hand in Hand mit vermeintlichen Erfordernissen einer Hygiene, welche puritanische Tabus komoufliert und auf scheinvernünftige Art erzwingen hilft, wie obligate tägliche Duschen und Desodorants. Sind alle wechselseitigen erotischen Signale durch modern-geschlechtsfremde Routinen ausgeschaltet, so wird es immer schwieriger, zwischen den geschniegelten und gebügelten, garantiert keimfreien Zweibeinern, deren tägliche Berührung auf dem Nullpunkt der Persönlichkeit gehalten und banalisiert ist, irgendeine Art von Spontaneität wiederherzustellen«.

Es gilt also, den eigenen Geruch wiederzugewinnen durch Abbau der Entfremdung – durch Erleben von Sonne, Wind, Wasser und Natur, durch Umstellung auf eine natürliche Ernährung (dadurch weniger toxische Transpiration) und vor allem durch mehr Liebe. Da der Weg zum natürlichen Geruch meist lang ist, kann man in einer Art Übergangsphase noch Parfüms situativ einsetzen, um dann aber mehr und mehr den eigenen natürlichen Geruch wirken zu lassen.

Das über den Geruchssinn Gesagte gilt fast ebenso für den Geschmackssinn. Durch übermäßigen Tabak- und Spirituosengenuß sowie falsche Ernährung sind die Geschmacksknospen meist pervertiert worden. Auch über den unverfälschten Geschmackssinn ließe sich eine Partnerwahl treffen. Da zum Beispiel jeder Kuß anders schmeckt, kann derjenige, der sich gerade in einem Partnerwahlprozeß befindet und dabei viel küßt, diejenigen Menschen finden, die seinem »Geschmack« gemäß sind. Versteht man den Geschmack in einem weiteren Sinne, so spielt in der Liebe eine große Rolle, ob es jemand versteht, eine erotische Atmosphäre zu schaffen, eine Atmosphäre, die nach dem Geschmack der Partner ist, in der sich beide wohlfühlen. Daher kann vieles erotisierend wirken – appetitliche Speisen, ein paradiesischer Garten, eine anheimelnde Umgebung, warmes gedämpftes Licht, zärtliche Musik und vieles mehr. Eine »unerotische« Umgebung hat schon manches Liebesfest verhindert oder in der Qualität erheblich gemindert.

<u>Durch Berührung reizen</u>   Die Berührung kann verschieden erfolgen:

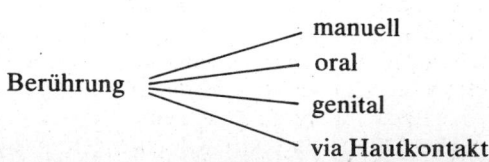

Berührung
- manuell
- oral
- genital
- via Hautkontakt

Da dieses Gebiet die Domäne der Sexaufklärungsschriften ist, muß hier nicht näher darauf eingegangen werden. Doch aus dem bisher Gesagten dürfte deutlich geworden sein, warum die Fülle an Sexliteratur bisher nur wenig bewirken konnte:

– sie beschrieb meist nur den körperlichen Pol
– sie konnte die Seelen der Menschen nicht erreichen, solange jene von der alten Sexualmoral fremdbesetzt waren. Die Information ging nicht in die Empfindung über.

6. Schritt: Einüben der erotischen Anlage in der Praxis des Lebens.

Nachdem man sich über die tausend Möglichkeiten und Varianten, die erotische Anlage zu erleben und auszuleben, informiert und eigene Ideen und Vorstellungen entwickelt hat, kristallisiert sich schließlich ein eigenes erotisches Programm heraus. Dieses Programm gilt es nun einzuüben. In diesem Moment begehrt mancher auf:

»Soll ich mich etwa jetzt vor den Spiegel stellen oder gar mit Hilfe eines Videogerätes mein persönliches Erosprogramm studieren? Nein! Da mache ich nicht mit! Das ist mir zu aufgesetzt, zu unnatürlich, zu künstlich! Das ist nicht echt! Das bin ich nicht!«

Hierzu seien folgende Gegenfragen erlaubt: Ist nicht auch die erotische Hemmung erlernt? Handelt es sich dabei etwa nicht um ein falsch erlerntes Programm? Entsprechen die erotischen Zwangsrituale, die in den meisten Ehebetten vollzogen werden, der persönlichen Eigenart der Betreffenden? Sind Rolle und Norm etwas Eigenes?

Das neue Programm, das es einzuüben gilt, ist etwas Gewachsenes, es wurde eine Entwicklung absolviert, man hat sich bemüht, man ist einen Weg gegangen. Es ist ein Programm, mit dem man sich identifizieren kann, das mit Inhalt gefüllt ist. Es muß nun in die richtige Form gebracht werden. Nach unseren Erfahrungen ist die beste Übungsfläche hierzu die Praxis des Lebens: die Begegnungssituation mit dem eigenen oder dem potentiellen Partner. Wie der Fahrschüler nach dem theoretischen Unterricht in der ersten Fahrstunde noch nicht perfekt sein kann, so wird sich auch der Erosschüler anfangs noch etwas unsicher fühlen. Im Laufe der Zeit aber stellen sich die ersten Erfolgserlebnisse ein, und er findet mehr und mehr Freude daran, zumal die positiven Rückmeldungen ihm signalisieren, daß er auf dem richtigen Wege ist. Sein neues, eigenes Programm geht mehr und mehr in Fleisch und Blut über, es löst das alte pauschale Programm im Inneren seiner Seele ab. *Hierzu ein Fallbeispiel aus der Praxis:*

Ellen B. (32) lebt seit sechs Jahren mit Egon zusammen. Beide verstehen sich auf allen Lebensgebieten blendend – mit Ausnahme des Bereichs Erotik. Ellen B.: ›Egon verlangt von mir, daß ich eine ganz bestimmte Rolle spielen soll, ehe es zum Geschlechtsakt kommt. So wünscht er sich das eine Mal, daß ich nur mit einer Perlenkette bekleidet in hohen Sandaletten das Schlafzimmer betrete, ein andermal möchte er, daß ich im Tangabikini das Abendessen servieren soll, dann wieder erwartet er, daß ich ihm scharfe Sachen erzähle...

Ich fühle mich dabei ständig unter Druck. Oft weigere ich mich einfach, solche Dinge zu machen. Ich komme mir dabei blöd vor. Und wenn ich einmal um des lieben Friedens willen dieses Theater vorspiele, dann erscheint mir die Erotik so gezwungen, so unecht...

Ich meine, daß wir auch ohne einen solchen Zirkus zu einer befriedigenden Sexualität kämen. Ich frage mich manchmal, warum Egon das überhaupt nötig hat‹.

Nach dem Gesetz des Ausgleichs steht der unter Druck, der keine eigene Vorstellung ausgebildet, der kein Muster, kein eigenes Programm zur Verfügung hat. Da Ellen B. kein eigenes Programm entwickelt hat, wird sie mit der Erwartungshaltung von Egon konfrontiert. Insofern erscheint die Vorstellung des Partners bei Ellen als Druck, denn es ist ja *seine* Vorstellung und nicht ihre *eigene*. Ellen wird also durch den Gegenpol ausgeglichen und leidet an dem, was ihr fehlt. Man kann es auch so erklären: Sie hat selbst in sich ihre erotische Eigenart nicht entwickelt, hat sie unterdrückt. Deshalb erscheint ihr in der Außenwelt ihre eigene Unterdrückung als Druck des Partners. Der Druck des Partners fungiert dabei als *Verstärker* – sie kann dadurch noch weniger zu ihrer erotischen Eigenart finden! Doch dieser äußere Druck will ihr eigentlich nichts anderes als ihren eigenen inneren Druck bewußtmachen.

Es ist daher wenig effizient, sich gegen den äußeren Druck aufzulehnen. Ein solches Unterfangen würde einer Sisyphusarbeit gleichkommen. Viel besser wäre es hingegen, wenn sie eine *eigene* Vorstellung, ein eigenes Programm entwickeln würde, wie sie die Erotik gestalten möchte, bzw. was ihr gefallen würde. Auf diese Art und Weise hätte sie etwas, was sie in die Waagschale werfen könnte, hätte sie etwas, was *sie* anbieten könnte. Aufgrund dessen bestünde dann auch die Möglichkeit sich mit dem Partner abzusprechen, sich zu arrangieren, ihm etwas entgegenzukommen.

So wie Ellen geht es unzähligen Frauen. Sie haben nichts anderes als ihre erotische Hemmung anzubieten, diese Hemmung ist ihr Programm in der Erotik. Hätte Ellen schon früher diese Hemmung abgelegt und ein natürliches Programm, das ihrer Eigenart entspricht, ausgebildet, hätte sie einen ganz anderen Partner angezogen, einen, der sich von ihrem Programm angesprochen und angezogen fühlt. Hat sie jedoch nur die Hemmung, bzw. die Unterdrückung der Erotik als Programm, zieht sie den Partner an, der als Gegenpol zu dieser Hemmung fungiert. Das ist dann ein Partner, der selbst kein erotisches Programm ausgebildet hat, aber von der Partnerin erwartet, daß sie über ein breites erotisches Repertoire verfügt, der also sein eigenes Defizit über sie zu kompensieren trachtet. Hinzu kommt, daß auf diese Art und Weise beide ihre Gefühle der Vergangenheit wiedererleben (Wiederholungszwang):

Ellen steht immer wieder unter Druck, und Egon ist immer wieder enttäuscht. Sie suchten und sie fanden sich, um eine frustrierende Erotik in der Partnerschaft zu erleben.

Welche Kettenreaktionen die Nichtausbildung der erotischen Fähigkeiten nach sich ziehen kann, zeigt folgender Fall aus der Praxis: Edith K. ist in einem sehr religiös ausgerichteten Elternhaus aufgewachsen. Das Körperliche war in diesem Haus etwas Niedriges, Schmutziges, über das man nicht spricht. Unbewußt introjizierte Edith diese Auffassung. Als junge Frau lehnte sie das Körperliche ab, hatte aber große Sehnsucht nach einem Mann, der ihr Zärtlichkeit und Geborgenheit schenken sollte.

Die mangelnde Freude an Erotik und Sexualität beeinflußte
– ihr Aussehen
– ihre Ausstrahlung
– ihren Geschmack und dadurch auch ihre Kleidung und ihre Wohnung
– ihre Partnerwahl

Edith war immer konventionell und bieder gekleidet. Als Farben bevorzugte sie Grau, Schwarz und Dunkelbraun. Auch ihre Wohnung war düster und strahlte nur wenig Lebensfreude und

Harmonie aus. Schließlich liierte Edith sich mit August, mit dem sie sich dahingehend einigte, daß Liebe nur auf Zärtlichkeitsaustausch beschränkt bleiben sollte.

Die Hemmung in der Erotik beeinflußte jedoch nicht nur ihre Partnerwahl, sondern jede Begegnung mit anderen Menschen. Sie kam nicht nur mit ganz anderen Menschen in Kontakt, sondern erwirkte auch aufgrund ihrer Hemmung ganz andere Reaktionen. Ferner wurde durch die erotische Hemmung ihr Seelenhaushalt gestört, was wiederum über einen enormen Ehrgeiz auf dem Arbeitssektor kompensiert werden mußte. Edith machte fast täglich Überstunden und engagierte sich teilweise auch noch in der Freizeit für die Firma, bei der sie angestellt war. Die erotische Hemmung trieb sie also zu einem Chef, der eine so strebsame Frau als Angestellte brauchte. Sie war mit diesem Manne im Unbewußten verflochten. Aufgrund des Überengagements und der damit verbundenen Streßsituation stellten sich bei Edith bald Herz- und Kreislaufstörungen ein. Die mangelnde Freizeit und die körperlichen Beschwerden belasteten nun zusätzlich die bestehende Partnerbeziehung. Auf diese Weise entstand ein negativer Regelkreis, aus dem es nur schwer ein Entrinnen gab. Ferner muß noch erwähnt werden, daß aufgrund der mangelnden erotischen Freude auch das seelische Gleichgewicht von August gefährdet wurde, was wiederum umgehend negative Kettenreaktionen in dessen Leben auslöste. August wurde depressiv. Aufgrund der Depressionen ließen seine beruflichen Leistungen nach, was eine Entlassung zur Folge hatte. Letztlich mußte August aufgrund seiner seelischen Situation verschiedene Psychotherapeuten aufsuchen.

Allerdings gilt auch hier, daß August die Disposition dazu hatte, diese Partnerin und die damit verbundenen Schwierigkeiten und Belastungen anzuziehen.

Will jemand wirklich den Weg gehen und ein neues Programm entwickeln, so ist es wichtig, daß es nicht aus Ehrgeiz entwickelt wird, um etwa damit Anerkennung zu erheischen, sondern aus einem inneren Bedürfnis heraus, sich körperlich und seelisch auszudrücken, es sich angenehm und schön zu machen und den Partner zu erfreuen. Um mit dem eigenen Erosprogramm variabel zu bleiben, muß man sich auf den jeweiligen Partner einstellen*. Man kann dann zum Beispiel Teile aus dem eigenen Programm weglassen und etwas anderes hinzunehmen. Auf diese Art und Weise ist das Muster nicht statisch, sondern wird praxisbezogener und realistischer. Indem jeder den Körper, die

Seele und den Geist des anderen kennenlernt, können die Partner sich erotisch aufeinander abstimmen. Sie haben zusammen erotische Erlebnisse, die nur in ihrer Beziehung möglich sind. Es ist die erotische Eigenart des Paares, die einzigartig und nicht wiederholbar ist. Wenn die beiden Partner ihre erotische Anlage weiterentwickeln und ausbauen, wird die Erotik immer wieder aufs neue zu einem Abenteuer, zu einem Fest, zu einem Bad der Lust, das beide erfrischt und stärkt, das beide den ganzen Tag mit Freude erfüllt. Es wird nie eintönig. Das, was man sich gemeinsam erarbeitet hat, kann einem niemand mehr wegnehmen.

Niemals wird einer der beiden mit einem anderen Partner *dieselben* erotischen Freuden erleben. Er wird mit jenem ein *anderes* Glückserleben haben, es werden bei ihm andere Reaktionen hervorgerufen, es werden andere Teile seiner erotischen Anlage geweckt werden.

7. Schritt: Zulassen von Weg- und Ergänzungspartnern.

Der Wegpartner Wir sind unstreitig steckengeblieben in der Ausbildung unserer erotischen Fähigkeiten. Unsere Eltern lehrten uns, wie wir zu sprechen, was wir zu tun, und wie wir uns in den verschiedensten Lebenssituationen zu verhalten haben, aber die Liebe, die Liebe lehrten sie uns nicht. Dieser Lebensbereich steht unter Tabu. Moral und Konvention lassen dies nicht zu. Aus diesem Grunde können wir auf dem erotischen Sektor kaum Erfahrungswerte übernehmen wie in anderen Lebensbereichen. Jede Generation muß beinahe immer wieder neu die Erotik entdecken, eine Weiterentwicklung von Fertigkeiten, wie dies etwa in Produktion und Technik oder auf dem Gebiet des Bauens und Wohnens der Fall ist, scheint kaum möglich.

Auf diese Tabus und Einschränkungen durch gesellschaftliche Maßstäbe gibt es zwei Reaktionsformen: Entweder man bleibt in Sexualität und Erotik gehemmt, oder man versucht diese Hemmung durch Dokumentation von sexueller Freiheit, Leistungserotik oder durch Pornographie zu kompensieren. Beide Reaktionsformen müssen zwanghaft immer wiederholt werden und erwirken spezifische Erleidensformen bzw. ein spezifisches

---

* Zwischen Einstellung und Anpassung besteht ein großer Unterschied. Indem man sich auf die Eigenart des Mitmenschen seelisch und geistig einstellt, kann man die eigene Individualität bewahren, während eine Anpassung daran mit Selbstverleugnung einhergeht.

Schicksal. Die klassische alte Jungfer, die die gesellschaftlichen Ideale von Keuschheit und Anstand allzu wörtlich nahm, mag hier als Beispiel dienen. Sie war durch diese Ideale gehemmt in der Ausbildung ihrer Liebesfähigkeit, und weil sie darin gehemmt war, tauchte vor ihrem geistigen Auge das Bild eines Idealmannes auf, ein integrer Kavalier vom Scheitel bis zur Sohle. Da kein Bewerber ihren hohen Ansprüchen genügte, verwehrte sie sich ständig allen. Sie war also gefangen in dem Teufelskreis: Aufgrund der inneren Hemmung tauchte das Bild des Ideals auf, und das Ideal verstärkte die Hemmung. Je stärker jedoch die Hemmung wurde, um so unrealistischer und anspruchsvoller wurde das Ideal. So sehen viele nur den Idealpartner, ohne eine Möglichkeit zu entdecken, dieses Ziel zu erreichen. Zudem wird vor allen Dingen immer wieder der Umstand vergessen, daß dieses Ziel unter der Brille der Hemmung konzipiert wurde bzw. das Ideal oder Ziel anders aussehen würde, wenn die Hemmung oder das Defizit nicht vorhanden wäre. Auch spielt das jeweilige Bewußtsein bei der Konzeption des Zieles eine entscheidende Rolle.

Durch die Orientierung an einer Idealpartnerschaft wird zudem nicht berücksichtigt, daß, um ein Ziel zu erreichen, auch ein Weg zurückgelegt werden muß, und daß man, um diesen Weg beschreiten zu können, vor allen Dingen Partner braucht, die einen begleiten. Mit diesem »Wegpartner« besteht die Möglichkeit zu lernen, zu wachsen, sich zu entwickeln. Durch ihn bekommt man erst die notwendigen Rückmeldungen. Durch ihn weiß man, wo man steht. Wer ständig die Partner, die sich ihm anbieten, aufgrund seines Ideals ablehnt, verschließt sich gegen Entwicklung und Reifung. Eine lange Reise beginnt mit einem kleinen Schritt; diesen Schritt wagt jedoch nur derjenige, der seinen eigenen, unbewußten Vollkommenheitsanspruch und die hohen Forderungen, die er an den Zukunftspartner stellt, reduziert. Das Eingeständnis der eigenen Unvollkommenheit schafft die Bereitschaft Defizite aufzufüllen und seelisch-geistig zu wachsen. Erst wenn erkannt wird, daß der Weg das eigentliche Ziel ist, wird man nicht mehr auf den Idealpartner warten.

Wie sich das Ideal zudem auf einem Lebensweg verändern kann, zeigt das Beispiel von Inge L.:

Inge L. wünschte sich als junges Mädchen einen strebsamen, ehrgeizigen und erfolgreichen Mann, am liebsten einen Diplomingenieur. Dieser würde ihre soziale Position in ihrem Bekanntenkreis und bei ihren Verwandten, die ähnliche Berufe hatten, stark aufwerten. Inge L. lernte jedoch nur Männer kennen, die aus einfachen Verhältnissen stammten und keine nennenswerte berufliche Karriere vor sich hatten. Aufgrund dieses Mankos engagierte sich Inge L. selbst beruflich. Nach erfolgreichem Studium und konsequentem persönlichen Einsatz gelang es ihr, eine gute Position in der freien Wirtschaft einzunehmen. Kurze Zeit später lernte sie einen Mann kennen, der beruflich als Diplomingenieur tätig war. Doch da sie inzwischen einen eigenen Weg ging, hatte sich ihr früheres Ideal gewandelt: für sie waren nunmehr andere Eigenschaften entscheidend, die der neue Bekannte nicht besaß.

Wegpartnerschaft bedeutet nicht, wahllos jeden Partner anzunehmen, der einem über den Weg läuft. Auch hierbei ist die Sympathie zwischen zwei Menschen die notwendige Voraussetzung, um eine Beziehung beginnen zu können. Aber man kann einmal die potentiellen Partner, die in Frage kämen, im Geiste Revue passieren lassen. Vielleicht ist doch einer dabei, der gar nicht so übel ist. Vielleicht hat man nur Vorurteile, vielleicht wäre ein gemeinsames Gespräch bei einer Tasse Kaffee fruchtbar? Auf jeden Fall wäre es ein Schritt zu mehr Realität und vor allem, es wäre eine Gelegenheit, die körperliche, seelische und geistige Kommunikationsfähigkeit zu trainieren. Wie soll jemand körperlich oder seelisch liebesfähig werden, wenn er diese Fähigkeiten nicht einübt. Auf allen Lebensgebieten wird der Satz, daß noch kein Meister vom Himmel gefallen ist, allgemein anerkannt. Nur bei der Liebesfähigkeit wird die irreale Forderung aufgestellt, man müsse eine makellose Vergangenheit aufweisen, aber plötzlich nach der Eheschließung ein guter Liebhaber oder eine leidenschaftliche Geliebte sein.

Allein, daß man bei der Liebe von »Vergangenheit« spricht, während man auf anderen Lebensgebieten stolz auf eine »langjährige Erfahrung« hinweist, läßt den Schluß zu, daß keine gesunde Einstellung zur Sexualität und Erotik besteht. Viele glauben auch, sie würden sich etwas »vergeben«, wenn sie einem anderen Menschen körperliche oder seelische Wärme schenken würden. Eine solche Glaubenshaltung resultiert meist aus der Mahnung, die besorgte Mütter insbesondere ihren Töchtern mit auf den Lebensweg gegeben haben: »Laß dich nicht ausnutzen – die Männer wollen nur das Eine!« Diese Mütter übersehen dabei, daß sie selbst aufgrund ihrer seelischen Prägung sexuell nur wenig empfinden konnten und daß ihre Meinung nur aufgrund dieses Defizits entstanden ist. Wären sie zu einem befriedigenden sexuellen Leben fähig gewesen, hätten sie die Sexualität als körperlichen und seelischen Energieaustausch sowie Erfüllung erfahren und hätten sich daher nicht »benutzt« oder »ausgenutzt« gefühlt. Aus demselben Gedankengut resultiert auch die Meinung, daß Liebe quantitativ begrenzt sei. Man tut dann so, als ob man davon nur eine ganz bestimmte Menge abgeben könnte. So ist die Überzeugung weit verbreitet, daß man keine Liebe mehr schenken kann, wenn man sie einmal verschenkt hat. In Wirklichkeit gilt das Gegenteil: Je mehr man liebt, desto liebesfähiger wird man und um so mehr wird man geliebt!

Durch die Investition einer Fähigkeit geht diese nicht verloren, sondern wird eingeübt und vertieft. Wer seine Anlagen einsetzt, kann nur gewinnen. Er beschenkt sich und andere. Nun wird mancher einwenden, daß viele ihre Gefühle für einen Partner »investiert« haben und enttäuscht wurden und diese Gesetzmäßigkeit somit nicht zutreffend sei. Deshalb muß ich einschränkend feststellen, daß hier nur von *realen* Anlagen die Rede ist. Eine Frau, die Gefühle in einen Mann investiert in der *Erwartung*, daß er ihr dafür treu sei oder daß er sie heiraten würde, hat ihre seelische Liebe zweckgebunden und daher verfälscht. Wenn sie in ihrer Erwartung enttäuscht wird, glaubt sie dann, aufgrund der unbewußten Verknüpfung zwischen ihren Gefühlen und ihrer Erwartung, ihre Gefühle »fehlinvestiert« zu haben.

Man darf das Schiff nicht an einen einzigen Anker und das Leben nicht an eine einzige Hoffnung binden Epiktet

Der Ergänzungspartner Da ein einziger Partner nicht alle eigenen Persönlichkeitsanteile ansprechen kann, benötigt jeder Mensch zusätzlich zur bestehenden Zweierbeziehung auch noch andere Kontakte, um das Gleichgewicht des eigenen Persönlichkeitssystems zu stabilisieren. Jenes ist gewährleistet, wenn ein Energieaustausch mit allen Persönlichkeitsanteilen stattfindet. Hat zum Beispiel jemand seine rhetorischen Anlagen ausgebildet, so wollen diese Fähigkeiten auch ausgelebt werden. Sie drängen danach, sich mit anderen, die ebenfalls über diese Fähigkeit verfügen, auszutauschen. Austausch bedeutet, daß Energie abgegeben und zugleich aufgenommen wird. Ist ein solcher Austausch mit dem eigenen Partner nicht oder nur in geringem Umfang möglich, so verkümmert diese Energie; denn gleich Muskeln, die nicht mehr gebraucht werden, degenerieren Anlagen, die nicht eingesetzt werden. Wird die entsprechende Anlage jedoch bei einem anderen Menschen ausgelebt, fühlt sich der eigene Partner häufig zurückgesetzt und frustriert. Handelt es sich um einen gegengeschlechtlichen Ergänzungspartner, wird er unter Umständen eine Gefährdung der bestehenden Partnerschaft befürchten. Erfolgen solche Reaktionen, geht der Betreffende von nicht der Wirklichkeit entsprechenden Vorstellungen aus:

1. man könne alle Persönlichkeitsanteile bzw. Bedürfnisse des anderen voll befriedigen (Omnipotenzanspruch);

2. die Beziehung mit dem Partner müsse eine Idealpartnerschaft sein, entspricht sie einer solchen nicht, müsse man wenigstens vorgeben, daß sie es ist;

3. man könne den Partner »besitzen«;

4. der Partner solle auf die Befriedigung von Bedürfnissen, die man selbst nicht stillen kann, zugunsten der Zweierbeziehung verzichten.

Jede dieser Vorstellungen basiert auf Einstellungen und Verhaltensweisen, die jeweils genauer betrachtet werden müssen:

zu 1. Alle Bedürfnisse des anderen stillen zu können setzt voraus, daß der Partner in seiner Persönlichkeitsstruktur in allen Teilen gleich gelagert ist. Da jeder Mensch sich vom anderen unterscheidet – wenn auch in einigen Punkten Übereinstimmung herrschen mag – ist diese Annahme illusionär. Zudem gilt die Regel, daß nur die Bedürfnisse des Partners effektiv und qualitativ befriedigt werden, wenn man selber dazu das Bedürfnis hat, und dieses im Akt der Bedürfnisstillung des anderen befriedigt wird, also wenn ein Austausch stattfindet. Eine Frau, die körperlich nicht genußfähig ist, aber dem Partner Freude schenken will, kann daher ihrem Manne nicht echten körperlichen Genuß verschaffen. Trotzdem wird bei diesem Punkt mancher behaupten, seine Bedürfnisse seien in seiner Partnerschaft voll abgedeckt. Bei der Analyse wird jedoch meist erkennbar, daß er sich verschiedene Bedürfnisse a priori gar nicht zugesteht oder daß bestimmte Anlagen bei ihm nicht ausgebildet sind und so auch kein Drang besteht, sich damit mit anderen auszutauschen.

zu 2. Die Idealpartnerschaft ist das Resultat einer Verbindung zweier Wesen, die jeweils für den anderen das Ideal verkörpern wollen. Da man von Anfang an vorgibt, man hätte dieses Ideal bereits erreicht, wird verhindert, daß der Weg zu diesem Ideal beschritten wird. Auf diese Art und Weise kann dieses Ideal nicht oder nur wenig mit Inhalt gefüllt werden.

zu 3. Wer über sich selbst nicht voll verfügen kann und nicht einen eigenen Weg zu gehen imstande ist, trägt die Tendenz in sich, den Partner besitzen zu wollen. Besitzenwollen bedeutet also Kompensation der eigenen Schwäche.

zu 4. Wenn der Partner zugunsten des Maßstabs: Harmonie in der bestehenden Beziehung – eigene Persönlichkeitsanteile und Bedürfnisse verdrängt, so wirkt gerade diese Verdrängung im Laufe der Zeit auflösend. Jede Verdrängung verlangt ihren Tribut. Über Umwegen versucht der Persönlichkeitsanteil dennoch seine Energie, die durch die Verdrängung pervertiert wird, zu entladen. Verzichtet zum Beispiel ein junger Mann »zugunsten« seiner Partnerin auf die wöchentlichen Trainingsabende im Fußballclub, so kann sich die Energie, die sich ursprünglich beim Sport Ausdruck verschafft hat, in ständige Nörgelei oder gar Aggression umwandeln. Diese pervertierte Energie wirkt dann zersetzend auf die Partnerbeziehung und gefährdet somit die Harmonie der Partnerschaft mehr als die ursprünglichen sportlichen Aktivitäten des Mannes.

Weiter bereitet in einer Partnerbeziehung immer wieder die Tatsache Schwierigkeiten, daß beide Partner aufgrund unterschiedlicher körperlicher, seelischer und geistiger Konstitution und aufgrund unterschiedlicher Lebensgeschichten auch quantitative Bedürfnisunterschiede aufweisen. So kann es sein, daß jemand mehr Unternehmungsgeist, mehr Zärtlichkeitsverlangen, mehr Bedürfnis nach Abwechslung oder mehr Lust auf Sex hat als sein Partner. Entweder paßt sich nun der Betreffende der Konvention oder Moral entsprechend seinem Partner an, oder jener »opfert« sich, was sich wiederum negativ auf die Partnerschaft auswirkt. In solchen Fällen muß also Lebensenergie verdrängt werden, oder aber der Betreffende sucht sich ein neues Objekt, so daß eine Anpassung durch Verschiebung erreicht werden kann. Bestehen innerhalb einer Beziehung bei einem Partner Defizite in der Bedürfnisstillung, versucht dessen seelische Natur diese Defizite auszugleichen, um wieder Harmonie zu erreichen. Da jedoch aufgrund von Konvention und Moral sowie aufgrund der patriarchalen Ideale, die die Partnerschaft betreffen, dieser Ausgleich erschwert oder gar verboten ist, muß die betreffende Lebensenergie umgelenkt werden. Zudem verursacht eine beabsichtigte oder vollzogene Übertretung von

Normen oder Verboten Schuldgefühle, die aus einem Defizit an Recht (auf Ausgleich) resultieren. Kein Mensch würde beispielsweise auf den Gedanken kommen, Schuldgefühle empfinden zu müssen, wenn er seinen Durst löscht und damit den Flüssigkeitshaushalt seines Organimus wieder ins Gleichgewicht bringt. Das Füllen von Kontaktdefiziten, Zärtlichkeitsdefiziten, von sexuellen Defiziten etc. außerhalb der monogamen Beziehung hingegen wird oft als »schlecht« apostrophiert. Nur aufgrund des Konzepts einer Idealpartnerschaft und unter dem Blickwinkel der Norm, daß nur mit einem einzigen Partner körperlicher, seelischer und geistiger Intensivkontakt stattfinden dürfe, ist dies jedoch ein Übertritt. Ein Seitensprung, d. h. Zärtlichkeitsaustausch oder körperlich-sexueller Austausch mit einem anderen Partner ist nur die Reaktion der menschlichen Natur auf ein oder mehrere Defizite innerhalb einer festen Beziehung, insbesondere aber auch oft auf das Defizit in bezug auf Abwechslung.

So kann ein Seitensprung
– befreiende,
– auflehnende oder
– ausgleichende Funktion haben.

Außereheliche Affären dienen vielen Menschen als »Ventil«, damit heimlich brachliegende Energien ausagiert und ausgetauscht werden können. Sie verspüren dann eine Erleichterung, kehren meist ausgeglichen in ihre feste Beziehung oder Ehe zurück und können auf diese Art und Weise zu ihrem Partner wieder freundlicher und liebevoller sein als vorher.

Wagt der einzelne nun nicht, die in der Beziehung brachliegenden Persönlichkeitsanteile mit anderen Partnern auszuleben, weil die Norm »Treue« dies nicht zuläßt, muß die seelische Natur des Betreffenden – sofern sie keine anderen Ausagiermöglichkeiten findet –, etwa über Hobbies oder über den Beruf – den Anpassungsmechanismus der Konversion in Gang setzen. Über die Krankheit paßt die Natur den Menschen wieder an seine Norm an, so daß er im Rahmen von Konvention, Sitte und Moral bleiben kann und sich nichts »zuschulden« kommen läßt.

Die Erkrankung aufgrund eines nicht ausgelebten Persönlichkeitsanteiles ist also in solchen Fällen »Ersatz« für den Ergänzungspartner. Weil durch die Norm ein wirklicher, d. h. in der Realität bzw. im eigenen Leben existierender Ergänzungspartner nicht zugelassen wird, wird die Krankheit zu einem »Ergänzungspartner«.

So inszenierte das Unbewußte von Karl L. chronisch rezidivierende Prostatitis, die mit einer Libidostörung einherging, um ihn an die Norm »Treue« anzupassen. Auf diese Art und Weise wurde sein ursprünglich starkes sexuelles Verlangen, das von seiner Ehefrau nicht gestillt werden konnte, gedrosselt und so an das Bedürfnis des Partners angeglichen. Solange der Betreffende die Norm nicht zu übertreten wagt, geht er im Kreis und sitzt in einer Falle. Er stößt immer wieder an eine Mauer. Der Organismus muß dementsprechend immer wieder auf dieselbe Art und Weise reagieren, so daß die Krankheit zu einem eingefahrenen Reaktionsmuster wird. Es läuft immer wieder dasselbe Programm ab. Dieses sich stets wiederholende Reaktionsmuster (Wiederholungszwang) ist die chronische Krankheit.

Erst wenn der einzelne es als sein Recht erkennt, seine brachliegenden Persönlichkeitsanteile auch außerhalb der festen Beziehung auszuleben, ist der 1. Schritt zur Gesundung getan. Jetzt hat er die Möglichkeit, ohne Schuldgefühle einen Ausgleich für seine Defizite zu schaffen. Das Gleichgewicht des Organismus kann auf diese Art und Weise wieder hergestellt werden. Insofern ist die Beziehung zu einem zusätzlichen Partner eine Kompensationsmöglichkeit, wenn in der bestehenden Partnerschaft das Gleichgewicht nicht vollends gefunden werden kann.

Birgit C. fuhr leidenschaftlich gerne Ski, während sich ihr Ehemann für diese Sportart nicht begeistern konnte. Auch befürchtete er negative Auswirkungen auf die Partnerschaft, als seine Frau öfters am Wochenende mit einem Bekannten Skitouren unternahm. Zugunsten der Partnerbeziehung verzichtete Birgit C. nun auf die Wochenendausflüge und blieb bei ihrem Ehemann zu Hause. Einige Zeit später begann sie unter Kopfschmerzen zu leiden, die sich oft bis zu starken Migräneanfällen steigerten. Die ursprüngliche Energie, die zunächst im Skifahren ihren Ausdruck gefunden hatte, wurde verdrängt und schließlich in Kopfschmerzen abgeleitet. Wie Birgit C. geht es Millionen Menschen. Die Arztpraxen und Krankenhäuser sind voll von Patienten, die sich Krankheiten mannigfaltiger Art als Ersatz für Ergänzungspartner zugelegt haben. Unvorstellbares Leid könnte verhindert werden, wenn Ärzte und Patienten aus dem Irrsinnskarussell der alten Sexualmoral aussteigen, wenn immer mehr Menschen Verständnis dafür aufbringen würden, daß es sich bei den Krankheiten nur um unausgelebte Persönlichkeitsanteile bzw. um falsch kanalisierte Energien handelt.

Auffallend ist in diesem Zusammenhang, daß der einzelne

sich dem »Ersatzpartner Krankheit« meist mehr widmet (also den Partner damit mehr »betrügt«) als einem wirklichen Freund oder einer Freundin. Dennoch ist die Krankheit dem (Haupt-) Partner sowie der Umwelt, den Eltern, den Bekannten und Verwandten lieber als eine weitere Beziehung, die unter Umständen sogar soziale Ächtung nach sich ziehen kann. Daß die Somatisierung zu den Anpassungsmechanismen zählt, wird insbesondere durch den Umstand deutlich, daß die Krankheit den einzelnen meist blockiert, sich des Lebens zu freuen und somit auch die Kontaktaufnahme einschränkt. Der kranke Mensch wird auf diese Weise noch mehr an die Zweierbeziehung gefesselt. Wenn also der Drang nach zusätzlichen Partnern die Reaktion der Seele auf einen einengenden Maßstab und ein Überlebensmechanismus ist, so ist in diesen Fällen die Somatisierung nichts anderes als die zwangsläufige Folge der Unterdrückung und Blockierung dieser natürlichen Reaktion. Die chronische Krankheit ist die Konsequenz einer chronischen Blockierung der Befriedigung von Bedürfnissen.

Wenn der innerseelische Maßstab Treue keinen Ergänzungspartner zuläßt, steigt die Wahrscheinlichkeit von Erwartungshaltungen innerhalb der Beziehung, da man immer wieder hofft, daß der Partner vielleicht den in der Beziehung bisher nicht abgedeckten Persönlichkeitsanteil doch noch befriedigen wird. Der innige Wunsch, bei dem geliebten Menschen den Persönlichkeitsanteil doch noch ausleben zu können, treibt den einzelnen zu oft jahre- und jahrzehntelangen Projektionen. Diese Projektionen verursachen beim Partner das Gefühl, unter Druck zu stehen oder führen zu Auflehnungstendenzen, während die Nichterfüllung der Wünsche und Erwartungen beim »Projektor« immer wieder Frustration und Bitterkeit hinterläßt.

Ergänzungspartner würden also den Hauptpartner entlasten. Letzterer kann in seinem Sosein besser angenommen werden, man weiß seine Qualitäten zu schätzen, ohne ständig darauf verweisen zu müssen, was ihm noch »zu seiner Vervollkommnung« fehlen würde. Über den Weg der verschiedenen Ergänzungspartnerschaften ist es sogar möglich zu einer »Idealpartnerschaft« zu kommen. Gewünschte Eigenschaften, die in einer Person niemals vereint sein können, werden bei verschiedenen Partnern (verstreut) vorgefunden. Bei dem einen Mann findet eine Frau die Zärtlichkeit, die sie braucht, beim anderen den Erfolg, beim dritten die schwarzen Locken, von denen sie schon seit Jahren schwärmt... Verschiedene Wünsche können oft schon nach kurzer Zeit abgehakt werden, wenn man sie einmal erlebt hat; sie jedoch immer unerfüllt mit sich herumzutragen, kann auf eine bestehende Beziehung belastend wirken.

Ein weiteres positives Moment bei Ergänzungspartnerschaften ist der Umstand, daß man dabei im Alter nicht alleine ist. Eine Frau, die sich in ihrem Leben nur dem »Einzigen« »hingegeben« hat, die immer ihrem Partner »treu« war, die sich allen anderen Männern gegenüber verwehrt hat, verlebt (meist nach dem Ableben ihres Gatten) ihren Lebensabend in drückender Einsamkeit. Eine solche Frau hat voll nur auf einen Mann gesetzt und ihr gesamtes Schicksal von ihm abhängig gemacht. Da sie in all den Jahren keine anderen menschlichen Beziehungen aufbauen und daher seelisch und geistig kaum neue Eindrücke gewinnen konnte, wird sie mit großer Wahrscheinlichkeit später ihren Kindern oder der Gemeinschaft zur Last fallen. Hätte sie den Mut gehabt, die monogamen Scheuklappen abzulegen, Freude zu schenken und zu empfangen, hätte sie auch noch im Alter viele Freunde und Bekannte, ihr Leben wäre interessant und abwechslungsreich geblieben. Hinzu kommt, daß Menschen, die ihr Leben nicht gelebt haben, eine permanente psychische Belastung für andere darstellen. Unbewußt wollen sie auch andere Menschen am Leben hindern, projizieren Erwartungshaltungen, verlangen von der Jugend, daß sie sich nach denselben lebensfremden Idealen richtet, wie sie es getan haben oder versuchen mit Krankheiten oder anderen unbewußten Erpressungsmethoden die Mitmenschen nach ihrem Willen zu manipulieren. Kurzum – über den Weg der Ergänzungspartnerschaften könnten unermeßliche materielle und psychische Folgelasten eingespart werden!

Wie bereits im Kapitel »Die sexuelle Not der Männer« aufgezeigt wurde, wollen viele Frauen, die unglücklich verliebt sind, zwar einen »Ergänzungspartner«, wollen ihn aber nur für ihre jeweiligen Bedürfnisse und Zwecke (Skifahren, Tanzengehen, Bergsteigen etc.) nutzen, ohne eine sexuelle Beziehung einzugehen. Sie degradieren ihn damit zu einem bloßen Lückenbüßer und Ersatzmann. Der betreffende Mann kommt sich dabei wie ein »Trottel« vor. Sein Selbstwertgefühl ist verletzt. Wenn er für ihre irreale Treue gegenüber Phantompartnern (verheirateter Mann, Partner in der Ferne etc.), die ein pathologisches Phänomen (Paranoia) ist, auch noch Verständnis zeigt, spielt er im Sinne ihres Wahns mit, ja bestätigt und verstärkt sogar ihre Krankheit. Er kann lediglich Verständnis für ihre Krankheit als solche zeigen, indem er sich die falsche gesellschaftliche und individuelle Prägung vor Augen führt; wenn er aber ihr Verhalten als normal und gesund ansieht, entwertet er damit gleichzeitig die Empfindung seiner eigenen Natur und muß zurückstecken.

Wirkliche Ergänzungspartnerschaft setzt voraus, daß die Natur und die Eigenart der beiden Partner akzeptiert werden, setzt voraus, daß eine Ausgewogenheit zwischen Geben und Empfangen besteht, daß also ein Austausch stattfindet, kurzum, daß die Beziehung für jeden eine Bereicherung darstellt. Dies ist nur dann gewährleistet, wenn beide Partner dieselben Bedürfnisse haben, d. h. daß beide wirklich zum Beispiel gerne Radfahren oder Tanzengehen – und daß keine versteckte Motivation dahintersteckt. Da der sexuelle Drang der Männer aber – wie bereits an anderer Stelle festgestellt – vergleichbar ist in seiner Intensität mit dem Bedürfnis nach Wasser und Nahrung, gleichzeitig aber tabuisiert wird, ist die Hoffnung auf sexuelle Erfüllung bei jeder Begegnung mit dem anderen Geschlecht präsent! Das sexuelle Bedürfnis marschiert überall mit – ins Speiserestaurant, ins Tanzlokal, an die See und auf die Berge, auf den Tennisplatz, aufs Volksfest... Deshalb ist eine »Ergänzungspartnerschaft« mit einem gesunden Mann im Sinne einer sexuell gehemmten Frau, die ausschließlich nur Tanzengehen, sich nur unterhalten, nur Spazierengehen will etc. nicht möglich. Der Mann will Tanzen plus Sex, will sich unterhalten plus Sex, will Spazierengehen plus Sex... Je mehr die Frauen ihre eigenen sexuellen Bedürfnisse zugunsten des Maßstabs Treue unterdrücken und sich deshalb verwehren, um so fixierter sind die Männer als Reaktion darauf auf den sexuellen Lebensbereich. Wäre es selbstverständlich, sich sexuell auszutauschen, würden die beiden extremen Pole, die komplementär zueinander stehen, sich auflösen.

Wenn auch die aufgeführten Punkte für eine Ergänzungspartnerschaft sprechen, so birgt diese jedoch einige Gefahren in sich:

1. Wenn die Ergänzungspartnerschaft als Flucht vor der Auseinandersetzung mit dem Hauptpartner oder als Flucht vor anstehenden Problemen innerhalb der festen Beziehung mißbraucht wird, bestehen für den Betroffenen wenig Möglichkeiten zur Weiterentwicklung und Reifung. Zudem zieht solches Verhalten fast immer Auflösungserscheinungen in der bestehenden Partnerschaft nach sich. Ähnlich gelagert ist auch die Situation, wenn ein Partner dem anderen ständig von seinen tollen Erlebnissen mit seiner »Ergänzung« erzählt, um damit seinen Selbstwert aufzupolieren. Diese pathologische Kompensation schmälert wiederum den Eigenwert des Hauptpartners, sofern jener nicht bereits dagegen resistent ist. Deshalb setzt die Miteinbeziehung von Ergänzungspartnerschaften in einer Beziehung voraus, daß sich jeder seines Werts, des Werts des anderen und des Werts der Beziehung, die man miteinander aufgebaut hat, bewußt ist. Ja man könnte sogar noch einen Schritt weitergehen und sagen: Nur in einer gefestigten harmonischen Beziehung stellen Ergänzungspartnerschaften eine Bereicherung, Potenzierung und Sicherung des Glücks dar. Ferner ist wichtig, daß *beide* Teile einen Ergänzungspartner haben, da sonst wiederum ein Ungleichgewicht besteht, das Frustration, Angst und Eifersucht erzeugt.

2. Wenn sich der Ergänzungspartner nicht seinerseits in einer stabilen Beziehung befindet oder keine weitgehend unabhängige Persönlichkeit darstellt, werden von ihm bald unbewußt Besitzansprüche geltend gemacht. Oft bestehen dann auch Tendenzen, den anderen aus seiner bestehenden Beziehung loslösen zu wollen. Noch gefährlicher ist die Situation, wenn man mit dem Ergänzungspartner nicht von Anfang an offen und ehrlich darüber spricht, was man von der Freundschaft mit ihm erwartet, was man zu geben und zu empfangen imstande ist. Wenn sich der einzelne hier der konventionellen Vorstellung anpaßt und dem Partner womöglich dadurch Hoffnungen auf Ehe und »Alleinbesitz« macht, sind durch die Ergänzungspartnerschaft neue Probleme und Schwierigkeiten zu erwarten.

3. Da der Ergänzungspartner weniger Persönlichkeitsanteile abdeckt als der Hauptpartner, ist es für die bestehende Beziehung abträglich, wenn in der Ergänzungspartnerschaft zu viel Zeit und persönlicher Einsatz investiert werden, so daß die Weiterentwicklung der bestehenden Beziehung gefährdet ist.

Abschließend sei noch festgestellt, daß komplikationslose Ergänzungspartnerschaften einen Menschentypen voraussetzen, der spontan Gefühle zeigen und Liebe geben und empfangen kann und der dabei weitgehend auf Projektionen verzichtet.

<u>Eine notwendige Entwicklungsphase: Mehrere Partner gleichzeitig.</u> Die These es würde unter Millionen von potentiellen Partnern, nur einen einzigen Menschen geben, der für einen be-

stimmt ist, ist ein Ausfluß der patriarchalen Ideologie und daher irreal. Es ist doch unwahrscheinlich, daß wirklich nur ein einziger Mensch, ein einziger unter Millionen fähig ist, einen anderen körperlich, seelisch und geistig anzusprechen, daß nur bei ihm Gefühle der Zärtlichkeit und der Liebe aufkeimen und sonst bei niemandem. Hier liegt doch offensichtlich eine Programmierung vor! Eine solche Annahme widerspricht nicht nur allen Gesetzen der Logik, sondern auch einer natürlichen Empfindung! Und dennoch lebt die Mehrzahl der Menschen nach diesem irrealen Programm, das fatalerweise als einziges Programm (ohne Alternative) in den meisten Seelen installiert wurde und das solange vorherrscht, solange es nicht von anderen Programmen abgelöst wird. Dieses Programm, das in der westlichen Hemisphäre eine Monopolstellung einnimmt, schreibt weiter vor, daß man – wie bereits bei der »sexuellen Not der Männer« zum Ausdruck gebracht – niemals mehrere Partner gleichzeitig haben darf.

Hannelore A.: ›Ich habe es in einem bestimmten Zeitraum einmal versucht, auch mit Männern zu schlafen, die ich nicht geliebt habe. Manchmal habe ich zwei oder drei Freunde gleichzeitig gehabt, so daß es vorkam, daß ich am Montag mit Karl, am Mittwoch mit Fred und am Wochenende mit Detlef ins Bett ging. Und ich kann nur sagen – es hat mir nichts gebracht. Ich bereute jedesmal, es getan zu haben. Immer blieb ein fades Gefühl zurück, eine Leere, ja manchmal sogar ein Gefühl der Traurigkeit‹.

Da Hannelores Körper und Seele auf Liebe programmiert war, konnte sie für die Männer nicht empfinden und mußte zwangsläufig enttäuscht werden. Ihre Sehnsucht nach seelischer Liebe wurde nicht erfüllt. Insofern war ihre Ausgangsposition nicht günstig, da sie ja etwas suchte, was ihr diese Männer anscheinend nicht geben konnten. Wären ihre Bedürfnisse weitgehend in einer festen Beziehung befriedigt oder würde sie selbst versuchen, diese Bedürfnisse zu stillen, würde sie mit einer anderen Motivation in die Begegnung gehen. Sie würde die Männer mit anderen Augen sehen, würde mehr die Wirklichkeit wahrnehmen. Ihre Fixierung jedoch verzerrte den Blick und damit auch die Begegnung und Freundschaft mit dem anderen Menschen. Sie konnte daher die Partner nicht in ihrem Sosein annehmen, sich ihrer Andersartigkeit nicht erfreuen, und die Sexualität nicht genießen.

Etwas anders gelagert ist die Situation bei Josefine K.: ›Ich habe es satt, nur als Ergänzungspartnerin eines verheirateten Mannes zu fungieren. Jedes Wochenende läßt er mich allein. Wie es mir seelisch geht, ist ihm egal. Ich liebe ihn zwar noch, aber ich sehe keinen Sinn mehr in dieser Beziehung; denn es bestehen keine Anzeichen, daß er sich scheiden läßt‹.

Die Fixierung auf einen einzigen Mann macht Josefine unfrei. Sie wartet stets auf den Partner und kann selbst mit ihrer freien Zeit nichts anfangen. Deshalb kann eine Ergänzungspartnerschaft bei Josefine nur funktionieren, wenn sie selbst ebenfalls sich in einer festen Beziehung befindet, oder wenn sie mehr Unabhängigkeit und Freiheit erlangt hat.

Um jedoch von einem Partner unabhängig werden zu können, ist es notwendig, auch mal mit zwei oder drei Partnern gleichzeitig eine Beziehung zu unterhalten. Nur dann kann der Betreffende zu mehr Individualität und Eigenart vorstoßen. Er ist körperlich und seelisch nicht mehr total von einer Person abhängig. Er muß keine Angst haben, daß, wenn er zum Beispiel seine wirklichen Empfindungen ausdrückt, ihn der andere nicht mehr mag. Er kann also mehr aus sich herausgehen, kann ungezwungener in eine Begegnung gehen, braucht sich nicht mehr in dem Maße anzupassen, wie es vorher bei der totalen emotionalen Abhängigkeit der Fall war. Er kann selbstbewußt und sicherer auftreten, kann noch Dinge sagen, die er sonst niemals empfunden, geschweige denn ausgedrückt hätte. Er wirkt anders und hat dadurch eine andere Ausstrahlung. Die Situation ist vergleichbar mit einem Mann, der zwei Eigentumswohnungen besitzt und daraus zusätzliches Einkommen bezieht. Er wird sich daher von seinem Vorgesetzten weniger gefallen lassen, als wenn er auf dessen Lohn angewiesen wäre. Und da er schon mehr Selbstsicherheit ausstrahlt, verhält sich der Vorgesetzte ihm gegenüber meist von vornherein fairer.

Viele Menschen lassen sich in ihrer Partnerbeziehung fast alles gefallen – stundenlange Sticheleien, Schimpfkanonaden, Entwertungen, Diffamierungen, seelische Quälereien, ja lassen sich sogar von ihrem Partner schlagen und treten, weil sie emotional, körperlich und existentiell abhängig sind. Doch lieber ertragen sie die Hölle einer solchen Beziehung als daß sie den Maßstab »Treue« durchbrechen würden. Und selbst wenn sie ihn einmal übertreten, dann sind sie dem neuen Partner ebenso ausgeliefert. Sie tauschen dann nur die eine Abhängigkeit gegen eine andere.

In solchen Fällen würde eine Zeit des Alleinseins (nicht des

Einsamseins) sicher eine positive Entwicklung fördern. Jürgen vom Scheidt schreibt hierzu in seinem Buch »Singles«: »Wer lange in Unmündigkeit und Abhängigkeit gelebt hat, z. B. der Jugendliche im Elternhaus oder die Ehefrau in den Fesseln einer zu engen Ehe, für den kann das Alleinleben eine ungeheure Erleichterung und damit vielleicht erstmals die Chance zum Leben, nämlich zu einem eigenständigen Leben sein. Betrachtet man aber zudem die Zeit des Singleseins als eine Art Experimentierzeit, in der man die einem gemäße Art zu leben suchen und entwickeln kann, so ist Alleinsein wirklich *die* Chance des Lebens. Denn zuvor lebte man in starker Abhängigkeit von Elternhaus und Schule bzw. Ausbildung, danach ergaben sich neue – nun freilich ganz anders geartete – Abhängigkeiten, wenn man bewußt eine Bindung einging oder eine Familie gründete, die eigentlich nur dann als sinnvoll und positiv erlebt und gemeistert werden kann, wenn man zuvor einmal ganz für sich selbst gesorgt und gelebt hat. So verstanden, wird die Single-Zeit zum wichtigsten Bindeglied zwischen Pubertät und dem Erwachsensein in einem neuen Sinn«.

Ich möchte hier noch einen Schritt weitergehen: So wichtig beim Single die Erfahrung sein mag, auch allein existenzfähig zu sein und mehr zu sich selber zu kommen, so bleibt dennoch die Abhängigkeit von einem Partner in bezug auf Zärtlichkeit, seelische Liebe, Wärme, Geborgenheit und Sexualität bestehen. Mit anderen Worten: Selbst, wenn jemand jahrelang Single war und ein Optimum an Eigenständigkeit erreicht hat, kann er wieder in eine emotionale oder sexuelle Abhängigkeit schlittern, die die ganze Entwicklung während des Alleinseins wieder in Frage stellt. Um aus dem Wiederholungszwang der frühen *Eltern-Kind-Beziehung*, in der man total ausgeliefert war, aussteigen zu können, ist es deshalb zunächst erforderlich, den alten Maßstab Treue, der immer wieder den Wiederholungszwang verursacht, abzulegen und schließlich gänzlich neue, andere Erfahrungen zuzulassen und zu machen.

Eine wichtige Erfahrung ist dabei, auch einmal gleichzeitig mit mehreren Partnern Beziehungen einzugehen, einmal die Möglichkeit zu haben in der *Gegenwart* und nicht nur wie früher an der Vergangenheit zu vergleichen; denn man darf nach der patriarchalen Ideologie nur Vergleiche zwischen den Partnern anstellen, die bereits »verflossen« sind, nicht aber seine Wahl im Hier und Jetzt treffen, indem man zum Beispiel zu einer bestimmten Zeit mit 20 oder 30 Menschen jeweils ein Rendezvous eingeht und sich dann vielleicht für 3 oder 4 entscheidet. Schließlich macht man dann die Erfahrung, daß jeder Partner andere Persönlichkeitsanteile in einem selbst anspricht, daß jeder andere Empfindungen, andere körperliche Reaktionen und andere Gedanken in einem hervorruft.

Richard L.: ›Es war für mich zunächst verwirrend, daß Ute genau das an mir mochte, wofür Gabi mich ständig maßregelte. Dann aber war es für mich wie eine Offenbarung – es wurde mir die jeweilige subjektive Betrachtungsweise klar, und ich wußte, daß ich mich bestimmter Eigenarten nicht zu schämen brauchte. Zudem habe ich bei mir in der neuen Beziehung Dinge entdeckt, die ich früher einfach nicht für möglich gehalten hätte‹.

Deshalb kann nur der sich selbst mehr in der Gesamtheit und objektiv kennenlernen, der sich bei verschiedenen Partnern erlebt hat. Jemand, der bisher nur mit einem einzigen Partner zusammen war, hat daher nur einen Ausschnitt seiner Persönlichkeit erlebt. Jeder Partner bringt eine neue, eine andere Dimension in die Beziehung, und es ist immer wieder ein Abenteuer, diese andere Welt auf sich wirken zu lassen, zu erforschen, kennenzulernen und darin auch zu agieren. Manche Frauen werden nun einwenden und sagen: Ich kann mir das einfach nicht vorstellen, mit mehreren Partnern gleichzeitig zu gehen; denn wie soll man das gefühlmäßig verkraften? Da wird doch das Gefühl zersplittert, und außerdem kann man Geborgenheit nur bei *einem* Partner empfinden und niemals bei mehreren.

Wenn wir uns jedoch die Gesetzmäßigkeit vor Augen führen, daß jeder defizitäre Zustand bestimmte Komplementärbilder, also Vorstellungen erzeugt, so wird klar, daß man sich so etwas im Zustand der körperlichen, materiellen und seelischen Abhängigkeit nicht vorstellen kann, denn komplementär zu diesem Zustand steht eben nur die Vorstellung einer monogamen Beziehung, welche die eigene Existenz sichert. Würde die Betroffene unabhängiger werden, könnte sie sich auch vorstellen, verschiedene Partner zur selben Zeit zu lieben. Doch da beißt sich die Katze in den Schwanz – sie kann ja nicht unabhängiger werden, solange sie nur mit einem einzigen Partner libidinös verknüpft ist. Es geht hier nicht darum, einer Promiskuität das Wort zu reden, sondern darum, Wege aus Abhängigkeit und Leid bzw. Wege zu mehr Freiheit, Selbstverwirklichung, Glück und Erfüllung zu finden. Es ist nicht das Ziel »mehrere Partner gleichzeitig zu haben«, aber es ist ein entscheidender Entwicklungsschritt zu mehr Beziehungsfähigkeit und zu mehr Erfüllung in der Partnerschaft; denn man kann nach dieser Erfahrung unabhängiger und selbstbewußter in eine neue dauerhafte Beziehung gehen.

Hat man diesen Entwicklungsschritt vollzogen, kann man frei wählen, wie man leben will, mit einem, mit zwei, drei oder mehreren Partnern. Man hat dann monogame und polygame Phasen oder lebt in einer polygamen Monogamie, einer Synthese zwischen »Einehe« und »Mehrehe«, oder anders ausgedrückt: Es sind plötzlich verschiedene Varianten möglich. Je nach persönlicher Eigenart, je nach persönlicher Entwicklungsphase und je nach dem wieviel Zeit zur Verfügung steht, kann jemand eine feste Beziehung und zwei Ergänzungspartnerschaften haben (= polygame Monogamie), der andere hat zwei feste Beziehungen ohne Ergänzungspartner, der dritte zieht es vor drei Ergänzungspartnerschaften zu unterhalten ohne mit einem Partner in einer festen Zweierbeziehung zusammenzuleben...

Diese freie Wahl hatte man vorher nicht. Aufgrund der Prägung durch Konvention und Moral war die Form, wie man zu leben hat, bereits vorgegeben. In diese pauschale Form mußte sich die eigene Natur zwängen, um als »normal« und »gesund« zu gelten. Man ist endlich erwacht aus der Kulturhypnose, endlich erwacht aus dem bisherigen Delirium, ein anderes Leben als das eigene leben zu müssen. Endlich ist man dem Partner nicht mehr mit Haut und Haaren ausgeliefert. Das Leben wird reicher und vielfältiger. Es ist paradox, aber es bestätigt sich immer wieder: Eine Gemeinschaft zwischen zwei Menschen wird um so inniger und wertvoller, ehrlicher und unverletzbarer, je offener und freier sie wird und je weniger ein Partner vom anderen abhängig ist. Die positiven Kettenreaktionen dieser neuen Lebensform »Feste Partnerschaft plus Ergänzungspartnerschaften« sind kaum abzusehen.

Plötzlich sind Menschen, die bisher als »vergeben« bzw. in »festen Händen« galten, nicht mehr tabu, sondern wieder erreichbar. Zwar nicht in dem Sinne, daß man den Betreffenden versucht, aus seiner bisherigen Beziehung zu lösen, um ihn selbst besitzen zu können, sondern erreichbar insofern, als er ein Freund werden kann, der schöne Stunden mit einem verlebt. Synchron dazu läuft auch eine Ablösung vom reinen Materialismus. Der Partner wird nicht mehr wie eine Ware besessen, sondern seine seelische Eigenart wird zugelassen. Und dieser Gesichtspunkt ist enorm wichtig. Motivation und Ziel ist nicht mehr, einen Partner zu besitzen oder ihn zur Ehe zu bewegen, um die Sicherheit der eigenen Bedürfnisbefriedigung zu haben, sondern es geht darum, den anderen Menschen in seiner Andersartigkeit zu erfahren, eine andere psychische Struktur zu erleben, neue Eindrücke zu erhalten, und vor allem es geht in den gemeinsamen schönen Stunden um der Zärtlichkeit willen, um der Liebe willen, um der Freude willen. Hat man dies erkannt, kann eine Frau zum Beispiel zulassen, auch einmal mit einem verheirateten Mann eine Nacht voller Liebe zu verleben – ohne schon vorher zu sagen: Es hat ja doch keinen Sinn. Es hat also dann einen Sinn, wenn man den Sinn in den schönen Stunden selbst sieht und nicht unter dem Blickwinkel, eine Partnerschaft für alle Ewigkeit aufzubauen. Wenn sich daraus eine Freundschaft entwickelt, ist es erfreulich, wenn nicht, dann hat man immerhin eine schöne Nacht genossen. Eine solche natürliche Einstellung bewirkt mehr Zwanglosigkeit – es wird alles leichter, beschwingter, lebensbejahender und seelisch ästhetischer.

Wie viele schöne Stunden hätte man in seinem Leben verbringen können, wenn diese Einstellung schon früher in der eigenen Seele Eingang gefunden hätte? Wie viele Menschen hätte man erfreuen und beglücken können? Wieviel Krankheit und Leid hätte dadurch verhindert werden können?

Doch es ist nicht das Anliegen, über Versäumtes zu klagen, sondern es ab heute, nein ab jetzt anders zu machen, die Weichen anders zu stellen, sie so zu stellen, daß mehr Liebe und Glück, mehr Lebensqualität erwirkt wird. Auf diese Art und Weise kann der Anfang zur Auflösung der seelischen und sexuellen Not in der Welt gemacht werden. Menschen, die bisher abseits stehen mußten, weil sie aus irgendwelchen Gründen für eine feste Beziehung nicht in Frage kamen, können nun an der Vermehrung der Liebe mitwirken. Bei einem Ergänzungspartner sind Armut, Milieu- oder Bildungsunterschiede, Kinderreichtum oder ein »Tick« weniger Hinderungsgründe, sich auf eine Beziehung einzulassen. Erwartet zum Beispiel eine geschiedene Frau mit drei Kindern nicht mehr von einem Mann, daß er sie heiraten und als neuer Vater für ihre Kinder fungieren möge, wird sie plötzlich für manchen Mann attraktiv, der ansonsten wegen der Umstände nicht gewagt hätte, sich mit ihr zu liieren. So kann sie – die früher oft verzweifelt war, weil es schien, als sei »der Zug bei ihr abgefahren«, ein neues Leben beginnen, das voller Abenteuer und Liebe ist. Voraussetzung hierfür ist einzig und allein das Ablassen von der alten Moral und der damit verbundenen Vorstellungen sowie die ehrliche Bejahung dieser neuen Lebensform. Wenn sie davon überzeugt ist und diese Überzeugung auch wirklich ins Empfinden übergegangen ist, strahlt sie dies auch nach außen aus und zieht damit auch die entsprechenden Partner an, mit denen zärtliche Stunden möglich sind.

Durch diese neue Auffassung hat also jeder die Chance, der Ergänzungspartner selbst eines verheirateten Mannes oder einer verheirateten Frau zu werden. Jahrelang quälende Einsamkeit gibt es nicht mehr. Die Ergänzungspartnerschaften geben die Sicherheit der Bedürfnisbefriedigung, zugunsten derer man früher bis zur totalen Selbstverleugnung in einer Zweierbeziehung ausharrte. Begünstigend für Ergänzungspartnerschaft wirkt der allgemeine Trend zu weniger Arbeitszeit; denn bei der 40-Stundenwoche war es für viele Menschen kaum möglich, noch Zeit für einen Ergänzungspartner zu erübrigen. Sie mußten froh sein, in der spärlichen Freizeit wenigstens ihre dringendsten Bedürfnisse stillen zu können.

Geborgenheit in einer Beziehung

Wer an sich gearbeitet hat, seine Kommunikationsfähigkeit, seine Fähigkeit, seelische Liebe und Zärtlichkeit zu schenken, seine erotischen Fähigkeiten, seinen ureigenen Humor etc. ausgebildet hat, wird nach dem Gesetz der Anziehung einen Partner kennenlernen, der ebensolche Talente aufweist, so daß ein Austausch mit ihm möglich wird.

Jetzt erst kommt das zum Tragen, von dem die Prüden und Moralisten dauernd reden, wozu sie aber im Grunde meist nicht echt fähig sind: nämlich die Treue, d. h. eine gewachsene, mit Inhalt gefüllte Treue. Wie soll jemand treu sein können, wenn er sich aufgrund des oberflächlichen Gequassels des Partners langweilt oder sich vor anderen gar schämt, wenn er zu wenig Zärtlichkeit bekommt, wenn es in der Erotik nicht knistert.

Ist jedoch ein Austausch möglich und beide Partner erfahren Freude, seelische Wärme, Befriedigung und Lust, dann ist es auch wichtig, zum Partner und zu der Beziehung zu stehen. Geschieht dies nicht, kann der einzelne nie Sicherheit und Geborgenheit erreichen, wird er nie ein echtes Zuhause finden, da er sich ja ständig verzettelt, sich nie festlegen will, sich immer wieder ein paar Hintertürchen offen läßt. Wenn dann immer noch, obwohl man sich mit seinem Partner auf den wichtigsten Lebensfeldern versteht und man den Partner gern hat, die Tendenz besteht, ständig Stippvisiten woanders zu machen, hat der Betreffende seine noch aus der Neurose stammende Bindungsangst oder seine Angst, etwas zu versäumen, noch nicht überwunden bzw. behält hier sein altes Verhaltensmuster bei. Dadurch wird der Partner verunsichert – ein konstruktiver Aufbau der Beziehung ist nicht möglich.

Selbst, wenn man über ein gesundes Selbstvertrauen verfügt, ist es nicht angenehm, wenn man fühlt, daß der Partner noch ständig auf der Suche ist, daß man ihm offensichtlich nicht genügt, daß er jede sich ihm bietende Chance nutzt, ja sogar direkt darauf lauert.

An einem bestimmten Punkt in der Entwicklung der Partnerschaft ist es günstig, sich auch zueinander zu bekennen und zusammenzuhalten. Nicht aus einer bloßen Kumpelhaftigkeit oder aus einer Norm heraus, sondern aufgrund der seelischen Liebe und Treue, die inzwischen als zarte Pflänzchen herangewachsen sind.

Was gibt es schöneres als die Gewißheit zu haben, daß der Partner nicht gleich beim nächsten Streit oder bei der nächsten Gelegenheit für immer verschwindet, sondern dableibt, sich einfühlt, Verständnis hat, Probleme mit einem zu lösen versucht.

Wie wohltuend ist es, wenn der Partner Freud und Leid mit einem teilt, wenn ihm das eigene Schicksal nicht gleichgültig ist, wenn man jemanden hat, mit dem man reden kann, jemanden, der mit einem seelisch verwandt ist, den man, weil er zu einem gehört als Angehörigen empfindet. Jede Partnerschaft – ob mit oder ohne Kinder ist hier ohne Belang – ist immer auch eine Familie.

Ohne einen Angehörigen, ohne eine Familie, ohne ein wirkliches *Zuhause* ist es für jeden Menschen schwer, sich im Leben durchzusetzen und zu behaupten.

Er ist total auf sich selbst gestellt, hat keinen Rückhalt. Dies mag vorübergehend als Entwicklungsstufe zu mehr Selbständigkeit und Unabhängigkeit wichtig sein, auf die Dauer ist es jedoch – man mag zwar als Schutz das Gegenteil behaupten – wenig befriedigend.

Es fehlt die Regeneration, die die private und intime Sphäre der Familie schenkt, es fehlt das seelische Angenommenwerden und Aufgehobensein, die Möglichkeit zu entspannen, es fehlt die vertraute Umgebung, in der man nicht immer den Bogen gespannt halten, nicht immer auf der Hut sein muß, wo man auch mal was

Blödes sagen darf, auch mal sich gehen lassen kann, ohne gleich an Ansehen und Prestige zu verlieren.

Fazit: Wenn man das Gefühl hat, mit dem Partner zusammenzugehören, mit ihm im wesentlichen zusammenzupassen, und einem körperlich, seelisch und geistig nichts fehlt, wäre es ein Unding, ständig noch Ergänzungspartnerschaften zu unterhalten.

Bestehen jedoch gravierende Defizite in einer Beziehung, muß jeder das Recht haben, sofern nach Rücksprache mit dem Partner sich keine Lösung innerhalb der Beziehung ergibt, diese Mängel anderweitig abzudecken. Dies ist er seiner Gesundheit und seinem Lebenstrieb schuldig. Würde er dies nicht tun, ist er eine Gefahr für die Umwelt; aufgrund der durch den Mangel verursachten Frustration entsteht Aggression; diese Aggression wird dann im Straßenverkehr ausagiert oder kommt etwa als unkollegiales Verhalten oder als provozierendes Chefgebaren gegenüber Angestellten zum Vorschein.

Hier zu sagen, man dürfe nicht auf Ergänzungspartner ausweichen, weil man dadurch dem »Hauptpartner« Schmerz zufügen würde, zielt an der Wirklichkeit vorbei. Vom Gesichtspunkt des Lebens aus betrachtet, ist dieser Schmerz – wie an anderer Stelle bereits dargestellt – nichts anderes als ein Signal, Lernprozesse zu vollziehen, Anlagen und Fähigkeiten auszubilden.

Gibt der »Hauptpartner« diesem Signal nach, indem er sich mehr Wissen aneignet, Rhetorik- und Managementkurse besucht, lernt besser zuzuhören und zu diskutieren, besser seine Gefühle zu zeigen, lernt, sich sexuell freier zu geben und mehr Esprit und Humor zu entwickeln, ist es unwahrscheinlich, daß er vom Partner verlassen wird.

Der Partner bleibt gerne bei ihm, weil es woanders sicher nicht schöner und beglückender ist und weil die Geborgenheit und das Zuhause beim Partner für ihn von solcher Wichtigkeit sind, daß er darauf nicht mehr verzichten will.

Positive Auswirkungen bei der Ausbildung der erotischen Anlage

Wer den Weg zur Neuen Sinnlichkeit beschritten hat bzw. seine erotischen Anlagen ausbildet, kann mit positiven Kettenreaktionen rechnen. Er hat ein Talent erworben, hat zu seinen inneren Schätzen und Reichtümern Zugang gefunden. Eine Anlage, die erworben wurde und die zur Verfügung steht, ist der einzige Besitz auf dieser Welt, der einem nicht mehr abhanden kommen kann, bei dem man keine Verlustängste zu haben braucht. Dieser Schatz ist für jeden Dieb unerreichbar. Wo auch immer der Eigentümer sich befindet, auf Schritt und Tritt begleitet ihn seine Anlage. Er beschenkt damit die Umwelt, und die Umwelt beschenkt ihn. Endlich setzt eine positive Verstärkung des Schicksals ein; denn, wer eine Anlage real ausgebildet hat, hat sich damit eine Affinität mit dem Glück erarbeitet.

Nur wenn jemand eine Anlage real *hat*, kann er mit seinem Spiegelbild zufrieden sein. Wer seine Anlage immer unterdrückt und hemmt, hat die Unterdrückung und Hemmung in der Außenwelt als Widerspiegelung. Das, was andere ihm antun, hat er (innen) sich selbst getan. Es ist verständlich, daß man in dieser Situation nur sehr ungerne in den Spiegel schaut. Man ist mit seinem Spiegelbild nicht einverstanden, man wehrt ab und sagt: Das kann doch nicht ich sein! Das hat doch mit mir nichts zu tun! Deshalb wollen viele ihren Spiegel (= die Umwelt) ändern, sie kämpfen gegen die äußeren Erscheinungen (= Symptome) – ein aussichtsloses Unterfangen. Hat jemand hingegen innen seine Anlage zum freien Fließen gebracht, wird er auch in der Außenwelt nicht mehr gehindert werden. Wenn er sich im Spiegel betrachtet, dann kann er sich freuen. Sein inneres Glück widerspiegelt sich auch außen. Daher sind unseres Erachtens nicht Haus, Inneneinrichtung, Grundstück oder eine Aussteuer die beste »Mitgift«, die Eltern ihren Kindern mitgeben können, sondern Anlagen, die sie vorgelebt haben oder die sie bei jenen aufkeimen ließen, die sie gehegt und gepflegt haben (= *lebendige* Mitgift). Solche Eltern haben dann bei ihren Kindern die Voraussetzung für ein qualitatives Leben geschaffen.

Die Ausbildung der erotischen Anlage hat folgende positive Auswirkungen:

1. Frequenzwechsel

Die ausgebildete erotische Anlage hat eine andere Ausstrahlung und dadurch einen anderen Empfang. Sie befindet sich auf einer anderen Frequenz.

2. Rücknahme von Projektionen bzw. Erwartungshaltungen

Ein Defizit in bezug auf die erotische Anlage treibt zur Projektion. Wer hingegen erotische Fähigkeiten erwirbt, braucht Partner und Umwelt nicht mehr mit Projektionen zu belasten.

3. Wegfallen von Feindbildern

Da man erkannt hat, daß die Umwelt nur als Spiegel fungiert, werden die Feinde zu Freunden, da sie uns durch ihr Verhalten Hinweise geben, welche Teile unserer erotischen Anlage (= beinhaltet auch Partnerfähigkeit) wir noch nicht real und wirklichkeitsadäquat (= der Wirklichkeit des Lebens [nicht der Neurose] entsprechend) ausleben.

4. Heilende Wirkung bei sich selbst und bei den Mitmenschen

Wird die erotische Energie gehemmt und abgeblockt, reagiert die menschliche Natur mit Krankheiten. Die gestaute Energie wird über die Somatisierung abgeleitet. Gelingt es, die erotische Energie frei fließen zu lassen, so nehmen proportional zu diesem Wachstumsprozeß die Krankheiten ab. Je mehr Inhalt, Substanz und Sicherheit die Anlage bekommt, um so resistenter ist sie gegen physisch und psychisch pathogene Keime. Wenn in einem früheren Kapitel davon gesprochen wurde, wie der Partner als Krankheitsauslöser wirken kann, so kann man jetzt umgekehrt von einer heilenden Wirkung sprechen. Ein Partner, der seine körperliche und seelische Liebesfähigkeit ausgebildet hat, löst im anderen angenehme Gefühle aus – Gefühle der Geborgenheit, der Wärme, der Zärtlichkeit, der Harmonie, der Zufriedenheit, des Glücks. Diese positiven Gefühle wirken heilend auf den körperlichen und seelischen Organismus des anderen. Ein solcher Partner wird zur besten und zugleich billigsten Arznei.

5. Ein Energieaustausch der Geschlechter wird möglich

In der patriarchalen Situation konnte kein Geschlecht dem anderen das geben, was es brauchte. Der Mann war in seinem Gefühlsleben, die Frau in ihrem Triebleben unterentwickelt. Solange sie das jeweils Fehlende stellvertretend für den anderen auslebten, konnten sie sich nicht austauschen. Sie verstärkten nur gegenseitig einerseits ihren Mangel und andererseits ihre Sehnsucht. Die

Sehnsucht der Frau nach seelischer und die Sehnsucht des Mannes nach körperlicher Liebe konnte nicht befriedigend gestillt werden. Erst wenn beide ihre erotische Anlage ausgebildet haben, ist ein wirklicher körperlicher *und* seelischer Energieaustausch möglich. Auf diese Art und Weise setzt eine positive Verstärkung ein: Die seelische Liebe und Lust des einen steigert die seelische Liebe und die Lust des anderen.

6. Günstige Beeinflussung auch auf andere Persönlichkeitsanteile bzw. Lebensgebiete

Da unser körperlicher, seelischer und geistiger Organismus ein vernetztes, ökologisches System darstellt, ist die Ausbildung der erotischen Anlage vergleichbar mit einer Aufforstungsaktion in der Außenwelt. Die Aufforstung hat zur Folge, daß sich der Sauerstoffgehalt der Luft erhöht, daß bestimmte Tiere einen Lebensraum finden, daß der Wasserhaushalt geregelt wird und vieles mehr.

Ähnliche positive Auswirkungen zeitigt auch eine innere Aufforstung, die Ausbildung einer Anlage. »Forstet jemand auf dem erotischen Land auf«, so werden damit u. a. auch Bereiche angesprochen, die er gar nicht beeinflussen wollte. Zum Beispiel kann das erotische Glück das Selbstbewußtsein so steigern, daß er wagt, sich beruflich selbständig zu machen, oder aufgrund der anderen Stimmungslage verändert sich sein Geschmack – er bevorzugt plötzlich in der Kleidung mehr hellere, freundlichere Farben... Verändert man in dem vernetzten Persönlichkeitssystem nur eine Größe, wird damit alles verändert, da jedes Glied mit dem anderen in mittelbarem oder unmittelbarem Zusammenhang steht.

7. Freie Wahl und andere Partneranziehung

Indem unsere Eltern unser Fühlen, Denken und Verhalten prägten, erzogen sie uns unbewußt zu ganz bestimmten Partnern bzw. schafften sie in uns eine seelische Disposition, entsprechende Partner anzuziehen. Es handelt sich hier um eine Vorprogrammierung bzw. Fremdbestimmung, keineswegs um eine freie Wahl. Man lebt nur in der Illusion, frei den Partner gewählt zu haben. Eine wirklich freie Wahl ist erst möglich, wenn der einzelne seine erotische Identität gefunden hat und daher erkennen kann, welche Partner und welche Form der Partnerschaft ihm wesensgemäß sind.

Neue Sinnlichkeit

Die Suche nach einer neuen Identität bei Mann und Frau läuft synchron mit der Suche nach einer neuen Geborgenheit. Der Mensch, der »erwachsen« geworden ist, kann der alten patriarchalen Form von Geborgenheit nicht mehr viel abgewinnen. Zwar braucht er ebenso einen Menschen, der zu ihm steht, der sich zu ihm bekennt, mit dem er das Gefühl des »Wir« empfindet, mit dem er eine Beziehung aufbauen und u. U. eine Familie gründen kann, doch das Schwergewicht liegt nun nicht mehr im gegenseitigen Auffüllen der durch die Rollenteilung verursachten Defizite, sondern im *Austausch* von körperlichen, seelischen und geistigen Energien. Es fällt die totale Abhängigkeit weg, es fällt das Ausgeliefertsein weg, es fällt der »Inzest« weg.

Nachdem der neue Mensch durch Integration von bisher verdrängten Anlagen lebendiger geworden ist, hat er mehr Geborgenheit in sich selbst erreicht und damit auch eine Affinität zu anderen Formen der Geborgenheit in der Außenwelt:

Der gut bürgerliche Wohnzimmerschrank mit eingebauter Bar und mit Farbfernseher und das konventionelle gemeinschaftliche Schlafzimmer mit den weißen Wolkenstores und dem achttürigen Kleiderschrank haben ihre Attraktivität eingebüßt. Sie werden abgelöst durch neue Wohnformen, durch neue Grundrisse, durch neue Konzeptionen, durch ein neues Design.

In der patriarchalen Phase verfügte keiner der Partner über ein eigenes Zimmer – sieht man einmal von Mutter's Küche und Vater's Arbeitszimmer ab. Die Wohnungen waren ausschließlich auf Gemeinschaft zugeschnitten. Jetzt geht es darum, sowohl der Individualität als auch der Gemeinsamkeit Rechnung zu tragen, indem jeder Partner ein eigenes Zimmer hat, das nach eigenem Geschmack eingerichtet ist, zum anderen aber auch sich in den gemeinschaftlichen Räumen wie Küche und Wohnzimmer geborgen fühlen kann. Der einzelne hat dadurch die Möglichkeit, sich abzugrenzen, allein zu sein, wenn ihm danach zumute ist oder die Gemeinschaft aufzusuchen.

Eine solche Partnerschaft, bestehend aus zwei Menschen, die ihre eigene Identität weitgehend entdeckt haben und deren äußere Form nicht mehr den Zwang zur fast ständigen Gemeinschaft impliziert, hält länger als manche konventionelle Beziehung. Liebe und Erotik können sich besser entfalten, weil sie durch die ehelichen Zwangsrituale nicht mehr systematisch abgewürgt werden. Auf dem Wechsel von Nähe und Distanz gedeihen Zärtlichkeit, Liebe und Glück am besten.

Um die Neue Sinnlichkeit zu praktizieren, brauchen die Menschen weder Drogen noch Alkohol. Da der Maßstab des Lebens den alten Moralmaßstab abgelöst hat, ist es nicht mehr erforderlich, die Hemmung durch Alkohol »wegzuspülen«, um freier und ungezwungener zu werden. Auch die alten neurotischen Macht- und Versteckspielchen müssen nicht mehr absolviert werden. Fragen wie: Wer ruft zuerst an, oder wer erscheint als erster beim Rendezvous? sind irrelevant geworden. Manipulationen wie: den Partner eifersüchtig machen, ihm Prüfungen aufzuerlegen oder unbewußt oder gar bewußt Schwierigkeiten zu bereiten, um Liebe und Leid verschmelzen zu lassen – ein bevorzugtes Thema von vielen Heimat- und Liebesromanen – gehören der Vergangenheit an.

Ferner nimmt der erotisch Erwachsene Abstand von naiver Zufallsgläubigkeit. Er wartet nicht mehr, bis ihm zufällig irgendwann einmal sein Traumpartner vorgestellt wird, sondern versucht selbst aktiv Kontakte zu schaffen. So wagt zum Beispiel eine Frau, die die alten Rollennormen abgelegt hat, in einem Restaurant, einem fremden Mann zu sagen, daß er ihr sympathisch ist und daß sie ihn gerne einmal näher kennenlernen möchte. Erotisch erwachsen geworden zu sein, heißt, in der Erotik weder Gehemmter noch Kompensator zu sein. Der erotisch Erwachsene ist aus der komplementären Verflochtenheit zwischen Kind- und Elternrollenspieler ausgestiegen.

Bisher wurde die alte Sexualmoral von Generation zu Generation weitergegeben. Der erotisch Erwachsene hat die endlos scheinende Kette durchbrochen. Er hat die Brille, durch die er nur ein verzerrtes und reduziertes Bild der Wirklichkeit wahrnehmen konnte, abgelegt. Er ist nicht mehr im Wiederholungs- und Schicksalszwang gefangen, lebt nicht mehr nach der Vergangenheit, sondern im Hier und Jetzt.

Grundsätzlich kann die Erotik in drei Entwicklungsphasen eingeteilt werden: In der ersten Stufe bilden Körper und Seele noch eine Einheit und sind im Instinkt gebunden (unbewußte Erotik). In der zweiten Stufe wird diese Einheit aufgesplittet in körperlichen Sex und seelische Liebe (patriarchale Erotik). In der dritten Stufe schließlich gehen Körper und Seele bzw. Trieb und Gefühle eine Synthese ein (Neue Sinnlichkeit).

War diese Einheit in der ersten Stufe noch unbewußt, so steht sie nun *bewußt* zur Verfügung.

Die Neue Sinnlichkeit entspricht dem Zeitalter der Gleichberechtigung, das der patriarchalen Phase der Menschheit folgt. Im Zeitalter der Gleichberechtigung sind die Gegensätze zwischen Mann und Frau, zwischen Kultur und Natur, zwischen Freiheit und Geborgenheit ... vereint.

Es entsteht ein neuer Mensch, eine neue Gesellschaft, eine neue Kultur.

Diese Kultur ist ökologisch und erotisch.

War die patriarchale Kultur dadurch gekennzeichnet, daß alles Lebendige unterdrückt und geknebelt wurde, so werden jetzt die menschliche Natur und die äußere Natur nicht nur zugelassen, sondern auch gehegt, gepflegt und gefördert.

Die Zeit der sadomasochistischen Schmerzverherrlichung, der Glorifizierung von Leid, Askese und Verwehrung neigt sich dem Ende zu.

Die Menschen sind mündiger geworden.

Mehr und mehr Menschen fühlen, daß sie ein Recht auf Leben haben, ein Recht darauf, sich Wohlgefühle zu verschaffen, es sich angenehm zu machen, ein Recht darauf zu genießen.

Erotik heißt Freude schenken und Freude empfangen.

Dieses Recht auf Freude und Glück heißt es sich wieder zuzugestehen. Wollen wir uns für unser Glück selbst verantwortlich zeichnen und Initiative ergreifen! Sagen Sie noch heute zu Ihrem Partner: Komm, machen wir es uns schön!

Literaturhinweise

1) Frederick S. Perls: Das Ich, der Hunger und die Aggression, 1969
2) Hermann Meyer: Astrologie und Psychologie – eine neue Synthese, München 1981
3) Heinz Hemling: Partnerwahl – Partnerschaft, 1977, München
4) W. Toman: Familienkonstellation, München 1974
5) Hermann Meyer: Partnerschaft, Gesundheit und Glück in der psychologischen Astrologie, München 1982
6) F. W. Doucet: Psychologie der Partnerwahl, München 1970
7) Ernest Bornemann: Das Patriarchat, Frankfurt 1979
8) Erich Neumann: Zur Psychologie des Weiblichen, München 1975
9) Brigitta Kreß: Der neue Mann, München 1983
10) Otto Mainzer: Die sexuelle Zwangswirtschaft, München 1981
11) Uwe H. Peters: Wörterbuch der Tiefenpsychologie, München, 1975
12) Avodah Offit: Das sexuelle Ich, Stuttgart, 1977
13) Michael Lukas Moeller: Zwei Personen – eine Sekte in Kursbuch, Rotbuch Verlag, Berlin 1979
14) S. Hite: Hite Report – Das sexuelle Erleben des Mannes, München 1982
15) Georg Groddeck: Krankheit als Symbol, Frankfurt 1983
16) Meyer-Nachschlagewerk: Wie funktioniert das? Meyers Lexikonverlag
17) Walter Bräutigam u. Paul Christian: Psychosomatische Medizin, Stuttgart, 1981
18) B. Perez-Gay: Fluor vaginalis et cervicis aus psychosomatischer Sicht in »Der psychosomatische Weg zur gynäkologischen Praxis«, Stuttgart, 1983
19) Georg Groddeck: Die Natur heilt…, Wiesbaden 1976
20) Rainer Taéni: Das Angst-Tabu und die Befreiung, Reinbek bei Hamburg 1981
21) Nena u. George O'Neill: Die offene Ehe, Reinbek bei Hamburg 1975
22) Stephan Lermer: Krebs und Psyche, München 1983
23) R. Tölle: Psychiatrie, Berlin 1982
24) Ronald Grossarth-Maticek: Krankheit als Biographie, Köln 1979

Goldmann
Taschenbücher

Allgemeine Reihe
Unterhaltung und Literatur
Blitz · Jubelbände · Cartoon
Bücher zu Film und Fernsehen
Großschriftreihe
Ausgewählte Texte
Meisterwerke der Weltliteratur
Klassiker mit Erläuterungen
Werkausgaben
Goldmann Classics (in englischer Sprache)
Rote Krimi
Meisterwerke der Kriminalliteratur
Fantasy · Science Fiction
Ratgeber
Psychologie · Gesundheit · Ernährung · Astrologie
Farbige Ratgeber
Sachbuch
Politik und Gesellschaft
Esoterik · Kulturkritik · New Age

Goldmann Verlag · Neumarkter Str. 18 · 8000 München 80

Bitte
senden Sie
mir das neue
Gesamtverzeichnis.

Name: _____

Straße: _____

PLZ/Ort: _____